开放创新模式下研究型图书馆战略变革

高士雷　编著

中国农业大学出版社
·北京·

内容简介

本书试图探讨开放创新、战略管理和研究型图书馆的关系，从而为研究型图书馆的未来发展提供相关的思路和可供选择的解决方案，希望可以为研究型图书馆的发展提供参考。

图书在版编目(CIP)数据

开放创新模式下研究型图书馆战略变革/高士雷编著. —北京：中国农业大学出版社，2017.12(2019.10 重印)

ISBN 978-7-5655-1951-2

Ⅰ.①开…　Ⅱ.①高…　Ⅲ.①图书馆事业-战略管理-研究　Ⅳ.①G251

中国版本图书馆 CIP 数据核字(2017)第 297829 号

书　　名　开放创新模式下研究型图书馆战略变革
作　　者　高士雷　编著

策划编辑　孙　勇　　**责任编辑**　孙　勇
封面设计　郑　川　　**责任校对**　文　佳
出版发行　中国农业大学出版社
社　　址　北京市海淀区圆明园西路 2 号　　**邮政编码**　100193
电　　话　发行部 010-62818525,8625　　读者服务部 010-62732336
　　　　　编辑部 010-62732617,2618　　出　版　部 010-62733440
网　　址　http://www.caupress.cn　　**E-mail** cbsszs @ cau.edu.cn
经　　销　新华书店
印　　刷　北京虎彩文化传播有限公司
版　　次　2017 年 12 月第 1 版　　2019 年 10 月第 2 次印刷
规　　格　787×980　16 开本　13.75 印张　250 千字
定　　价　72.00 元

前　言

开放创新是一种新的分析框架，开放创新战略较传统的战略管理理论而言，可以给图书馆战略研究带来新的分析模式。显然我们现在也面临着类似的挑战，例如开放获取、MOOCs 和大数据等等，如何更好地应对挑战，抓住机遇，需要我们加大此方面的研究。

当前，国内外已有学术著作和学术论文探究图书馆战略的相关问题，并引进和介绍开放创新相关研究，然而却鲜有人将开放创新、战略管理和图书馆三者联系起来进行探讨，本书将试图将三者进行紧密关联构建的著作。

研究型图书馆需要转型与变革来适应不断变化的学术交流模式。在当下的学术环境中，我们面临多项颠覆性因素的影响，例如传统非用户大量流失，非用户徒增，从而使得我们必须努力的寻找解决方案以应对如何更好的让用户回流的问题；颠覆性技术深深的影响着快速变化的学术交流模式，而研究型图书馆的战略需要适时调整以适应不断变化的新学术交流模式；研究型图书馆当前所处的生态系统被破坏，发展不可持续，同样须要重整新的业内生态。

本书将面向开放创新、战略管理和研究型图书馆 3 个因素及其关联等议题进行初探性研究。本书去繁从简，探讨上述议题，抛砖引玉，期待学界、业界批评指正，为更好地发展适合我国的研究型图书馆战略的理论和实践而共同努力。

目　录

1 综述

1.1 开放创新研究综述

1.1.1 开放创新

创新是包括企业在内所有社会组织发展的源动力，尽管目前绝大多数企业都企图在业务领域内紧紧跟随最前沿的变革，但这往往是不可能实现的。正如 Tushman[1] 阐述的那样："一个企业，无论它的技术力量多么雄厚，也不可能拥有创新所需要的全部资源与技术……"，所以故步自封、闭门造车的保守封闭型创新已经不可能使企业获得更多的竞争优势，实现外部依赖和内外部资源的有效整合、形成一套具有交互与融合特征的开放式创新体系尤为必要。

20 世纪的绝大多数时间内，企业基于"成功的创新需要控制"的理念，认为创新活动应该严格地控制在企业内部，R&D(内部研发)是公司非常有价值的战略资产，企业通过建立自己的实验室或研发中心，在企业内部进行研发、生产、销售，并进一步提供售后服务和财务金融支持，以此获得产品在市场上的垄断地位，从而得到超额的边际利润。该创新模式被哈佛商学院的 Henry Chesbrough 称为"封闭式创新"。该模式的特点是研发创意、产品开发设计、产品生产与市场化、售后服务等都内嵌于企业自身系统中完成，这种范式被许多大型企业成功验证。然而，进入 21 世纪，全球创新形势发生了很大的变化，这使得原来成功运行的封闭式创新模式遭遇新的挑战，逐渐由"封闭式创新转向更开放的创新"。

当今时代，市场竞争日益激烈，产品生命周期愈来愈短。在传统创新观念下，企业仅依靠内部资源开展创新活动，其高成本和低效率的特点均难以适应快速发展的市场需求与竞争。因此，自 2003 年哈佛大学 Henry Chesbrough 教授提出“开放式创新”一词以来，开放式创新理论受到了学术界和企业界的广泛关注。宝洁公司从 2001 年开始实施开放式创新，具体措施包括建立“联系与发展”部门，与供应商、大中小型企业、大学、研究机构甚至是竞争对手合作研发产品等。到 2006 年，其 50％的产品创新来源于外部。开放式创新通过从外部获取信息、技术和资源来弥补企业内部创新资源的不足，对提高创新成效具有决定性作用。

Chesbrough[2] 教授认为，那些原本处于行业领导型的企业未能从创新中获益，甚至有些很辉煌的研究成果也没有产生很大用处，原因就在于这些企业主要依靠自身创意和内部市场化途径，强调成功的创新需要强有力的控制，即采用“封闭式创新”模式，但这种旧的创新模式已不再适用于新的经营环境。于是，Henry Chesbrough 提出了一种新的创新范式——开放式创新。该范式指出，应结合企业内外部创意及市场化渠道，均衡协调内外部资源；企业边界应由原先的封闭模式向多孔、疏松、可渗透模式发展，方便知识流动及合作创新，提高企业整合各种创新要素的能力。

1. 定义

知识经济背景下，新知识新技术的快速生产和流动，要求创新过程变得更加开放。鉴于传统研究范式不能合理解释企业生产运营中所出现的新状况，Henry Chesbrough 教授于 2003 年提出“开放式创新”这一全新范式[3]。

Chesbrough 在案例分析和经验总结的基础上进行了解释性归纳，强调开放式创新的范式功能[4]，后来又将其视作一种认知模型[5]。可是国外学者对开放式创新的定义丰富多样，Dahlander 等在梳理了 150 篇论文后指出，研究者倾向于从不同角度定义开放式创新，而且很难达成一致观点[6]。

归纳起来，国外有关开放式创新的定义主要有 3 个视角。

知识的视角：强调内外部知识对开放式创新的作用。Pénin[7] 在批评 Henry Chesbrough[8] 的开放式创新定义对企业如何吸收外部知识考虑不够的基础上，从知识角度给出了开放式创新定义的 3 个维度构面——企业自愿公开知识；公开的知识是开放的，所有感兴趣的个人或组织都可以免费获得该知识；在利益相关者之间存在互动。然而按照这一定义，似乎只有开源软件(OSS)才符合，尽管他列举了诸如人类基因组计划等例证，但总体上来说还是显得有点过头。

组织的视角：突出开放式创新对组织边界的跨越。Henry Chesbrough强调采取开放式创新的企业能够而且应该利用外部和内部创意，并在技术发展过程中利用内部和外部途径[2]。West 和 Gallagher 定义开放式创新是企业寻找广泛的内外部创新机会，有目的地将外部探索与企业能力和资源相结合，并通过多种渠道利用这些机会的一种系统努力。关于开放式创新参与主体的分类主要体现了这一研究视角[9]。

流程的视角：关注重点是开放式创新中知识和技术的流动方向。Henry Chesbrough[8]视开放式创新为有目的地通过利用流入和流出知识，以加快内部创新和扩大内部创新外部应用市场的两个独立过程，其中前一个过程是输入式创新，后一个过程是输出式创新，这也是目前认同度最高和最广泛的一种定义。类似的定义如认为开放式创新是在对企业内部和外部动态能力的系统依赖基础上沿着创新过程完成重要的技术管理任务[10]；或者将开放式创新视作企业如何进入新知识并开发利用该知识的过程[11]。

2. 内涵与外延

知识和技术是创新活动的两大核心资源，创新资源有目的地流动(流入与流出)是开放式创新最典型的特征。开放式创新过程由流入式创新和流出式创新两部分组成，而开放式创新研究主要解决的是企业对创新资源(知识和技术)的获取和挖掘问题[12,13]。

开放式创新早期理论强调外部知识技术对创新的作用，受其影响，当前研究仍热衷于从不同视角对外部资源的识别获取等问题开展研究。Chen jin 等[14]和 Berchicci[15]通过实证分析，肯定了外部创新资源对企业的创新绩效的显著影响，但同时发现，创新绩效存在一峰值，超出该峰值，企业创新绩效就会被削减，即开放度与创新绩效的倒 U 型曲线关系。

作为开放式创新另一重要维度的流出式创新，学者们较关注于“技术授权”这一重要载体的研究，因为技术授权是挖掘创新资源的重要手段，近期研究表明，许多企业都在致力于通过对外授权的方式增加收益[16]，评估数据显示，摩托罗拉公司每年从对外授权中获利大概 1 亿美元。可见，对外技术授权是企业产品收入外的重要获利渠道。此外，技术授权还提供了重要的战略收益，包括获取新市场及其技术地位的强化，Lichtenthaler[17]提出了一个技术挖掘路线图，以便于企业战略管理。Anokhin等[18]同样强调技术挖掘对企业利益的重要贡献，并开创性地提出了将“不适合的技术商业化”观点，即将与企业商业模式不匹配的非核心的知识技术进行商业化运作，以提高企业收益。

通过对流入式创新与流出式创新的比较分析，可以看出现有研究焦点在于外部创新资源的获取，即流入式创新，而对流出式创新的关注度不够。

流入式创新是指将从外部获取的知识技术用于内部创新，即创新资源的获取；流出式开放式创新是指将内部知识输出给外部使用，即创新资源的挖掘[12]。由外而内的开放式创新，是指一个公司开放自主创新程序，从外部获得各种资源输入和成果输入。这方面的开放式创新已获得极大关注，无论是在学术研究方面还是产业实践方面。另一方面，由内而外的开放式创新，需要组织允许未使用的和未被充分利用的创意供给组织以外的其他人们应用在他们的业务上。与由外而内的开放式创新相比，这部分模型无论是在学术研究方面还是产业实践方面都没有被很好地理解。

封闭型模式意味着公司既是知识产权的卖家，也是知识产权的买家，即：当公司拥有的知识产权不适合其业务发展时，公司要把这些知识产权卖出去；当外部的知识产权适合公司业务发展时，公司应该积极地购买。自从知识产权管理成为一个非常复杂的具有挑战性的领域之后，这种模式就不如开放式创新的概念更能深入人心。

然而，商业模式创新成为越来越多的从业者和学者们感兴趣的领域。如何把成果创新与适合其发展的主流商业模式联系到一起，这个领域被企业认为是把研发活动与商业模式的设计和改进完全分开。

综上所述，知识产权管理（更像是由内而外的开放式创新）处于初期发展阶段，而商业模式创新显然已经开始腾飞。

开放式创新的一个重要发展领域是考虑如何在服务方面创新。举个例子，世界经合组织的前40个经济体中大多数组织，他们有一半或一半以上的国内生产总值来自于服务业务，许多公司也正在朝这一方向转变。例如，施乐公司超过25%的收入来自于服务业务。IBM是另一个经典案例，还有通用电气和霍尼韦尔。

有些企业的商业模式确实正在发生着转变，由生产业务向提供更多的服务业务转变。例如：一个 GE 的飞机发动机能卖几千万美元。同样的发动机，也可以采用“按飞行小时包修服务”的形式，将飞机发动机租给同一家公司。第一种情况是一个产品交易，而第二种情况，GE 的大部分利润则来自于在其引擎 30 年的使用寿命期间，向客户提供的售后和保养服务，零部件等产生的收入。

创新需要权衡标准化和定制化的尺度，对于服务业则更加普遍。这种二分法的解决方法是公司邀请公司外部人员在该公司的产品基础上构建一个服务平台，大家通过在标准化平台上添加其他东西，从而实现定制化服务。回想一下，开放式创新的一个基本前提是：“不是所有的聪明人都为你工作”。如果是这样的话，其实更重要的价值不是产生另一个技术构件创新，而是先于其他人产生架构，并将这些东西有效地组合在一起来解决实际的问题。

开放式创新模式既包括传统的产学研模式，也包括新兴的开源软件项目模式，还包括在整个开放式创新过程中起到重要作用的中介服务机构的引入模式。

产学研合作模式是开放式创新的传统模式。Freitas 等[19]研究了两个不同的大学与产业联结的治理模式，研究认为治理模式的选择与采纳取决于不同决策的制定过程，个人契约模式适用于进行技术转让的小企业，而制度模式则适用于进行纵向整合研发活动的大企业。Ankrah 等[20]在研究产业和大学间知识转移的基础上，定性分析了产业和大学间合作的动机和利益问题。研究表明，在总体目标上，大学和产业间的动机与利益具有高度的共通性；但落实到具体分目标上，二者表现明显不同。

开源软件项目是开放式创新新兴模式的典型代表。开源软件是用于描述那些源码可以被公众免费使用的软件，此软件的使用、修改和发行不受许可证限制。Pykäläinen[21]、Osterloh[22]均认为，开源软件代表了一个新型的创新模式，它的发展使开源软件作为公共财产存在，实现了体制创新，技术、互补资产和意识形态将是未来软件获利的三项因素。随着创新过程越来越开放，中介服务机构在开放式创新中发挥了重要作用，该模式是开放式创新的又一典型模式，由此解决了企业内部维护复杂合作关系的低效问题。

Lee 等[23]提出了一个中介网络模型，清晰地描述了中介组织与各网络成员间的信任关系。Spithoven 等[24]讨论了共同研发中心在推动企业流入式开放式创新中，建立吸收能力的重要性。不仅企业能够从中介服务机构受益，大学和公共研究机构也能够通过转让办公室这类中介机构，与外界商业伙伴进行联络，从而提高学术研究成果市场化效率。

3. 特征

作为一种新的技术创新范式，开放式创新的广泛应用是不可逆转的趋势，在环境要素和企业自身需求的变革驱动下，未来的开放式创新将出现如下两个特征。

开放式创新会变得越来越普遍。开放式创新的普遍趋势不仅仅意味着采用开放式创新企业的数量增长，而且企业的创新开放程度也会越来越深。研究发现，企业对外技术许可的数量有所增加[16,25]，而且没有哪一家企业敢说它不需要从外界学习或获取收益[26]，因此即使有时交易成本很高，企业也得采取开放式创新的策略[27]。有人预测，离开开放式创新将是一个令人无法想象的时代必将到来，开放式创新正在而且必将向一种创新模式的道路前进[12]。Almirall[28]甚至预言，随着技术进步，开放式创新与封闭式创新之间的绩效差异会逐渐缩小，开放式创新无论在理念上或是行动上都将成为企业创新的一种常态。当然，伴随开放式创新的日益普遍，也会出现一些特征上的变化。如 Lichtenthaler[29]提出企业应该将产品—技术路线图拓展为包含外部技术开发的开放式创新流程整合路线图，认为未来企业将不仅仅输出残余技术，甚至有可能是全部技术[30]。在法国和英国，就连对大学和公共研究机构有决定性作用的“转移办公室”也开始采用开放式创新范式[31]。

企业在采用开放式创新模式的同时也会注重自身研发能力的提升。技术特征和企业能力决定了企业选择合作研发还是内部研发等方式[32]，开放式创新实施比较成功的大型企业也是在所属行业研发领先的企业。如，虽然 C&D 提供了宝洁公司 50%的产品创新源泉，但这并不是完全依靠外部研发资源，而是依靠强大的内部创意以及内外合作研发的互动机制取得的成果[33]；Dahlander 等[6]也提出企业内部研发能力是企业进行创新开放以获得外部创意的必要条件的观点。West 等[9]总结了内部和外部创新整合实践中可能面临的3个挑战，而且不同的挑战面对不同的对象：最大化，内部创新成果的利用就不能仅仅局限在企业自己的生产领域，而是可以对外许可、开发甚至出售；融合，企业只有把外部知识融入到企业创新活动中去才能实现外部知识对企业的价值，而这要求企业必须具备扫描和吸收外部知识的能力以及融合外部知识的意愿；激励溢出，激励外部个人或机构愿意持续地为企业提供最新创新消息的一个基本的前提是企业必须具备足够的能力去发现、获取、吸收和转化内部和外部知识。Janeiro 等研究证实，创新成功、突破式创新和创新强度是推动创新型服务企业与大学建立创新连接的关键因素[34]；Sisodiya 等将企业在开放式创新过程中建立和管理与其他企业关系的能力称为“关系能力”，并证实了在灵活性低或者高的情况下，拥有强关系能力的企业可以取得更好的创新财务绩效[35]。

开放如何影响企业的创新能力和企业如何从创新中获利是创新研究的两个核心问题[36,37]，由此衍生出的创新开放度与创新绩效之间的关联自然成为重要研究议题。Laursen 等研究揭示了创新开放广度和深度都与创新绩效之间存在倒U形关系[36]，这一结论也得到了 Almirall 等[28]的研究支持。其他研究也提供了二者之间存在正向或负向关联的更多证据。

Keupp 等研究证实，专业型开放式创新企业中，企业全新产品的利润贡献率最高，对产品的改善作用也非常显著[38]。Leiponen 等发现，“平行创新战略”，即企业保持开放的信息获取战略（资源广度）和“开放思维”的创新路径（目标广度）对创新成功有积极的贡献[39]。Lee 等得出外部信息的使用强度（开放式创新深度）与主导产品创新之间的相关度比次要产品的相关度高，对外部信息的搜索广度（开放式创新广度）与次要产品之间的相关度也较主导产品要高的结论[23]。Mention 的研究中，市场信息来源使得市场新颖的创新提高了3%，与科学研究伙伴合作使得市场新颖创新的比例提高了近5%[40]。Papadopoulos 等的研究还揭示，在希腊债务危机期间，开源企业之间通过私人间集体合作，在缺乏政府资助的情况下，依然开发出了对公众有利的创新产品[41]。

创新开放对企业创新绩效的负面影响也不容忽视。研究证实，购买外部技术对 SMEs 的创新绩效有消极影响[42]，企业技术联盟的多样性对企业绩效有负面影响[43,44]。而且，创新开放会使创新者的产品信息更容易被竞争者获得，从而创新者的先行优势受到削弱[45]。Mention 研究表明，竞争对手信息对创新的新颖性有负面影响，而竞争合作关系对市场创新没有显著影响[40]；高创新开放度促进新产品开发绩效的假设在 Knudsen 等[46]的研究中也没有得到实证支持。此外，开放会导致两种创新成本——协调成本和竞争成本，而且对技术合作的密集使用会导致管理和整合成本呈指数增长，而当前研究结论都没有考虑开放式创新的成本，或者说加入开放成本之后的二者关系仍没有明确的结论[6]；Tomlinson 也指出，纵向合作对创新绩效有积极影响，然而这种影响是由于纵向合作的强度造成的，而不是纵向合作本身的结果[47]。

4. 渊源与流变

到了 20 世纪晚期，封闭式创新模式受到了一些因素的严重挑战：第一，经验丰富、技能高超的员工的流动性不断加大，这使得很多来之不易的研究成果外流到企业之外；第二，受高等教育的人数不断增加，使得各种知识、技术开始从企业的中心实验室里外溢，渗透到许多不同的行业、不同规模的企业里；第三，私人风险投资（Venture Capital）的发展；第四，随着许多商品和服务向市场推广的速度越来越快，特定技术的生命周期变得更短；第五，消费者和供应商的专业知识越来越广博，这也降低了企业利用专业知识壁垒获利的能力。正是以上这些因素的作用，使得封闭式创新不再具有持续性，于是出现了一种新的创新模式——开放式创新。

与封闭式技术创新模式相比，开放式技术创新模式认为企业的边界是可以渗透的，企业能够而且应该利用内部和外部的创新思想、内部和外部的市场途径。开放式创新将内部和外部的创意结合到企业的体系结构中；企业内部的创新思想也能够通过外部渠道进入市场，将企业现有的业务外置，以产生额外的价值[2]。也就是说，企业利用内部和外部的创意创造价值，有时可能是将内部的创意通过外部市场得以商业化，或向其他企业颁发技术许可证等方式，摆脱企业当前业务范围的束缚，以此获得超额利润；也有可能是将外部的创意通过内部市场得以商业化。

总而言之，在开放式创新模式下，企业和外部环境的边界变得多孔疏松，易于渗透。2003 年，宝洁公司 50％的发明和创造来自公司外部。朗讯科技、IBM 和道氏化学（DowChemical）每年获得超过 1 亿美元的技术许可利润[48]。

尽管文献中已有一些组织变革伴随开放式创新的文章，大多的分析是关于技术的变化方式如何有利于开放式创新战略，尤其是有关新产品开发的战略。Dodgson 等[49]提出，如同所有新的思想一样，开放式创新概念需要大量的实证调查、测试和发展。Lichtenthaler[50]采用一个综合的视角和方法，通过对欧洲 154 个大中型企业集团的问卷调查，将技术交易的两种类型——外部技术获取和外部技术开发——作为企业开放式创新战略方法的主要维度，研究企业追求单一战略的开放式创新的情况。他将开放式创新的方法总结为依赖企业的动态能力，从企业内部和外部实现主要的技术管理任务，也就是创新过程中的技术获取和技术开发。同时，他还提出，尽管开放式创新的趋势越来越明显，但大多数企业采用相对封闭的创新战略(67.5%)，且目前开放式创新模式仍主要由大型先驱企业带动。开放的方法对旨在开发激进式创新的企业更重要且有利。产品多元化水平高的企业比产品集中的企业更趋于利用外部的技术优势。不同行业采用开放式创新的情况没有显著的差别(这与人们总以为高科技企业更倾向于采用开放式创新的想法不同)。但他的研究没有考虑小型企业的开放式创新情况，小型企业的内部资源更有限，应更倾向于采用开放式创新模式。同时，也没有对企业采用开放式创新的动因进行研究。

Gassmann[51]提出，尽管开放式创新的趋势可以预见，但并不是每个企业和创新者都必须采用开放式创新。相反，需要考虑创新管理的权变方法：哪些因素会在开放式创新模式下产生高绩效，哪些因素会在封闭式创新下产生高绩效，需要很好地厘清。核技术和军工行业是封闭式创新行业的典型例子，其技术的非扩散性和保护还很重要。行业以下特性的增加，就可能更适合于采用开放式创新：全球化(Globalization)；技术强度(Technology Intensity)；技术联合(Technology Fusion)；新商务模式(New Business Models)；知识优势(Knowledge Leveraging)。开放式创新过程包含不同的视角：创新全球化。现代化的信息和通信技术使得全球范围的虚拟团队工作从相当例外的工作模式转变为标准的模式。小国的大企业成为研发国际化的先锋。研发国际化的主要驱动力进入市场和资源；研发外包；早期供应商整合；用户创新；外部商业化和技术应用。

传统研发的形式——封闭式创新在速度和敏捷性上已经无法适应当今的竞争环境[52]。事实上，封闭式创新已经被很多高技术产业所摒弃，但不属于高科技产业的零售业也广泛进行着开放式创新，如宝洁公司通过一个名叫"连接与发展"的创新战略把内部研发工作扩展到外部。尽管如此，并不是所有的行业现在都采用开放式创新模式，如核反应和飞机发动机制造业这两个行业，目前仍保持封闭式创新模式。根据 Chesbrough[53] 的观点，不同类型的行业可以被排列在一条连续光谱之上，一端是完全使用封闭式创新模式的行业，另一端则是完全使用开放式创新模式的行业。很多行业正处在这两种模式之间的过渡阶段，比如：汽车、生物工程、制药、卫生保健、电脑、软件、通信设备、银行、保险、零售业，甚至军工和通信系统制造业。Lichtenthaler[54] 认为，企业若要采用开放式创新，同样也面临着一些挑战，如外部技术市场的低效率，使得外部技术开发非常困难；交易技术资产涉及较高的交易成本；此外，识别合适的技术交易合作伙伴，如许可证持有人也十分困难。当然，开放式创新能否被很好地执行取决于企业的商业模式，特别是企业的战略计划，它在外部技术开发中占据重要的作用[29]。

与开放式创新相关的议题早有讨论，han 就认为开放式创新是创新管理演进系统的第三个阶段，因此企业采用开放式创新模式是一个自然的过程[56]。归纳起来，创新环境变化及企业的响应策略构成了开放式创新演进的重要催化剂，奠定了开放式创新的理论基础与实践背景。

外部创意进入企业内部创新流程有多种途径，企业内部创意也可以有多种方式进入市场[8]，而且外部开发有时会比内部开发更有利[62]，因此，创新输出的考虑也对开放式创新的产生形成了推动。Chesbrough 等概括了企业实行创新输出的前提条件：当企业核心业务无法实现业务目标时就应该放弃自己开发，让外部企业去完成，这种选择性的开放创新战略有助于降低成本和拓展参与的机会[63]。Lichtenthaler 也指出，有用的技术可以在企业内进行开发，也可能更适合在企业外进行开发；对许多企业来说，获取外部技术不仅仅是一种可选方案，而是必须要做的一件事情，向外进行技术转让可能是唯一一种在互惠条件下得以接触外部技术的机会，他还区分了对外技术开发的两种模式——技术许可和产品销售，并认为这两种模式之间存在相互依存的互补性[17]。综合性视角的研究主要关注合作优势、技术溢出、环境压力等外部因素推动了企业间跨边界的合作研发，如通过联合创新带来的风险分担效应可以降低创新的风险[59]。Miotti 等从资源依赖学派理论出发提出，企业在开展昂贵、有风险和复杂的研究项目时会寻求合作研发[64]。特别是对中小企业（SEMs）来说，研发合作和构建研发网络是补偿其规模缺陷的一种方式，因此 SEMs 开放、进入、整合和利用知识的能力变得愈发重要[65]。Rohrbeck 的概念模型研究表明，聚焦于特定合作伙伴的输入和输出将会使得公共和私人伙伴有更强烈的全面合作和互补开发意愿[66]。Watanabe 等从功能发展的角度也得出结论：在开放式创新环境中，模仿者对创新者的替代作用对企业通过提高功能发展获得竞争优势是非常关键的，因此企业必须采取开放式创新战略[67]。

作为一种创新实践，开放式创新早已被企业采用。19 世纪，英格兰钢铁产业中的企业会定期分享其设计，从而促进了集体性创新[68]；生物技术行业存在大量的合作研发，制药企业通过与拥有互补性资产企业的纵向联盟也很容易加入合作研发的行列[69]。更多的实践案例证实了创新输入或创新输出能够帮助企业提高创新绩效。

朗讯科技和思科系统公司同属一个产业并且都引领了行业的技术和竞争前沿，可是它们却走的是完全不同的发展道路。前者投入大量资源开发崭新的材料和最新的组件与系统；后者则通过与有发展前景的新创企业合作或投资并帮助其实现创新成果的商业化而成为创新领导者，公司自己的研发投资并不多[53]。

IBM 不仅构建了完善的专利外部许可/转让流程，并且通过向风险投资学习引入了企业孵化器。公司意识到了与合作伙伴、供应商和顾客进行合作在公司核心业务之外进行创新开发的重要性（公司称之为新兴商业机会，EBOs），并激发了 FOAK、ODIS、ISL、GTO 等多个概念，而且 GTO 还帮助 IBM 识别重要的研发领域和投资机会[70]。宝洁公司设立了全球创新委员会（GTC），还组建了全球内部创新社区“Innovation-Net”，同时公司也是在线研发社区（Yet2. com 和 InnoCentive）的成员。在企业外部联结方面，宝洁公司与其他公司和研究机构一道发起成立了“联合技术开发”项目，与供应商发起了“关键供应商伙伴计划”项目。它的全球创新网络成员涵盖了内部、外部和技术中介多个主体[58]。Henkel 对开放源代码的研究也得出相似的结论:对 OSS 企业来说,公开普通代码是一种普遍现象——63%的硬件企业和 85%的软件企业都这样做[71]。一个较新的案例是苹果公司的 iPod 开发:首先由外部企业家提出想法和概念,接着苹果公司雇佣一个35 人的团队,并建立了与飞利浦等企业的伙伴关系来发展 iPod 系统,技术设计则由 PortalPlayer 管理,一个强大的联盟在幕后生产苹果产品[72]。

Hagedoorn 总结了 1993 年以前企业间合作研发的 3 个主要战略动机:与基础研究、应用研究和一般技术开发有关的动机;与具体创新过程有关的动机;与市场进入和机会搜索有关的动机[73]。其中的一些动机在开放式创新中同样得到了体现和验证,现有研究分别从创新输入和输出角度对此进行了阐释。

创新输入的动机大致可以分为财务和非财务两类.财务动机主要体现在降低创新成本、分担创新风险和提升创新绩效等方面。Schmidt 从成本分担、知识进入、产品规模经济、商业化动机 4 个维度定义创新合作动机。他对 2005 年加拿大创新调查数据的统计分析结果表明,创新输入能够帮助企业与合作伙伴提升绩效和形成风险分担机制[74]。Chesbrough 指出封闭式创新和开放式创新都会犯“假阳性错误”,可是开放式创新也同时兼具纠正“假阴性错误”的作用[53]。Keupp 等发现开放式创新是分散风险和创新不确定性的一种有效手段[38]。Almirall 等对开放式创新的仿真模拟结论显示,开放式创新可以让企业发现在封闭式创新模式下无法预见的产品组合特征[28]。另外一些研究也集中探讨了开放式创新带来的降低成本、缩短市场开发周期、增加销售等明显财务改进结果[75-77]。此外,创新输入还可以带来多种非财务收益并在此基础上形成持续竞争优势,如帮助企业跳出专注于内部的封闭式创新文化局限,延伸企业纵向和横向整合的潜力[9];扩大企业资源基础[78];借助从外部获取的知识推动组织现有知识库的重新配置[79]等。也有研究认为,开放式创新战略是一种将来和潜在的持续竞争优势,它通过整合外部知识和内部能力形成一种社会性的复合及因果模糊的优势,而且这种优势不容易被竞争对手模仿[42,80]。

5.影响因素

企业采用开放式创新受到诸多因素的影响,如历史原因、利用外部关系的机会、对知识扩散和失去企业“皇冠上的珠宝”[81]的担忧,但开放式创新的实践应用已经非常普遍，且日渐扩大。

证据之一是企业对开放式创新的重要性认知水平不断提高。Poot 等发现，企业为了创新目的与外部伙伴开展正式合作的趋势呈现增长的态势[82]；Vande 等的调查也表明，过去 7 年间，企业使用了多种开放式创新实践，而且有继续增长的趋势[83]。认知水平的提高直接推动了开放式创新实践的开展，2002—2007 年宝洁公司推出的 C&D 计划帮助公司提升了 42% 的销售额和 84% 的利润[84]；默克公司提出，公司的生物医学研究仅占世界的 1%，为了利用剩下的 99%，公司必须积极地去联系全世界的高校、研究机构及其他公司，为默克公司寻求最好的技术和有潜力的产品。研究发现，大企业通常同时组建超过 100 个技术购买联盟[85]，许多制药企业将研发预算的 25% 用来购买其他企业提供的服务，而且这一比例有望提高到 40%[86]；英特尔已经授权超过 500 所大学使用它的技术，并且把开放合作实验室建在公司感兴趣领域居于领先研究地位的大学附近，此外，作为最大的风险投资企业之一，英特尔向大约 1 000 家企业提供了超过 40 亿美元的投资[64]。Bianchi 等调查的 20 家生物制药企业在 2000—2007 年间总共使用了 1 072 种开放式创新组织模式，平均每个企业 54 项，而且无论在创新输入还是创新输出过程中，企业在非核心业务上越来越多地使用与开放式创新有关的组织模式[87]。

证据之二是开放式创新的应用领域及相关研究有了极大拓展。早期 Chesbrough 提出开放式创新的时候仅限于高科技产业，如朗讯、3Com、IBM、英特尔、千禧药业等[8]，后来逐渐扩展到其他成熟企业和资本密集型企业。Chesbrough 等调查的 12 家美国早期采用开放式创新企业分布在航空、化学、墨水、覆盖材料及零售包装等行业[5]；荷兰成熟产业中 SMEs、意大利成熟和低技术产业都发生了从封闭式创新向开放式创新演进的组织模式变革过程[88,89]。针对特定行业的开放式创新研究也日渐丰富，如消费电子产业中 D 级放大器[27]、食品行业[90]、比利时制造企业[91,92]、葡萄牙公立医院[92]、韩国企业[93]、印尼 SMEs[94] 等。越来越多的企业正通过组建风险企业[95]、成立技术中介机构[96]或借助互联网平台[97]等方式加入开放式创新大军。

在开放式创新应用日益扩散的过程中涌现出一些成功的典范。与

AT&T 贝尔实验室和 IBM 的“全集成式创新者”相比，思科、英特尔和微软不仅通过开放式创新取得了成功，并且超过了那些从事基础研究的对手[9]。宝洁公司通过公司的欧洲网络发现在意大利小镇 Bologna 上有一家由一位大学教授经营的生产面包和烘烤设备的小面包店，店主发明了用注射墨水的方式在面包和曲奇饼上印制可食用图案的方法，于是公司马上采用该方法去解决公司面临的一个难题，这项创新帮助宝洁旗下的北美“品客”薯片公司在 2004—2005 年这两年间取得了两位数的销售增幅[81]。诺基亚通过与超过 450 名 OSS 开发人员的合作，从开发 N800 因特网桌面设备商获得了很多应用程序，如地图软件、游戏、GPS 等[98]。开放式创新也是德国电信成立实验室(DTL)的主要推动因素[71]，而且通过开放传统的开发过程，引入外部创意和知识起源，德国电信成功强化了其创新能力[78]。

6. 未来趋势

虽然有人提出开放式创新并不能代表一种新的创新模式[6,12]，可是开放式创新无论从理论上还是在实践中依然代表了一种企业技术创新的新方向，国外关于开放式创新的理论研究也呈现迅速增长的态势。因此，开放式创新研究仍将继续深化，而且在以下 3 个方面都有发展的巨大潜力。

(1)更加整合的分析框架：有人评论道，学界开展的大量开放式创新研究都是针对特定事务而不是全开放式创新模式的研究[36]，而且存在研究实践领先于理论的一种局面[11]，其中一个典型的不足之处就是在系统调查基础上构建开放式创新的综合性研究框架的工作仍未实现[9]。调查表明，关于开放式创新的实证研究之间是否相互联系以及如何相互联系并不是明确的[99]；开放式创新还没有达到与传统创新方式实现完全整合的阶段，因此需要更加整合的分析模型[100]。Huizingh[12]把目前有关开放式创新过程的研究归纳为 5 个视角：通过文献分析总结开放式创新的分类、聚焦于开放式创新的阶段研究、对创新中介的研究、从时间角度思考开放式创新、如何从创新中收获价值，指出大规模的定量研究可以帮助人们对开放式创新影响因素的重要性开展定量分析，建立包括中介因素在内的路径模型以及更大范围的链式效应，以及构建复杂程度更高、包含调节因素的综合模型分析开放式创新对情境因素的依赖性。Su 等也指出开放式创新已经逐渐成为一个重要的研究领域，因此对开放式创新的知识结构需要开展系统的研究[101]。

从研究层面来说，现有研究主要聚焦在微观(企业)层面，而且在研究细节上不够均衡。如创新输入已经是一种普遍现象，可是企业专有技术输出却是近年来才成为企业合作战略的重要维度[24,102]，从而导致开放式创新的研究重心依然停留在创新输入阶段。Enkel 等意识到了这一不足，认为开放式创新输入和输出之间的耦合过程是一个值得研究的重点方向[103]。Hossain 批评了当前研究对在开放式创新过程中有重要作用的创新中介的忽视，认为开放式创新中介发展迅速，而且正在给技术市场带来深刻的影响[104]。然而当前的创新技术中介主要集中在少数几个发达国家，而且缺乏良好的理论和模型来指导技术中介市场的实践。另外，微观与宏观之间跨层面的互动研究也是一个值得探索的重要方向，Wang 等认为开放式创新对国家创新体系(NIS)至少会产生 3 方面的影响：提升 NIS 的重要性、改善 NIS 的运作效果、使 NIS 的网络更加多元化，但是更多和更深入的互动影响研究依然尚未出现[105]。此外，技术中介在开放式创新中的地位也变得越来越突出，而且以开放式创新社区的方式呈现出来，Vardaxoglou 等以游戏 PSG 为例，聚焦于游戏开发商与用户讨论社区之中的微观话题，以及陌生的游戏玩家之间如何通过交流，帮助实现了游戏讨论区成为游戏厂商由封闭式创新向开放式创新的转变[106]。Martínez-Torres 运用进化计算技术识别企业与用户之间建立的开放式创新社区讨论话题，并从中识别对创新有帮助、甚至在未来有可能发展为领先用户的潜在用户[107]。

(2)非技术因素对开放式创新的作用机理：开放式创新的初始研究对象仅仅是企业技术创新，对非技术因素的关注较少。可是随着研究的深入，学者和实践者都发现，一些非技术的因素可能在更基础的层面上影响了开放式创新过程中技术创新的效率和效果，国外这方面的研究早已有之。Chesbrough 指出，企业开放式创新战略的成功实施在于组织内部开放式创新文化的支持[2]；Watanabe 等也提出，取得功能发展上的先行者地位取决于企业对已有创新的集体学习[67]。开放式创新要求企业在合作研究思维上做出 3 个改变，而且每个改变都是困难的[108]，其中又以经理人员创新思维的开放性培育最为关键，企业的成功在很大程度上取决于高管团队感知环境变动并将其转化为平衡开放式创新和开放式创新项目的能力[109]。国外最近的研究也沿袭了这一研究路径。Dias 等研究发现，技术是使得创新能够发生的真正因素，可是知识管理、建立信任、沟通和以顾客为中心也是开放式创新机制中的关键要素[92]。Pablos-Heredero 等赞同与用户之间构建创新协作的努力是必要的观点，同时又认为这需要改变商业创新体系，以适应杂糅了技术和社会变革的市场需求[110]。Hossain 以“创新工厂”(IM)为例，剖析了诺基亚借助 IM，将自己创意数据库中非核心的创意免费公开给其他企业或新创企业，从而将这些创意转变为有价值的产品和服务的文化和思维经验[111]。Westergren 等则以 LKAB 矿业集团为例探讨企业实施开放式创新的前提条件，他们重点关注信息技术(IT)在开放式创新实施中的作用，结论显示，开放式创新的根本在于创建一个有益于创新的组织环境，包括建立知识共享文化的专门技术、信任的环境和对 IT 的资源性利用[112]。

(3)开放式创新的情境适应性探讨：虽然总体上，开放式创新对技术创新和企业发展具有促进作用，可是这种正向贡献的作用路径并不是固定和可以复制的，而是受到诸多内部和外部因素的影响，换言之，开放式创新的情境适应性问题仍然需要深入探索。Gassmann[113]曾经提出用权变的方法探讨决定企业开放式创新绩效的情境特征因素，Keupp 等[38]与 Huizingh[12]把这种决定作用理解为调节效应。在调节变量的选取上，Huizingh 区分了内部和外部两种环境：外部环境主要是指环境动态性，内部情境特征包括与人口和战略有关的企业特征。一些实证研究也提供了实践支持，Monjon 等研究发现，欧洲企业与欧洲大学开展国际合作提高了市场创新产品的成功几率，可是与美国大学的合作则正好相反[114]；Kafouros 等也证实，来自国内机构的知识对企业财务绩效的影响很小，对企业的研发活动影响很大，可是来自国外的知识既可以带来优异的绩效表现，同时也可以促进企业创新潜力的提升[115]。Hamdani 等认为开放式创新是解决印尼 SEMs 问题的一种有效方法[94]，可是 Abulrub 等在重点调查了韩国企业在 4 种开放式创新活动上的关键环境要素——产业类型、企业规模、市场类型和研发强度后却发现，韩国企业的开放式创新呈现出与国际范围内开放式创新主流差异较大的独特方式[93]。

1.1.2 开放创新与图书馆

数字信息环境下，图书馆作为重要的创新支撑力量，正面临着巨大的转型压力。2011 年，OCLC 研究报告[116]中指出，研究型图书馆已面临价值受到质疑、技术落后、人员队伍不适应未来需要等重大的灾难性危险。图书馆为求生存，必须适应时代和社会，融入创新元素。

开放创新带来的新模式与新能力。Henry Chesbrough[2]将开放创新定义为“充分利用外部伙伴、知识、专家和机制来解决内部难题和创建新产品新市场”的机制。由于复杂创新中存在着很大的技术与市场不确定性、商业模式的泛在性与复杂性、内部知识与能力的有限性，又由于网络时代知识的多样化和弥散化、知识工作者与创新者的高流动性、风险投资的可方便获得性以及合作与交互的方便性与市场化，利用外部资源（知识、技术、专家、机制等）来解决内部问题和应对复杂性模糊性，反而常常是一种更为高效和有力的创新发展机制。许多公司已经大量利用诸如合作研发、研发众包、问题专家网络、知识产权交易、用户端创新、群体协同创新、向外或向内孵化企业、交叉许可、开放专利池等开放创新方式来推动企业创新，传统的内部研发部门也逐步地从传统的知识生产者扩展成为知识连结者（Knowledge-Connector）和第三方知识创新的支持者（InnovationEnabler）。

开放创新以其独特的资源运作方式和双赢的创新效果，在企业界得到了广泛的推广。图书馆作为社会信息资源的枢纽，在社会创新发展中扮演着相当重要的角色。近年来，图书情报领域的学者也对开放创新的理念予以了关注，并将其与图书馆的服务创新相结合，开展相关的研究和探索。通过对调研的文献进行梳理发现，目前学术界关于图书馆与开放创新的研究主要基于以下视角。

1. 基于众包的视角[117]

众包（Crowd Sourcing）这一概念由美国学者 Howe 提出[118]，其定义为：“组织机构将过去由员工执行的工作任务以自愿或非自愿的方式外包给大众群体完成的做法”。近年来图书馆界的学者们也在积极研究将其引入图书馆服务领域的可能性。Janes[119]认为图书馆在未来将作为促进所有年龄段人们学习与发展的催化剂，未来的图书馆馆员将是心理学家、社会学家,其作用是推动公民的参与。J. Colaco 等则认为[120],可以在数字图书馆的基础上引入众包的工作原理,建立开放平台、智慧分享平台,提供对科技信息的免费开放获取,最终促进创新文化氛围的形成。

国内方面,盛芳等[121]认为,众包能够有效地吸引用户资源回流图书馆,其之于图书馆的主要优势表现在:激活大众热情、激发无限创意、有效降低成本、提高工作效率、突破组织边界、拓展人力资源、树立良好形象和赢得忠诚用户。众包机制的引入不仅能够改变图书馆与用户之间的关系模式,更能推动图书馆内部组织管理模式发生变革[122],使原本固定死板的组织结构变得灵活多变,在服务中更加以用户为中心。对于业务领域,众包制度使用户参与到图书馆资源和服务的生产环节中,从而改变传统的图书馆参考咨询[123]和资源建设[124]等工作的业务方式,既节约成本,又能提高效率。

2. 创新 2.0

张峥嵘[125]等认为,数字信息环境下,图书馆不可避免地遇到了用户流失[126,127]的情况,可利用创新 2.0 理念,从服务表现层、服务支持层和服务资源层 3 个层次,系统搭建开放创新平台,从而推动读者参与,实现共同创新。作为从 Web2.0 引申而来的概念,创新 2.0 理念强调公众的参与,倡导利用各种技术手段让知识和创新共享和扩散。相较于众包机制提倡发挥公众作用,集众人之智为图书馆创造价值和利益,创新 2.0 更强调以用户为中心,以嵌入式、移动式等方式全面支持用户创新[128]。

3. 知识服务平台

Nielsen 指出科研活动正朝向开放化和社交化方向发展[129]。该文分析了包括数学、医学、生态环境和天文学等方面的诸多的开放科研和民众参与项目,其中特别提出了开放技术创新市场,即利用开放解题、开放研究竞赛、研究众包、研发众筹、社会化科学观察分析的创新机制,有效地突破传统研究团队的思维、知识和技能局限,充分利用网络化、社交化的潜在力量解决科研难题。欧洲多国科学院也联合发表声明,呼吁推进开放科研。在国内,张晓林教授指出,图书馆可以作为开放知识服务支持平台,从 Information Commons、Knowledge Tools Commons、Research &Creation Commons 和 Knowledge Services Support Commons 4 个层次递进服务体系,从而使图书馆成为用户在开放科研环境中的使用者和支撑者[130]。

1.2 战略研究

1.2.1 战略溯源

战略思想在古代社会的军事斗争中就已出现，并广泛地应用与人类社会的政治、经济和治理国家的活动中。纽曼和摩根斯顿最早将战略引入商业管理领域，钱德勒第一次明确定义战略为“确定企业基本长期目标、选择行动途径和实现这些目标进行资源分配”，随后关于组织战略的定义不断提出，各类型组织的特点在定义中被细化与区分[131]。

1.2.2 企业战略管理

从企业战略理论的历史沿革及其演变过程来看，企业战略理论大约萌芽于 20 世纪 30 年代，形成于六七十年代，繁荣于八九十年代，至今仍在不断发展。

1. 第一阶段

企业战略的思想是随着西方企业管理理论的发展而逐渐形成的。在 18—19 世纪，伴随着产业革命及其扩散，在美国、法国、德国分别活跃着具有奠基人地位的管理大师，即泰勒、法约尔以及马克斯韦伯。这一史称“古典管理理论阶段”的研究侧重于组织内部活动的管理，从管理职能、组织方式等方面研究效率问题，还没有涉及组织活动的效果问题企业战略理论的研究。

20 世纪 20 年代末到 30 年代初全世界出现经济大危机，美国罗斯福政府从宏观上对经济实施管制，管理学者们则开始从微观上研究造成企业效率下降的影响因素。1938 年，巴纳德[132]首次将战略的概念引入管理理论，他认为，把战略因素局限于管理活动和交易活动的某些方面是没有必要的，在需要做出决策的任何情况下，企业组织应该遵循的原则是相同的，都必须考虑到战略因素。但他还没有形成战略理论的框架体系。

一般认为，真正为企业战略下定义的第一人是钱德勒，他将战略定义[133]为"确定企业的长期基本目标与目的，选择企业达到这些目标所遵循的途径，并为实现这些目标与途径而对企业重要资源进行的管理。"这一定义虽然侧重于企业成长方法和资源管理，但为企业战略研究指明了方向。

钱德勒[133]还通过案例研究的方式，展现了杜邦、通用汽车等四家先驱企业如何为其成长发展了与之相适应的组织形式，论证了多事业部结构使公司控制一系列广泛的独立业务的可能性，并提出"战略与结构"的命题，认为企业的经营战略要适应环境的变化，企业的组织结构也必须随企业战略的变化而改变，从而为现代企业的成长构造了一个动态的框架。

这一阶段企业战略理论尚处于萌芽期，萌发了一些关于企业战略的思想观点，但缺乏对企业战略概念的深层次探讨。

2. 第二阶段

1965 年，美国学者安索夫把企业战略研究向前推进了一大步。他提出[134]企业战略必须按严格步骤有序地进行：战略环境分析、战略目标设定、战略方案拟定、评定与选择、战略计划的实施及其反馈控制系统等，建立起企业战略理论的基本框架。安索夫开创了战略规划的先河，成为现代企业战略理论研究的起点，标志着企业战略理论的研究已经进入了一个新的阶段。此后，很多学者基于不同的理论基础、研究方法和研究角度进行研究，从而进入战略理论丛林阶段。

计划学派的产生以安索夫 1965 年出版《企业战略》为标志。安索夫在研究多角化经营企业的基础上，提出一个具有分析性而又具有行动导向的战略定义[134]：战略是一条贯穿于企业活动与产品/市场之间的"连线"。他的"战略四要素"说认为战略的构成要素应当包括产品与市场范围、增长向量、竞争优势和协同效应。其中，产品市场范围，即公司经营的产品和市场的范围；增长向量，即企业打算进入的产品/市场的变化；竞争优势，即明确在该范围内企业较之竞争者所具有的有利的竞争地位和特长；协同效应，即将企业的不同部分有机结合起来以取得单个部分不能实现的方法。安索夫并将战略管理明确解释为"企业高层管理者为保证企业的持续生存和发展，通过对企业外部环境与内部条件的分析，对企业全部经营活动所进行的根本性和长远性的规划与指导。"

设计学派的观点始出于塞日尼克，发展于钱德勒，后由安德鲁斯做了精确的界定。肯尼思·R·安德鲁斯在《公司战略的概念》中首次提出：公司战略就是把公司能做到什么与能做什么画上等号[135]。安德鲁斯的战略定义是："战略是关于企业宗旨、目的和目标的一种模式，和为达到这些目标所制定的主要政策和计划；通过这样的方式，战略界定了企业目前从事什么业务和将要从事什么业务，企业目前是一种什么类型和将要成为什么类型。"安德鲁斯认为，企业的外部环境对企业战略形成有重大的影响，战略形成过程实际上是把企业内部条件与企业外部环境进行匹配的过程，这种匹配能够使企业内部的强项和弱项与企业外部的机会和威胁相协调。设计学派还建立了著名的SWOT战略形成模型，也是其重要的理论基础。

定位学派的代表人物是波特。迈克尔·E·波特在战略定位问题的基础上明确提出[136]，企业在考虑战略时必须将企业与所处的环境相联系，而行业是企业经营的最直接环境；每个行业的结构又决定该行业内部的竞争状况，结构力量决定该行业的平均利润率，从而决定了行业内各企业的潜在利润水平。迈克尔·波特许多思想被视为战略管理理论的经典，比如5种竞争力、3种基本战略。通过对产业演进说明和各种基本产业环境分析，得出不同的战略决策，这一套理论与思想，在全球范围产生了深远的影响。该理论以哈佛学派的传统产业组织理论为基础，将产业组织经济学与企业战略研究相结合[137]，从而将企业战略的研究推至一个新的高度。该框架基于成熟的产业组织理论，具有较强的系统性，同时又融合了建立竞争优势的具体途径，贯穿了理论研究与实务操作。因此，波特的竞争战略理论倍受理论界和产业界的青睐，被认为是20世纪80年代处于主流地位的企业战略理论。

由于组织外部环境变化的不可预测性和组织本身所固有的适应性，一些通过严格程序制定的战略（理性战略）并未得以实现，而一些未经正式制定的、自然显现的战略却得以实现。因此一些学者开始把研究的重点转向组织在各种不可预测的环境因素约束下的战略形成上，由此而产生了学习学派。学习学派是与理性学派的相伴而生的。50年代后期，林德布鲁姆的渐进主义观点就对战略计划提出批评：通过局部的、按部就班的计划机制来管理战略是不现实的。渐进主义认为管理者的智力无法与企业所面临的不确定性相匹配，成功依靠机会、运气和适应"失败"的能力。奎因的逻辑渐进主义将理性计划和渐进的观点这两个极端观点结合起来，成为学习性的战略观念中的一种。在知识经济时代，学习型组织成为现代企业组织形式的典范。

文化学派注重团队利益和整体，认为企业战略根植于企业文化及其背后的社会价值观念，其形成过程是一个将企业组织中各种有益的因素进行整合以发挥作用的过程。80 年代日本企业管理模式在世界广受推崇时，企业文化在美国还只是一个热门话题。如今企业文化的概念已深入人心，企业文化对企业经营业绩和社会形象的作用与影响正日益增强，成为知识经济时代企业的重要资源。

3. 第三阶段

20 世纪 80 年代初，波特的竞争战略研究开创了企业经营战略的崭新领域，对全球企业发展和管理理论研究的进步，都做出了重要的贡献。此后西方经济学界和管理学界一直将企业竞争战略理论置于学术研究的前沿地位，从而有力地推动了企业竞争战略理论的发展。这一阶段产生了以竞争优势为研究焦点的三大战略学派：波特的行业结构学派、普拉哈拉德与汉默尔的核心能力学派、科利斯与蒙哥马利的战略资源学派，进一步完善了企业战略理论体系。

波特于 1980 年出版的《竞争战略》初步建立了行业结构学派的理论框架，1985 年在《竞争优势》中进一步系统地阐述了[138]企业竞争优势的来源、获得途径和方式。波特基于产业组织理论哈佛学派的关于“企业是一组功能和子功能的集合体”的假设，提出了企业是一组价值活动集合体的观点，并以价值活动为中心探讨了企业竞争优势的来源问题。根据波特的分析，基本价值链又包括基本活动和辅助活动，其中基本活动按顺序包括内部后勤、生产作业、外部后勤、市场销售、服务等五种类型，辅助活动分层包括采购、技术开发、人力资源管理、企业基础设施建设等四种类型。竞争优势来源的基本单元是各种不同的价值活动，完成这些不同价值活动的经济性和方式决定了企业产品的相对成本和差异性。

1990 年普拉哈拉德和汉默尔在安德鲁斯有关特色能力概念的基础上提出了颇具影响力的核心能力概念。企业是核心能力集合体的，[139]认为所谓核心能力是组织中的集体学习能力，尤其是如何协调多种生产技能以及整合众多技术流的能力。核心能力分布于组织内部，跨越组织边界，把公司各项的业务紧密地编织成协调一致的整体，是企业持续竞争优势的源泉。同年艾尔弗雷德·D·钱德勒出版《企业规模经济与范围经济：工业资本主义的原动力》(1999)提出组织能力是现代大型企业竞争优势的来源。1992年波士顿咨询公司的斯托克、伊文斯和舒尔曼的《基于能力的竞争公司战略的新规则》在哈佛商业评论发表，认为成功的企业极为注意行为方式，即生产能力的组织活动和业务流程，并把改善这些活动和流程作为首要的战略目标。这些组织能力论与流程能力论均是核心能力论的有力补充。

企业是战略资源的集合体这一观点是以资源为基础的战略理论的核心内容之一。1959年，潘若斯在《企业成长论》中指出，企业内部的资源和能力是企业获得和保持竞争优势的源泉。1984年，伯格·沃纳维尔特在哈佛商业评论发表的《企业资源基础论》一文，成为80年代有关企业资源的最具影响力的学术论文，同时也为企业战略理论提供了一种新的研究范式。战略资源观强调，是要素市场而不是产品市场形成了决定企业成功的环境。

1.2.3 战略研究与图书馆

随着图书馆管理理论与实践的发展，图书馆战略管理成为继图书馆人力资源管理和图书馆知识管理之后的一个新的重要领域，而战略规划是其中的核心内容。20世纪六七十年代以来，美欧一些发达国家和地区的图书馆开展战略规划的研究与实践，在战略规划制定流程和规划文本体例结构的科学性、规范性方面以及制定主体的广泛参与等方面均已探索出很多成功的经验。我国图书馆界的战略规划研究与实践起步较晚，在理论与实践领域基础较为薄弱，影响了图书馆管理和图书馆事业的发展。因此，图书馆界一方面需要引入管理科学中的战略规划理论，另一方面需要积极学习、借鉴国外图书馆战略规划先进经验，在此基础上研究出适合我国国情的图书馆战略规划一般模型，以指导全国各类型图书馆开展战略规划的编制与实施，因而具有十分重要现实意义。

战略规划从20世纪60年代开始作为一个新理论引入商业领域及其他各个领域。随着图书馆环境的不稳定性与不确定性日益增强，面对新技术的冲击和挑战以及与其他公共部门争夺日益紧缩的公共资源的需要，图书馆如何在日益复杂的环境中生存、发展？如何在社会转型期间树立核心竞争力，巩固自身的社会地位？如何确立自身的使命、发展方向和目标？在这种背景下，国外图书馆纷纷开始了战略规划的制定与实施。战略规划成为一个有效识别组织优先事项的主要工具。

战略管理在企业和公共组织的成功激发了图书馆的应用。将战略管理的5P模型应用于图书馆，图书馆战略不仅要面向过去和未来，表现为基于发展历程的一种模式(pattern)以及面向未来发展的一种计划(plan)，而且要面向现实，表现为图书馆事业层面的一种定位(position)、组织的一种观念(perspective)和竞争中的一种计谋(ploy)。将企业战略的三个层次即公司战略(corporate strategy)、业务战略或竞争战略(business strategy)和职能战略(functional strategy)应用于图书馆，图书馆战略相应有图书馆整体战略、图书馆业务战略和图书馆职能战略。图书馆战略规划的研究重点在于图书馆整体战略规划的制定与实施，随着战略管理在图书馆应用的深入，将逐渐发展到业务与职能战略规划的细化与完善。

图书馆战略因其非营利组织与知识服务组织的特性引起了学者的研究兴趣。英国的Matthews提出[140]图书馆战略首先是一个指导未来行动或者是解决具体问题走向的计划，它既是一种长时间的行为模式、一种组织定位，也是一种超越竞争对手的策略。Vancil[141]将图书馆战略定义为图书馆主管的概念化描述，其包含以下3方面：组织的长期发展目标；严格符合现有组织规模的策略体系；能够促进组织远景目标实现的近期计划体系。我国较有代表性的观点认为，图书馆战略是图书馆为了获得竞争优势、满足读者需求和取得图书馆绩效等目的而制定的一系列策略规划。不同的定义有助于对战略过程的深刻理解，避免概念上的混乱。应该看到，已有的图书馆战略定义存在着一定内在联系，是某种程度上的相互替代。归纳起来，图书馆战略可以形成一个概念系统，是图书馆对内外环境深刻分析后，通过提供参考要点为决策过程和随后的行动起指导作用。图书馆战略要重视过程甚于重视结果，初始阶段的意向战略并不一定就是实践战略。

1. 图书馆战略规划

图书馆战略规划是图书馆战略管理的外显形式，其实质是图书馆从整体利益与根本宗旨出发，为了获得长期稳定的发展，在充分研究现代图书馆外部环境与内部条件基础上，选择和确定图书馆的战略目标，提出发展方案，从而能抓住时机，避开风险。

图书馆战略规划的概念是管理学领域“战略规划”概念与图书馆管理特定领域结合的产物。Bryson 认为[142]图书馆战略规划与外部发展环境直接联系，它的核心思想是图书馆行动随外界变化而发生偏转，强调战略规划并不等同于长期计划。里格斯认为制定图书馆战略至少要遵守“图书馆管理的目标之一是战略必须具有选择性，并能够正式执行”、“战略制定的目的必须实现复杂问题的简单化，使更多人员了解图书馆的发展状况”、“如制定战略规划，必须考虑规定的宗旨，并形成计划、期限、实施方法等完整的体系”、“图书馆战略制定必须与日常管理紧密结合”、“战略制定必须有各工作流程的管理者和部门领导的参加”等 5 个准则[143]。我们认为，图书馆战略规划既是战略管理过程也是战略管理结果，是正确分析组织内外环境，确立发展目标以及相应战略措施的过程与结果。图书馆战略规划流程是以确立战略规划形成最优路径为目标，对战略规划形成过程中涉及的组织管理、资源、过程、过程中的相互作用(即结构)、结果等因素进行有效组合，通过这一过程明确战略规划制定怎么做这一问题。合理的战略规划流程，可以减少战略制定过程中的信息损耗，同时通过制度性约束保障战略规划的客观透明性。因此，一定程度上，图书馆战略规划流程是整个战略规划研究中的基础部分，是关系战略规划前期准备、中期实践与后期管理控制整个过程的重要制度性问题。

当代国外图书馆战略研究集中体现在以下 3 大方面：一是解决飞速发展的信息技术对图书馆各项业务的冲击问题，研究解决新的战略决策[144]；二是解决网络化环境对图书馆个体及图书馆联盟的策略选择问题，建立测量模型[145]；三是采用新公共服务理论有关思想，坚定图书馆自由平等的服务理念，体现图书馆持久公益、用户至上的核心价值观和职业使命感。

国外图书馆战略规划的特点：立足本馆实际，现实性和可操作性强；及时修订，连续性强；对外公开，透明度高；运用知识管理等新思想[146]。然而，相关调研发现，这些战略规划局限于某一具体图书馆，对整个图书馆事业发展缺乏普遍指导意义；关于图书馆战略规划的理论研究较为薄弱，较少有相关标准或指导手册作评估参考。

战略规划是制定组织的长期目标并将其付诸实施，它是一个正式的过程和仪式。图书馆战略规划是正确分析图书馆所面临的内外部形式的基础上，提出的包含组织使命、发展方向、战略目标与行动方案等研究过程与成果。它一方面是战略的制定过程，另一方面也是战略规划最终的外显形式——文本。因此，战略规划是战略制定过程与文本产生等有形和无形成果产生的过程。图书馆战略规划并不同于长期计划。美国图书馆学者 JM-Bryson 认为[142]，图书馆战略规划为图书馆与外部发展环境提供联系，它的核心思想是图书馆行动随着外界变化而发生偏转，强调战略规划并不等同于长期计划，它既包括规划过程也包括规划结果。在制定图书馆战略规划时需要综合考虑各种因素，全面协调各种相关因素。图书馆战略规划应包含图书馆战略定位、图书馆竞争战略与职能战略、图书馆战略保障等 3 个关键因素。图书馆战略定位是通过一系列的分析，对组织所处的行业环境、外部动态、内部资源等各方面进行深入剖析，最终确定合理的发展方向。战略定位要秉承一定的“舍得”原则，通过动态分析，宏观把握组织的发展。战略定位是一个图书馆在多年的实践过程中摸索出来的、赖以生存和发展的根本，更多地需要图书馆管理层把握。战略定位在战略规划文本中体现为使命的描述，它贯穿战略规划始终，有利于大幅度降低图书馆管理者的沟通成本。

2. 图书馆战略管理

图书馆战略管理来源于组织的长期目标，它是组织管理的一部分，用来判别和管理组织对外部环境优劣势、所处的地位变化所引起的一系列行动[147]，是战略分析、制定、实施、评价的循环管理过程。

图书馆战略管理可分为组织战略管理和职能战略管理两个层次。与企业战略管理相比，图书馆因为组织层次较为简单，罕有全权分支经营机构，战略管理结构也适当地简化为两个层次。组织战略是图书馆总体的、最高层次的战略，也可成为竞争战略，对应企业战略管理的公司战略与竞争战略，一方面侧重解决图书馆的核心业务是什么，图书馆管理层应在什么样基础上进行竞争，以取得更多的社会资源，获得更高的绩效；另一方面在核心业务指导下，提出相应的发展方向并进行资源分配，实现整体战略意图。职能战略是产生于图书馆各业务职能部门，如采编、阅览、古籍与地方文献、数字资源、参考咨询、人事等，由部门管理人员制定的短期目标与计划，其目的是实现业务部门的战略计划。组织战略与职能战略构成了图书馆的战略层次，它们相互左右，密切联系，根据不同的特点，两个层次的战略管理也体现不同的特点，组织层面的战略管理倾向于价值取向，是一种长期管理，风险性高，成本高，要求宏观性与较大的灵活性；职能层次战略管理具有作业性取向于可操作性取向，资源利用小，风险相对较低，要求可操作性强。

3.战略、战略管理、战略规划概念关系

战略、战略管理、战略规划概念关系的战略思想起源于军事，在现代工商企业中得到发展，形成了在各个领域普遍适用的战略管理理论与各种实践活动，促使了战略规划的出现。从概念的外延范围看，三者的概念内涵范围有所不同。“战略”是谋划，是观念，经过向不同方向的延伸，已经渗透到人类社会的所有活动中，其含义逐步普遍化，在管理领域，战略是战略管理的对象；战略管理是战略与管理的结合，是对各种发展战略、竞争战略、职能战略的管理；战略规划是战略管理的一部分，战略规划属于战略制定过程，是一种态度、工作方式、战略管理的结果，还是一种主要管理分析工具。

战略在图书馆领域并不是一个新鲜词汇，运用战略视角进行管理工作经过了不断演进。最初，图书馆通过对发展趋势的推测和利用过去经验对未来进行分析形成长期定量计划，随后，战略分析与战略计划组成战略规划在图书馆管理领域发展；从 20 世纪 80 年代中期以来，人们越来越倾向于使用“战略管理”而不是“战略规划”这个术语。

图书馆战略管理主要有 5 项任务：第一，提出使命和战略远景。基于现实，面向未来，根据对图书馆的外部环境、内部资源和能力等相关研究，确定图书馆的使命与长期的发展方向。清晰地描述图书馆业务与未来目标的关联，明确图书馆发展的总体目标。第二，建立目标体系。为使图书馆工作围绕未来目标行动，将图书馆的战略远景转换成要达到的具体业绩指标，形成由目标和任务组成的逻辑体系。第三，制定战略。为保证目标的正确落实和实现进行谋划，达到所期望的结果。第四，实施战略。将图书馆的战略决策付诸实施，保障所选择的战略能够正确而有效地实施和执行。第五，评价战略。结合战略实施，评价图书馆的业务发展与服务绩效。根据图书馆内外环境的变化，参考新的理念和机会，结合业务基础与业务能力，对图书馆的战略远景、长期发展方向、目标体系、战略以及战略执行等做必要的调整。这五个方面相互关联，相互影响，体现图书馆战略管理的整体性与动态性。

图书馆战略研究涉及图书馆学理论与应用的许多方面，基于我国的战略研究现状，有 3 个问题是不能回避的，也是今后一个时期战略研究的重点与方向。

(1)图书馆战略环境研究：图书馆实际工作者包括管理者，擅长做图书馆的具体业务、图书馆的部门或局部管理，却很少考虑图书馆业务以外的相关现象，不重视环境对图书馆决策的影响，不擅长图书馆的环境分析及根据环境的变化对图书馆管理做出及时的调整。

图书馆界必须重视环境，重视社会对图书馆的影响、图书馆对社会的贡献率，图书馆的资源、服务与管理都会随环境的变化而改变。因此，任何一个图书馆都应当树立战略意识，善于做战略环境分析。战略环境分析的一个基本方法是 SWOT 的方法。图书馆可运用这一方法，从结构分析入手对图书馆的外部环境和内部资源进行分析，构造 SWOT 结构矩阵，并对矩阵的不同区域赋予不同分析意义。在分析时，应把所有的内部因素，包括图书馆的优势和劣势都集中起来，然后用外部的力量来对这些因素进行评估。这类研究不仅使图书馆正确认识自身在行业、区域乃至全社会中的位置，而且有利于图书馆战略规划的制定更加科学和全面。

战略环境研究是一项复杂工作，不能简单化。需要注意的问题是：第一，要科学运用战略分析工具，任何分析工具都有其局限性。SWOT 适用在制定图书馆的发展战略前对图书馆进行深入分析以及竞争优势的定位，其优点是分析直观、使用简单，即使没有精确的数据支持和更专业化的分析工具，也可以得出有说服力的结论。但是，正是这种直观和简单，使得 SWOT 不可避免地带有精度不够的缺陷。第二，要注意第一手数据和科学分析。战略环境研究仅有工具不够，SWOT 的方法需要数据支持，而现在的难点是缺乏数据，图书馆的统计工作跟不上。

(2)图书馆战略规划研究：战略规划研究是图书馆战略研究中的一个非常务实的问题，战略规划研究以环境分析为基础，而且比环境分析更为重要。鉴于我国图书馆缺乏战略规划的传统，也缺乏战略规划的意识，更缺乏战略规划的相关知识。如果简单地将企业战略规划套用到图书馆，既不科学也缺乏针对性；如果照搬国外图书馆的战略规划，即使是同类的某一图书馆，对我国也不可能是完全适用的，因为战略规划具有很强的针对性和个性化。因此，必须加强两个适应性研究：一是借鉴企业战略规划适用于图书馆的研究，二是借鉴国外图书馆战略规划适用于我国的研究。

(3)图书馆战略理论研究：未来的图书馆战略既需要广大图书馆积极参与实践，积累战略经验，也迫切需要研究理论问题，提供理论指导。

理论研究可以围绕以下几个方面展开：一是图书馆战略基本理论问题，涉及战略思维、战略意识、战略模式、战略发展等问题；二是图书馆战略管理研究，涉及战略制定、战略实施、战略评价等战略过程的专题研究；三是引入管理新理论，进行图书馆战略的探索，包括基于知识管理的图书馆战略研究，进行图书馆战略知识管理的研究，基于危机管理的图书馆战略研究、基于新公共服务理论的图书馆战略研究、基于协同理论的图书馆战略研究等；四是图书馆知识治理研究，引入知识治理新理论，解决图书馆内部和图书馆之间知识的交换、转移和共享的治理问题。

研究图书馆战略规划不仅是图书馆不断适应外部环境变化的结果，也是其内部组织结构变革的重要驱动力。通过对国外大学图书馆基于战略对组织结构进行变革或优化模式的比较分析，可以了解到未来几年内国外高校图书馆基于战略的组织结构变革趋势[148]。

2 国内外研究型图书馆现有战略

图书馆战略规划是图书馆改革与发展的纲领,是图书馆面向未来确定使命、愿景、目标、战略及其实施计划的思维过程与框架,是图书馆发展方向的指南和确保图书馆可持续发展的基础。随着技术发展和社会转型,图书馆的外部环境正发生深刻变化,图书馆内部也正努力完成从以资源为中心向以用户为中心、从平台化向工具化以及从提供知识查找到支持知识发现转变。宏观上看,图书馆的定位与使命取决于社会需求和用户需求;微观上看,图书馆的发展取决于图书馆的定位与使命,也取决于图书馆的决心与努力。在图书馆未来发展这一征途中,如何满足信息交流新模式和科学研究新范式下不断变化的用户需求是其面临的主要挑战和全新机遇。

图书馆战略规划领域的较早文献始于20世纪六七十年代[149,150],经过半个多世纪的不断发展和完善,战略规划理论已经深入到图书馆的实践工作中,具体表现就是英美国家的图书馆战略规划工作已经成为图书馆的一项常规工作和重要工作。

国外图书馆战略规划的体例一般包括序言、环境分析、愿景、使命、价值观、战略目标、战略重点、战略实施、战略进程、预期结果、附录等项目。

2.1 研究型公共图书馆战略规划篇

美国国会图书馆实施的《国会图书馆2011—2016战略规划》[153]描述了支持国会、履行宪法职责、促进知识创新及服务国民的战略使命。其强调4个关键价值:服务——以创新方法改善服务;管理——建立并维护馆藏;质量——确保高质量的图书馆活动；合作——鼓励利益相在规划、实施、评估和改进活动方案的过程中合作。规划包括五大战略目标：向国会提供权威的研究、分析和信息；对各种资源和美国历史记录进行采访、保存和提供使用；保持有效的国家版权系统；引导开展与外部机构的协作；针对可展示结果实施前瞻性管理。每个战略目标包括内涵阐述、可能产生的公共利益、预期成效及具体措施。

大英图书馆目前正在实施两项规划：《不断生长的知识：大英图书馆2015—2023战略》及《大英图书馆2020愿景》。《大英图书馆2020愿景》以促进世界知识发展为使命，提出五大愿景：为后代提供信息获取；为研究人员提供信息获取；支撑关键领域的科研群体；丰富国家文化生活；引领、合作，丰富世界知识库[154]。《不断生长的知识：大英图书馆2015—2023战略》是对《大英图书馆2020愿景》的进一步扩展，其提出六项目标：保管——建设、管理并保存英国出版的所有资源；研究——扶持并鼓励各种研究；商业——帮助企业创新成长；文化——通过难忘的文化体验与每个人建立密切联系；学习——启发年轻人和各年龄段学习者；国际化——与世界各地建立合作关系，传递知识并相互了解[155]。

2.1.1 美国国会图书馆2011—2016战略规划[153]

美国国会图书馆实施的《国会图书馆2011—2016战略规划》描述了支持国会、履行宪法职责、促进知识创新及服务国民的战略使命。其强调4个关键价值：服务——以创新方法改善服务；管理——建立并维护馆藏；质量——确保高质量的图书馆活动；合作——鼓励利益相关者在规划、实施、评估和改进活动方案的过程中合作。规划包括五大战略目标：向国会提供权威的研究、分析和信息；对各种资源和美国历史记录进行采访、保存和提供使用；保持有效的国家版权系统；引导开展与外部机构的协作；针对可展示结果实施前瞻性管理。每个战略目包括内涵阐述、可能产生的公共利益、预期成效及具体措施。

资料　美国国会图书馆2011—2016战略规划

1.前言

美国国会图书馆2011—2016战略规划描述了国会图书馆服务美国国会和美国国民的目标和战略。它是国会图书馆履行职责，遵循《政府绩效与成果法案》，每3年至少对战略规划进行回顾和更新的结果。国会图书馆中代表不同层级和水平的各主要部门的管理层及员工都参与了战略的规划工作。

国会图书馆的战略目标反映出我们继续履行国会图书馆历史和核心使命的职责。国会图书馆丰富多样的馆藏资源和服务致力于为国家及其民主化进程服务。我们将继续保持这种价值观并追求卓越。国会图书馆战略目标将打破图书馆各个单元的局限，强调协同工作效应，整合国家图书馆、国会研究服务中心、法律图书馆、美国国家版权办公室和国家图书馆残障人员服务中心等为单一组织机构。各个单元之间相互依赖、相互支持。

我们之前的许多战略都是在直接应对日益发展的数字技术和网络带来的挑战和机遇。我们的数字化工作正在增加，而传统工作也并未减少。为满足挑战、迎接机遇，国会图书馆需要协作开展工作和积极进行创新。此外也需要进行前瞻性管理。基于这种考虑，我们制定了新的战略目标，特别将管理问题作为目标，希望能带来明确的结果。这种新的管理目标反映出国会图书馆继续恪守之前战略规划的主要管理目标。

战略规划反映出国会图书馆全体成员恪守为信息和民主社会提供公共服务的职责。这种充满生机和前瞻性的精神以及国会图书馆全体成员的献身工作使得国会图书馆这个美国最古老的联邦文化机构熠熠生辉，从而拓宽和加深了国家的知识储备及创造力。

2.使命

支持国会，履行宪法规定的职责，促进知识进步和创新，服务美国国民。国会图书馆建立于1800年，目的是履行这之前11年(1789年)宪法批准的职责。即使我们不断拓宽图书馆履行职责的方式，该使命在今天仍然有效。图书馆的主要职能已经从为国会成员提供参考和借阅服务，扩展到为国会议员、委员会和职员提供研究和政策分析服务。

19世纪，当国会将国家版权的职能赋予图书馆时，其馆藏发展日益成为美国创造的记录者和世界知识的储存者。由于这些馆藏，国会图书馆能为一些重要的公共需求提供服务，促进知识和创新的发展。

3.组织结构

国会图书馆实行馆长负责制，馆长由总统提名，并由参议院审批通过。自1800年成立以来，国会图书馆共有13位馆长。执行委员会由图书馆主要服务部门的领导构成，对馆长负责，制定和开展图书馆的政策与各项实践，为馆长决策提供依据。运营委员会由各服务单元的副手和图书馆支持运营办公室的主管组成，负责解决图书馆运营过程中的各种问题。国会图书馆的主要部门如下。

馆长办公室：馆长办公室总体负责图书馆的管理工作和图书馆各项行政职能的开展。

国会研究服务中心：通过提供各种综合、可靠的法律研究以及及时、客观、权威和保密的分析，为国家立法服务。

国家版权办公室：通过管理和保持有效的国家版权系统促进创新，对原创作品的著作权登记来说至关重要。

法律图书馆：成立于1832年，致力于提供各种可靠的法律文献。拥有历年国内外馆藏资源超过300万卷，涵盖了世界上几乎所有的司法资料。

图书馆服务中心：发展与保持国会图书馆独有、丰富和多样的馆藏资源。负责这个世界上最大图书馆的采访、组织、使用、维护、安全和长期保存等工作。

战略行动办公室：战略行动办公室以各种方式支持国会图书馆使命的实现，通过指导国家项目进行数字文化资源的长期保存，领导机构之间开展协作，为数字化未来发展制定统一规划，整合信息技术服务方式。

支持运营办公室：支持运营办公室由多个部门组成，为整个图书馆提供必要的基础设施服务。

4. 战略目标

2011—2016 国会图书馆的主要战略目标包括：向国会提供权威的研究、分析和信息；对各种馆藏知识资源和有关美国创造的历史记录进行采访、保存和提供使用；保持有效的国家版权系统；领导和开展与外部机构的协作，促进知识发展和创新；针对可展示结果实施前瞻性管理。

这几项战略目标相辅相成，集中体现了国会图书馆各类服务项目所产生的整体价值。

国会图书馆的战略目标要通过图书馆所有服务单元的合作来实现。完成多项目标是每一服务单元的责任，而成功的实现每个目标要靠多个服务单元的配合。

2.1.2 大英图书馆 2015—2023 战略[156,157]

大英图书馆即英国国家图书馆，是全球最大的学术图书馆之一，藏有英国和爱尔兰出版的所有图书，是英国历史记忆的重要资料库。大英图书馆自成立以来就计划将自身建设成为致力于研究服务和创新的新型国家机构。作为世界著名的研究型图书馆，近几十年来，大英图书馆十分注重在分析社会环境变化和客观评估图书馆现实环境和服务能力的基础上，规划和确立图书馆的发展方向，通过不断完善图书馆使命、目标和愿景，推动图书馆的变革与创新。

进入 21 世纪，大英图书馆的管理者开始意识到信息社会发展的紧迫性和图书馆战略规划的必要性。2000 年，达梅 · 琳内 · 布林德利（Dame Lynne Brindley）担任大英图书馆 CEO 后，十分注重图书馆发展的与时俱进和不断创新，重视分析影响图书馆发展的外部环境，客观评估图书馆现有的服务能力，不断重新定义图书馆的使命与愿景，开始将大英图书馆战略规划提上日程，在其管理期间，平均每隔 3 年便评估或更新一次战略规划，并且为提高战略规划的科学性，聘请专业咨询机构为其做战略规划的相关培训。

纵观大英图书馆的战略规划，从1985年开始制定的《与知识同行：大英图书馆1985—1990年战略规划》(Advancing with knowledge: the British Library strategic plan, 1985—1990)，到《大英图书馆2008—2011三年战略计划》，再到2010年基于当时的技术与研究下公布与实施的《2020远景规划》，再到2015年最新发布的报告《鲜活的知识：大英图书馆2015—2023》，这些战略规划在大英图书馆的发展历程中产生了重大影响。通过不断更新的图书馆发展战略，描述了一个在快速发展的信息社会的图书馆应该具有的使命、职能与创新，概述了如何进一步发展现有力量，抓住新的机会以便提高图书馆创新服务的能力。体现了大英图书馆的服务使命：帮助人们探索世界知识(explore world's knowledge)，成为"知识"的使者和为用户提供"知识服务"的先行者。

《鲜活的知识：大英图书馆2015—2023》战略报告是在2010年制定的大英图书馆《2020远景规划》和"2011—2015战略计划"基础上修订完成的。其中，《2020远景规划》明确了大英图书馆适应未来发展的四个主题：一是不断发展着的技术对图书馆的影响；二是快速增长的用户信息需求与越来越多样化的信息资源提供之间的矛盾在不断加剧；三是合作研究越来越成为科学研究的普遍模式；四是需要彻底改进和重新定位作为知识服务机构的图书馆，如何在不断变化的社会里产生更大的服务增值与效能。应该说，这个规划是对当时时代的超越，在其后的五年之中，时代急遽发展，前进的步伐还在持续，技术变化节奏没有减缓，用户对数字服务质量期待不断提升，合作研究模式越来越普遍。大英图书馆的管理者"一直在思考数字化的今天国家图书馆的意义何在，作为英国的一个大型公共场所，我们所扮演的角色又是什么。"2015年1月16日，大英图书馆网站发布了大英图书馆2015—2023年发展规划，报告针对大英图书馆的未来发展之路列出了重要战略决策，并将其列入同一框架之内，共包括"保管、研究、商业、文化、学习和国际化"6个方面。报告认为，大英图书馆2015—2023年战略可能是图书馆中最开放、最有创造力和最具创新精神的战略规划。纵观报告全文，显示了大英图书馆的发展目标、未来的创新力以及其后8年的创新服务方向，其中提出的6大核心目标，充分体现了现代图书馆发展、变革、转型与服务的本质：即图书馆对传统文献和数字化信息的内容管理模式变革；图书馆对各类科学研究者的科学研究所提供的支持服务；在新的信息环境下，图书馆如何在支持企业的创新、提升图书馆文化氛围以改善用户体验服务、图书馆对于现代教育的支持等方面的拓展服务；作为国际化的大型公共图书馆，如何开展国际合作及其国际化服务。该报告反映了在知识经济时代，大英图书馆在致力于馆藏建设、人类知识信息传播、对用户在信息获取、信息利用、信息挖掘等方面的服务以及用户体验、分享等方面的孜孜追求和不懈努力。它同时也体现出大英图书馆不仅把自身定位为文明的传承者，而更应该是国家经济、社会和文化发展的积极参与者和推动者。

资料　鲜活的知识：大英图书馆2015—2023

1.前言

作为国家图书馆，大英图书馆即将在2023年迎来50岁华诞。报告描绘了其发展前景，描述了一个图书馆是如何在科技、研究、信息服务快速发展的背景下改良自我，并同时忠于图书馆创立的初衷和原则的。我们一直在思考数字化的今天国家图书馆的意义何在，作为英国的一个大型公共场所，我们所扮演的角色又是什么。大英图书馆有义务保存纸质及电子图书。当然，在知识及文化的获取方面，我们还有很多地方尚待提高，我们一定会努力弥补这些缺憾。

报告描绘了大英图书馆在未来8年及更长时间内的追求目标、创新及发展。报告基于6个目标，解释公共基金是如何为了英国的利益以及全世界的读者和合作伙伴的利益，来扶持研究、文化、教育和经济发展。

2.简介

5年前,“2020愿景”及“2011—2015战略计划”在大英图书馆的发展历程中产生了重大影响。大英图书馆自成立以来就计划将自身建设成为致力于研究服务和创新的新型国家机构。在图书馆正中央一直都存放着来自大英博物馆无与伦比的藏品。图书馆的创建者们打算将启蒙运动所遗留的遗产与自然科学和研究的发展相融合,支持并巩固英国信息服务的整体生态环境。

这就是为什么大英图书馆的分布非常多元化:英国南北方都有,约克郡有国家科技图书租赁馆,大英图书馆文件提供服务中心分布在波斯顿,而大英图书馆则在中间位置,位于伦敦显著地段的这座建筑,曾经备受争议,但现在它就矗立在欧洲研究、文化和信息机构集中快速发展的中心地带。

针对大英图书馆的未来发展之路,报告列出了图书馆的重要战略决策,并将其列入同一框架之内,共包括6个方面:保管、研究、商业、文化、学习和国际化。大英图书馆2015—2023年战略可能是图书馆中最开放、最有创造力和最具创新精神的战略规划。

3.变化的环境

大英图书馆“2020愿景”描绘了2020年末的世界大环境,主要有4方面:科技快速发展,信息用户的要求越来越高,信息来源更多元化,人们更多地以合作方式开展学习。知识机构需要通过改造自身来提升效率并宣扬自我价值。

未来5年内,这些趋势都将延续:科技发展的脚步不会停止,研究人员和信息使用者对电子服务质量的期望继续增长,合作式研究更加普及。但空间场所变得复杂起来:我们工作的研究院,以及高等教育、文化、信息服务中心展现出一些早在“2020愿景”和“2011—2015战略计划”发布前就已经很成熟的发展趋势,而他们也影响了我们对于未来的选择。

首先,我们正处于数据创造、分析、开发的“大数据”时代。我们感谢图书馆在人类发展历程中所发挥的作用,图书馆是大量数字化历史信息的管理者，是新数据集的创造者和分析者，是制定准则、改良数据、连接复杂数字领域的专家，也是跨学科的创新中心。

与此同时，开放观念对信息服务和文化设施产生重大影响。开放数据运动对可供研究、商用及公众使用的公共信息的开放产生影响。科学团体历经复杂的数据研究过程，目的就是提供给公众发现和利用。公众可以越来越容易地接触到各种研究类刊物，可以在网上浏览越来越多的研究类图书，公共图书馆也可以提供免费期刊阅览。

图书馆的重要性正日益凸显。哈佛大学经济学院做了一项经济评估，发现大英图书馆可以用 1 英镑的投资经费创造 5 英镑的经济价值，并且为读者和英国共创造 4.19 亿英镑的经济净值。近期发布的 Sieghart 独立图书馆报告则强调公共图书馆对当地所产生的价值。从报告中可以进一步看出当文化和知识变得越来越数字化，且越来越多的呈现在屏幕上时，高质量的实体空间变得愈发重要。仅过去的 1 年中，大英图书馆的现场访问量就增长了 10%。

在过去 5 年中，图书馆的财政和经营模式遇到巨大挑战，尤其是公共图书馆的财政削减影响到整个英国公共服务的质量。现在正是大英图书馆和公共图书馆体系之间建立联系的创新时期，新合作关系可以提供商业咨询服务和文化倡议活动。2013 年图书馆具备公共出借权后，其可以向作品被外借的作者支付费用。在图书馆技术和经营模式不断变化的时期，我们面临的挑战就是为大英图书馆寻找其在公共和学术图书馆体系中所扮演的支柱性角色。

“2011—2015 战略计划”正确预言了 2014 年大英图书馆的投入经费将达到历史新低。我们清楚地认识到，下一个战略机遇期，公共资金的状况及投资决策将仍然十分艰难。我们不会低估挑战，但我们必须面对所有挑战，向公众、政府、慈善捐赠者和商业合作伙伴表明我们的信心和我们给英国带来的价值，以及指引我们的六项目标的重要性。

4.发展目标

(1)保管。关于保管，我们提出要“建设、管理并保存英国国内出版的资源，包括书面的以及数字化的内容”。

这是我们的首要及核心目标。大英图书馆的创立原则告诫我们要“全面”,与博物馆馆藏不同,我们每时每刻都在增长,馆藏量巨大:每月新增的实体资源总长度约达0.8千米,新增数字内容6.8TB。很难对当前的馆藏规模进行确切评估:预计馆藏在1.5亿至2亿之间,包括图书、期刊、报纸、专利、地图、印刷品、手稿、邮票、照片、录音、各类型的数码出版物以及超过20亿页的英国网页内容。我们在图书馆所做的一切就是保存管理这些非比寻常的资源,确保未来一代能够访问到它们。

因此,该目标的实现是,且仍将继续是馆藏资源给我们提出的唯一的、最大的要求。我们依靠并培育以下专业技能:获取、编目、元数据、保存和保护(包括实体和数字资源),以及理解、揭示和开发多样化且复杂的馆藏所需的学术和策展等专业知识,10年前不可想象的数字化知识及数字化保护等成熟技术,已得到广泛应用。在这些领域中,我们实际上已处于领先地位。

未来几年我们将面临新挑战。如果过去10年中我们的主要工作是保存和数字化国内报纸,那下一个严峻的挑战就是保存音频和音乐录制藏品。大英图书馆每月增加4 000份声音馆藏记录。目前共有42种不同的物理格式,通过这些格式储存了650万个音频项目,其中许多项目将在15年内因技术过时而无法读取,除非通过采取行动,否则,许多珍贵的记录将会永远丧失。我们明确而紧迫的目标是尽可能多的数字化保存全国稀有且独特的声音录音,而不仅是我们的馆藏,还包括整个英国境内合作伙伴的藏品中的重要内容。如此,我们的目标是广泛提高公众对于音频遗产的认识和使用。

另一种合作伙伴关系——与苏格兰和威尔士国家图书馆,及牛津大学图书馆,剑桥和都柏林三一学院建立合作关系——致力于做出数字化保管的最大努力,全面搜罗英国的法定呈缴本,以及爱尔兰生产的原生数字内容,包括所有英国网站的归档。2013年4月,我们开始启动这一项目的最初阶段,未来将逐渐把图书馆转变为一个国家存储机构。我们在该项目下一阶段所面临的挑战是馆藏的开发规模和可获取性,以及确保在其未来储存和保护方面进行适当的投资。

技术发展改变了实体馆藏的保管方式。在过去的10年中，我们已经在约克郡基地建成了两大新设施，通过这两处设施可以存储和检索资源，从而尽可能使大部分馆藏维持着最高的使用效率。通过之前建立成功的馆藏管理合作伙伴关系，比如英国研究储备中心与大学图书馆之间的合作，我们相信通过继续与高等教育相关合作伙伴的长期合作，将会使效率更加显著，并且在国家层面上实现一定的经济规模，通过投资使图书馆成为英国境内文化和公共组织部门印刷类藏品的采集、储存、访问和数字化共享服务中心。

为了支持我们的保管目标，我们在2015—2023年间的战略优先项是：

◈ 满足对于历史音频和音乐录制藏品日益增长的保护和访问需求。

◈ 与英国非印刷法定呈缴本合作伙伴进行合作，开发原生数字内容馆藏，并且确保其长期保存。

◈ 开发约克郡基地的馆藏管理能力，提供共享服务，帮助其他公共机构实现高效运行。

(2)研究。关于研究，我们提出要“扶持并鼓励各种研究”。

一个强大的科研基地对于经济的健康发展至关重要，自成立以来，大英图书馆已占据了英国研究和创新基础设施的中心地位。为了履行作为国家研究图书馆的职责，我们直接为创新作出贡献，从而促进经济发展，将我们的馆藏、专业知识和空间服务于任何愿意做研究的人。我们的目标是支持任何人类求知领域内新知识的积极创建活动。

从现在起至2023年，我们将根据研究人员的需求来开发空间和服务。同时保护图书馆阅览室所提供的特殊空间，并且我们将采取新的工作方式为人们提供一个理想的环境。正如许多大学图书馆在过去五年间已经改变了他们的空间一样，提供了一个用于协作或非正式工作的新环境，因此我们已经开始创造新一代的研究空间，如圣潘克拉斯的多媒体新闻中心。随着需求增长，我们将开放更多样化的学习环境，并且确保我们的现场服务能够尽可能满足最广泛的用户需求。

虚拟空间中研究需求总是在不断变化,我们将继续开发优质、简单并且有使用价值的在线服务。即将重建的文献提供服务品牌“大英图书馆按需服务”,标志着一项变革计划的开始,其最终目标是通过一种单一的、简单的服务方式,统一所有图书馆在线提供的内容和信息:来自大英图书馆及其合作伙伴的信息内容将直接送达用户界面。

促进图书馆支持跨学科研究,这在10年前就已开始。到下一战略阶段结束时,我们计划增加与英国境内著名研究机构之间的联系,包括积极参与研究过程,利用数据分析的力量使研究人员大规模使用我们的数字化馆藏。这意味着将构建更多成功项目,如梅隆基金会资助的BL实验室,将促进数字化馆藏的创造性使用,同时通过主要合作伙伴开辟新的合作渠道,如阿兰·图灵研究所。

为了支持我们的研究目标,我们在2015—2023年间的战略优先项是:

◈ 确保图书馆的在线设施和阅览室服务能够满足研究人员不断变化的需求。

◈ 开发图书馆远程访问服务,使其成为可供各地研究人员进行事实调查、研究和分析的一个值得信赖和不可缺少的资源。

◈ 充分利用图书馆的馆藏和专业知识,推动大规模数据分析领域的创新,使更广泛的英国研究人员从中获益。

◈ 加强与合作伙伴之间的联系,增强图书馆作为独立研究机构的能力。

(3)商业。关于商业,我们提出要“帮助企业创新和成长”。

大英图书馆支持行业发展的承诺被载入我们的创立原则之中。我们的目标是通过向所有形式的商业组织提供研究、专利和咨询从而支持英国国家创新和经济增长。

我们的文献提供服务在过去40年间一直服务于英国的工业研究和发展,我们在圣潘克拉斯的商业和知识产权中心为新的和不断增长的商业组织提供咨询、培训和无偿支持,帮助企业家、发明家和设计师开发、保护和商业化他们的想法,使社会企业能够增加他们的影响力。自2006年创立以来，该中心已经帮助创立了平均550家企业，每年创造1 200个就业岗位，每1英镑的公共资金投入产生了8.80英镑的回报。

展望未来，我们的主要任务是保证和壮大区域图书馆的合作关系，从而使商业和知识产权中心拓展至伦敦以外的主要城市中心。在报告发布时，新中心即将在利物浦和谢菲尔德开放，并且完成了两年前在纽卡斯尔的初期扩张，目前还在伯明翰、利兹和曼彻斯特提供服务。我们的目标是十年内在英国城市图书馆中建立至少20个这样的中心。

城市是经济增长的心脏，距离大英图书馆1英里半径内，在布鲁姆斯伯里、尤斯顿、国王十字车站与圣潘克拉斯围成的区域内，是欧洲最大的知识型组织和企业城市集群，由世界级的交通运输网予以支撑。这些优势使得"知识季合作伙伴"活动得以建立，该活动于2014年12月由英国财政大臣发起。我们面临的下一个挑战是确保图书馆成为地区的心脏，以适应并支持创意企业、初创企业和知识推动创新企业快速增长的社区，为其提供空间和服务，帮助这些企业成长并且实现商业成功。

为了支持我们的商业目标，我们在2015—2023年间的战略优先项是：

◈ 加强与合作伙伴的合作关系，确保区域性商业和知识产权中心网络延伸至20个英国城市图书馆。

◈ 发展和开放我们的圣潘克拉斯商业和知识产权中心，以便最大限度地发挥其作为知识交流和创新中心的潜力。

(4)文化。关于文化，我们提出要"通过难忘的文化体验与每个人建立密切联系"。

对于许多人来说，图书馆的文化目标是其最珍视的使命之一。制定公共计划和文化参与活动的馆员职责是创建活动、体验、讲座、展览和演出，通过适当方式揭示馆藏，使广大公众尽可能地获取、欣赏和接触到它们。这些馆员还有一个更重要的作用就是支持创意产业，重新诠释信息内容和数据。

我们在未来10年所面临的挑战是帮助更多人发现和享受图书馆的文化展览和活动项目，我们将提供和打造更具创意和多样化的艺术体验。

我们希望图书馆能够成为思想、辩论、讨论、对话和实验中心。短期内，我们将创造性地使用现有空间和建筑物；长期来看，我们将努力扩大和改善图书馆画廊，在多功能空间中展示更多馆藏内容，使人们能够欣赏我们快速增长的数字、音频和多媒体藏品。

与英国境内外的公众分享我们的馆藏及创意也同样重要。我们拥有与英国境内几乎每个地区都有关的特色资源，从历史地图到超过两个世纪历史的当地报纸。从2013年夏季期间林迪斯福音书所获得的巨大成功来看，我们意识到，在不同的地理或文化背景中作相关资源展示时，通过对外借出我们的馆藏将产出更多价值：我们将通过与公共图书馆和其他合作伙伴的合作，开展外借、合作和展览拓展计划，我们的目光将超越英国，从而确保海外公众有越来越多的机会看到我们的馆藏。

为了支持我们的文化目标，我们在2015—2023年间的战略优先项是：

◈ 拓展图书馆文化活动的产品组合、多样性和创意影响力，包括现场和在线两种方式。

◈ 通过与公共图书馆和其他机构合作，制定外借、巡展和数字化合作计划，向英国境内外公众开放我们的馆藏。

(5)学习。关于学习，我们提出要"启发年轻人和各年龄段的学习者"。

对于终生学习者和在校学生而言，图书馆及其馆藏具有强大且独特的教育价值。当人们不断体验世界并通过数字屏幕来获得知识时，原始手稿或第一手资料将会变得更有吸引力。近年来我们一直致力于扩大访问图书馆的儿童和年轻人的数量。我们的使命中一个重要组成部分就是激励和启发未来的研究人员，我们的目标不仅是讲故事，而且是鼓励质疑精神。

我们提供学校及正规教育所不能提供的学习内容。我们积极寻求与当地社区的联系。我们的学习网页已是所有网站中最常用的一个，其在设计过程中得到了教师和教育工作者的大力支持。对许多人而言，学习的欲望和需求遍布在生活当中，大英图书馆正致力于满足这一需求。

当我们制定未来10年关于学习的战略优先项时，我们需要解决图书馆能够提供的场地规模和资源等问题。2014年我们的现场服务学生数创了新纪录，达到32 826人次，但是我们的进一步扩展能力受到专用学习空间的极大制约。类似的，虽然几次成功举办的家庭活动日已显示出强大的吸引力，但到目前为止我们还不能建立一个为有儿童的家庭提供统一服务的场所。作为空间改善和转型计划的一部分，我们将逐步完善为儿童、家庭及当地社区提供服务的能力。在网络空间上，我们将通过寻求外界支持，进一步缓解实体空间的不足，从而向学习者提供最高价值的服务，例如我们的"发现文学"网站，主要介绍有关英语文学重点作品的数字化资源。最近6个月内，该网站已接待了超过30万人次的访问。我们的目标是将其规模进一步扩大至覆盖更多英语文学佳作，并使其成为全球读者不可或缺的资源。

为了支持我们的学习目标，我们在2015—2023年间的战略优先项是：

◈ 改进和拓展我们的现场接待能力，以应对在校学生、青少年、家庭及当地社区数量的增长，使其能够接触到我们的馆藏。

◈ 扩大网上可获得的教学资源以及第一手资料的范围。

(6)国际化。关于国际化，我们提出要"与世界各地建立合作关系，传递知识并相互了解"。

在全球化体系中，大英图书馆具有独特且重要的作用。由于历史原因——包括文化的、皇家的、商业的因素——我们的馆藏类型可能是全世界最具国际化的，拥有能够反映所有主要语言类型和传统信仰的珍稀的或独特的资源。我们有更多机会和责任，通过利用数字化使全球更多人能够访问我们所保存的知识遗产。

下一战略机遇期内，在关于国际资源的众多诉求中，我们将特别关注某些国际地区，尤其是南亚和中东。

我们与印度政府签订的谅解备忘录制定了一个我们期待能够实现的大胆合作设想，同时我们与卡塔尔基金会合作，共同致力于提供大量的且不断增长的有关海湾历史和阿拉伯科学的数字化原始资料。

通过密切参与欧洲 1914—1918 项目，深化了我们与欧洲大陆合作伙伴之间的关系，该项目整合了来自于各个参战国的特有资源。我们将与欧洲各国图书馆密切合作，以便满足公众了解欧洲文化的需求，以及确保我们共享的馆藏能够在全球广泛兴起的数字图书馆中占有重要地位。

最后，在频繁发生战争和国家突发事件从而将档案馆和图书馆馆藏置于危险境地之时，比以往任何时期都迫切的是，我们要凭借有限的资源，在事件发生时和发生后不断向同行机构提供支持——大英图书馆必须发挥好全球行业领袖的作用。由阿卡迪亚基金资助的濒危档案计划刚满 10 周年，该计划代表了我们希望在未来所建立的一种模式。

为了支持我们的国际化目标，我们在 2015—2023 年间的战略优先项是：

- 加强与国际地区之间的联系，包括南亚和中东，他们的图书馆馆藏强烈反映出其国家的文化和历史。
- 在欧洲国家图书馆网络中占据专业领导地位，对全球分布的数字图书馆发展作出贡献。
- 通过提升我们的能力来支持那些馆藏面临战争或国家突发事件风险的机构。

5. 实现愿景

要实现上述目标，需要进一步改变我们的工作方式、组织机构和商业模式。我们履行了主要职能，但还有更多需要不断探索之处，我们的筹款活动和商业服务还将持续增长。就图书馆内部而言，数年前开始的文化改革已经提高了我们的合作能力以及与机构内外合作伙伴之间的工作效率。

在 2013 年举办的“一个大英图书馆”员工咨询项目的激励下，我们将继续专注于简化内部结构和流程，不仅我们的员工将受益，而且众多合作伙伴及股东也将从中获益。如果可能，报告明确提出的战略优先项将作为一个大型长期计划的一部分，包括位于圣潘克拉斯的图书馆建筑以及面向读者提供的数字资源等主要改革项目。

馆员是所有一切工作的核心和灵魂：正是因为馆员的专业知识和奉献精神，才使图书馆服务得到用户的好评，他们所具备的应变能力将使图书馆的未来变革成为可能。我们去年采用的新人才战略建立在基于人才价值的全新阐述上，这将指导我们顺利适应未来几年的变革。我们希望来自图书馆内部及外部的人员可以把大英图书馆视为一个专业机构：

- 做每件事时都将用户置于首位
- 倾听、创新和适应不断变化的世界
- 用尊重和同情的心态善待他人
- 拥护平等、公正和多样性
- 行事时遵循开放和诚实的原则
- 通过合作实现我们自己无法做到的事

支持上述所有原则是我们对问责制及透明性所做出的承诺。我们的董事会强有力的管理着图书馆的行政领导团队，并已承诺将新增相关论著的出版项目。我们还计划通过报告所述目标的明确框架，作进一步自我评估，从而改善内部业务规划，以及改善针对为大英图书馆能够继续发展并获得成功而提供资金及支持的公众的问责制度。

2.1.3 上海图书馆“十三五”发展战略规划分析[158]

上海在“图情一体化”的探索实践中已走了整整20年，为了更好地推进上海图情事业创新转型发展，充分发挥图书馆在现代公共文化服务体系和科技创新生态系统中的重要作用，2015年年末，历经实地调研、深入访谈、文献研究和技术预判等过程，上海图书馆（上海科学技术情报研究所）编制完成了“十三五”发展战略规划初稿，最终将提交职代会表决通过，成为新一轮发展的纲领性文件。

2014年中期，上海图书馆正式启动“十三五”发展战略规划编制工作。先期制定了详细的编制工作实施方案及进度表，成立专门的组织架构，包括编制工作领导小组、工作小组、起草小组和专家委员会；分别组织4批调研队伍合计42人，分赴东三省、珠三角、西南、京津和长三角地区等27家图书馆和情报所开展实地考察调研；同时，积极开展涉及美国、加拿大、英国、日本、澳大利亚和新西兰等国外典型图书馆发展战略规划案例的文献调研，以及针对图书馆未来关键技术发展的趋势研究；多次召开面向用户、馆员和专家等各层面的咨询访谈，并在图书馆网站开辟“十三五”规划编制专栏，广泛征求意见和吸取民智。

“十五”发展战略规划提出要“基本建成以知识导航为核心的上海重要信息枢纽”；到“十一五”期间，正式提出要“开展复合型图书馆建设的研究与实践，为建设世界级城市图书馆打下坚实基础”；进入“十二五”，则进一步提出“以世界级城市图书馆为奋斗指向”的战略目标。可以看到，从上海图书馆致力于建设“世界级城市图书馆”战略目标的初次提出，距今已有近10年的时间。而在上海图书馆最新的“十三五”发展战略规划中，提出要“基本建成世界级城市图书馆体系”的发展目标，使其在原有基础上首次出现了一个质的飞跃。这次飞跃表明了上海图书馆已经通过10多年的努力建设和发展，为战略目标的升级更新建立了雄厚的基础保障，同时也体现出上海图书馆有信心在“十三五”期间，取得较以往更好、更突出的业绩成效。

上海图书馆“十三五”战略目标的具体内容包括：加快向大数据时代的全媒体复合型知识中心转型。着力营造“连接一切，无处不在”的公共文化空间，提供以阅读服务为核心的丰富多元文化体验；着力完善服务“大众创业、万众创新”的知识共享空间，提供以“图情一体”为特色的专业知识服务；着力打造“支撑创新，支持决策”的新型科技智库，提供以科技、产业和文化为重点的情报服务。

1. 深化战略管理转型

根据战略管理的内涵，上海图书馆与上海科学技术情报研究所自合并以来，先后实施的组织文化整合创新、中长期规划及年度计划制定、管理制度改革和工作流程再造等一系列项目，标志着上海图书馆正在逐步实践战略管理的理念。尤其通过对五年规划的编制，初步完成了从中长期规划向战略规划、再向战略管理的管理模式转型[159]；并在思考“十三五”期间应如何发展的过程中，自觉开展战略管理探索与实践，从而进一步深化和固化战略管理理念。

2. 运用科学技术工具

首先，运用PEST宏观分析框架，对上海图书馆外部的政治环境（Political）、经济环境（Economic）、社会环境（Social）和技术环境（Technology）进行全面、系统地扫描。政治层面，提出由国家先后发布的《关于加快构建现代公共文化服务体系的意见》《国务院关于加快科技服务业发展的若干意见》《关于加强中国特色新型智库建设的意见》等文件，确立了图书馆在公共文化与科技情报服务中的地位与作用。经济层面，提出“新常态”将是“十三五”时期经济工作的重点，这同时构成图书馆事业发展“新常态”的背景和环境，“十三五”时期将是上海图书馆全面深化改革转型、参与上海加快全球科创中心建设的发展机遇期。社会层面，提出随着信息技术的不断进步，人们的学习方式、阅读行为等发生了根本的改变；此外，人口不断向大都市迁移，改变了城市人口的结构和特征，导致文化需求越来越多样化、个性化。技术层面，提出以大数据、云计算、物联网、移动互联网和信息物理系统等为代表的新一代信息通讯技术，已经开启以互联、智能、高效、便捷为主要特征的图书馆智慧化进程。

其次，上海图书馆开展“十三五”发展战略规划前期调研时，运用IT研究与顾问咨询公司Gartner开发的“新兴技术潮流曲线”（Hyper Cyclefor Emerging Technology），对正在或可在图书馆领域应用的新兴技术发展趋势进行跟踪和可视化呈现；同时，通过行业问卷调查和文献研究，确立了35项图书馆关键技术，在此基础上针对每项技术的应用可行性、当前服务效果、应用发展前景和发展年限等方面进行了分析预估，并利用“新兴技术潮流曲线”将相关分析结果逐一描绘而出，从而为上海图书馆确定“十三五”时期的技术发展目标提供有力支持。

3. 提出“3i”发展战略

上海图书馆在“十三五”发展战略规划中确立了全力实施“智慧（intelligence）”“包容（inclusiveness）”“互联（interconnection）”的“3i”转型战略，指出要全面构建“图情一体”化知识服务体系的战略主题。其中，“智慧”体现了上海图书馆不断深化“云中上图”与情报服务，建设智慧型图书馆和新型科技智库的愿景；强调数字化、网络化和智能化是智慧图书馆的信息技术基础，通过积极引入和创新各类智能化信息技术，培育技术研发和技术应用能力，为上海建设全球科创中心的发展目标贡献力量，为助推上海“智慧城市”的建设发挥积极作用。

“包容”突出上海图书馆作为公共图书馆的发展使命和立身之本，即面向所有社会群体，包括社会弱势群体及特殊人群，提供多元、均等、包容、开放的公共服务，营造倡导阅读和学习的综合性文化场所；体现联合国教科文组织在《公共图书馆宣言》中提出的“在人人享有平等利用权力的基础上，向所有的人提供服务”，以及响应党的“十八大”报告中提出的“文化建设、社会建设”要求。“互联”则强调人、空间和资源三者之间的便捷高效连接，并且注重科技与文化融合，促进知识充分流动并有效、有序地相互关联起来，强化各类资源的可利用和再利用。“互联”的提出在一定程度上基于“图书馆是连接器(connector)”这一理念，该理念强调图书馆是获取全球资源的入口和连接器；图书馆是一种没有学科边界的、注重研究者公共活动及研究兴趣的工具和连接器；图书馆能够为人的相互连接提供便利并为他们之间正式和非正式交流创造聚集空间。

“互联”也是传统图书馆在深度信息化时代——全媒体和大数据时代的转型之策，传统图书馆转型为复合型图书馆的核心就是要实现实体空间和网络空间的互联互通，打造图书馆的 CPS(Cyber-Physical System)，从资源到服务如何在两个空间中都能够可持续发展是传统图书馆最大的挑战。

4.“十三五”主要任务与工作

描述了一个加快 3 个着力的观点，即：加快向大数据时代的全媒体复合型知识中心转型。着力营造“连接一切，无处不在”的公共文化空间；着力完善服务“大众创业、万众创新”的知识共享空间；着力打造“支撑创新，支持决策”的新型科技智库，具体提出 10 项主要任务及重点工作，涵盖资源、服务、技术、管理和保障等各方面。

任务 1：加强资源建设和知识组织，提高资源保障能力。“十三五”期间，将建成与上海科技、经济、文化和社会发展相适应，充分保障上海图书馆履行地区综合性、研究型公共图书情报联合体职责的资源体系，兼顾各层次读者的阅读需求，采集服务大众读者与专业人员的文献信息资源，包括网络数字资源、科技创新研发资源、科技智库研究资源等。重点工作包括：加强馆藏资源建设，形成特色馆藏资源体系；优化资源配置流程，提高资源利用效率；推进数字资源建设，强化资源关联；深化学术研究，推进资源建设实践探索。

任务2：科学规划、合理布局，全面加强典藏保护工作。以推进典藏中心和保存本书库建设为契机，科学规划、合理布局，从功能角度进一步强化馆藏资源的整合力度，以期更加有利于资源的全面典藏和保护，更加有利于公众及科研人员的使用。重点工作包括：编制《上海图书馆2016—2020年典藏工作规划》；全面深化典藏中心建设；加强典藏资源的研究与保护。

任务3：积极推进上海图书馆东馆项目建设，力争新馆全面建成开放。"十三五"期间，将积极推进上海图书馆东馆项目建设，把上海图书馆东馆建设成为功能布局合理、供给主体多元、运行机制科学、群众喜闻乐见的现代公共文化服务综合体，全面提升上海公共图书馆服务体系的综合服务能级和现代化水平。重点工作包括：全力推进上海图书馆东馆工程项目各项筹建工作；科学编制东馆运行规划，开展文献资源储备；"十三五"末，争取全面建成开放上海图书馆东馆。

任务4：营造"连接一切，无所不在"的公共文化空间。"十三五"期间，上海图书馆将建设激扬智慧、共享包容的"知识交流共同体"，打造特大型城市知识交流中心；同时，进一步提升现场和在线文化活动的多样性，满足市民的基本公共文化与终身学习需求，逐步提升满足市民多层次、多元化、个性化阅读文化需求的服务能力和水平。重点工作包括：建设终身学习和全民阅读的高地；保障特殊群体基本文化权益；加强数字服务，提升新媒体传播能力；注重新技术应用，强化阅读体验。

任务5：建设服务"大众创业、万众创新"的知识共享空间。"十三五"期间，上海图书馆将从传统的积淀与传承文化、提供信息、知识和文化服务，扩展为提供工具、鼓励知识与思想的交流、激励创意与创新，满足全市科研、教育和社会发展的信息需求，真正支撑"大众创业、万众创新"。重点工作包括：扶持并鼓励各种类型的研究；强化互动体验，创新打造"众创空间"；助力中小微企业创新和成长。

任务6：夯基础重拓展，探索新型科技智库建设。依托上海图书馆长期以来在科技、产业和人文领域的研究积淀和馆藏文献资源，发挥图情合一研究优势，强化科技创新前沿、新兴产业、国际大都市和数字人文等方向的研究实力和决策咨询服务，为建设新型科技智库打下坚实基础，不断提升上海图书馆在专业研究领域的影响力。重点工作包括：强化决策咨询服务；聚焦特色情报服务；加快智库支撑体系建设；深化数字人文研究。

任务 7：深化“云中上海图书馆”建设，打造泛在智能的智慧图书馆。“十三五”期间，上海图书馆将积极实施“互联网＋”战略，打造以便捷高效的人、空间、资源连接应用为核心，以“云中上海图书馆”为基础，全力推进上海图书馆东馆信息化、数字化建设，并积极推动文化部公共数字文化研究基地建设，加快推进图情事业与信息技术深度融合发展。重点工作包括：推进全媒体公众阅读生态系统建设；完善中心图书馆云平台建设；建设数据中心和网络数字化服务支撑中心；深化智能化图书馆支撑环境建设；积极推动文化部公共文化研究基地建设。

任务 8：引领国内外交流与合作，促进知识创新发展。“十三五”期间，上海图书馆将坚持公益方向，深化与外部机构的协作，扩大地区同行业交流，强化区域图情联动和互补机制。实现中心图书馆体系、行业情报联盟、上海之窗对外文化交流平台的协调发展，提升具有图情融合特色的知识服务能力，促进知识创新发展。重点工作包括：持续深化上海市中心图书馆服务体系建设；夯实行业情报联盟建设，加强特色科普品牌创建；加强国内外图情研究与服务的合作交流；打造有影响力的国际文化交流平台。

任务 9：拓展文化传播路径，扩大资源开放和知识推广。“十三五”期间，上海图书馆将加大资源揭示与开放力度，拓展图书馆与大众的连接方式和交互途径；提升图书馆现场和在线文化活动的多样性，提升更具创意的公共文化体验；探索新型出版和传播模式，帮助公众获取和享受健康益智、富有乐趣、内容丰富的文化知识产品。重点工作包括：加大馆藏资源的揭示和开放力度；深化文教结合的特色讲座展览品牌建设；积极探索实践出版业务新模式。

任务 10：加强组织建设，构建协调高效的管理及保障体系。“十三五”期间，上海图书馆将健全完善业务流程、运转环节和运作机制，形成适应现代公共图情机构持续发展的管理体系。重点工作包括：建设现代图情管理体系，提升科学管理水平；加大党建工作力度，推进党风廉政建设；完善干部人事工作，加强人才队伍建设；深化组织文化建设，构建上海图书馆“精神家园”；有序改善工作服务空间，推进节能设施建设；健全后勤保障服务机制，确保安全有序运行。

未来，上海图书馆将通过“十三五”发展战略规划的指引，在公共图情事业范式转型的道路上再向前迈进。在资源建设方面，将进一步细化建设目标，通过各种有效方式加强资源与服务的关联；在服务提升方面，将进一步提高全媒体时代的公众服务水平和情报研究能力，不断拓展文化传播与跨界合作的广度和深度；在技术支撑方面，将进一步深化数字移动环境下的信息技术应用；在科学管理方面，将进一步提升战略管理的水平和能力，在各部门间开展深入细致的战略管理实践，充分体现图情合一的优势。

2.2 大学图书馆战略规划篇

在网络化及大数据技术大浪潮影响下，与高等教育领域深度改革相伴而生的是一系列细分领域的革新，图书馆作为传统的知识服务提供者正面临巨大挑战。如何满足来自新型学术交流体系、新型出版模式、在线教学(课堂)模式、用户驱动模式以及新兴/交叉学科研究的各种服务需求，是图书馆继续生存并且体现自身价值的关键所在。国外大学图书馆战略规划具有较为完备的体系，为关键领域的未来发展指明清晰的方向与路径，对国外大学图书馆战略规划的演变进行研究，有助于了解图书馆最新战略动向及发展趋势。

2.2.1 英美大学图书馆的战略规划关键领域的趋势分析[168]

近年来，国内学界已越来越重视图书馆规划的研究。初景利等[169,170]从总体发展、资源建设、用户服务、图书馆管理与人员几个方面对图书馆发展趋势进行了研究。孙坦等[171]采用比较分析法，深入剖析了某一类型或某一学科的主流图书馆的战略规划的共同点与差异点。王铮等先后对2013年和2014年英美等国图书馆的发展战略进行评述，发现在2013年"转变、重塑和再造成为英美等国图书馆的强烈共识"[172]，而在2014年"图书馆趋向从环境、资源、空间、内容和角色等多个维度寻求一种新的平衡"[173]。魏蕊等对大英图书馆30年间的战略规划的演变动态进行了解读[174]。

通过对各馆前后不同阶段的战略规划进行纵向比较，归纳出单个馆在新一阶段规划中关键领域的显著变化。在此基础上，对各馆在前后不同阶段规划中所呈现的变化点进行横向比较分析发现：在不同馆之间有着相同的变化点（至少在2个图书馆出现），这些共性的新变化体现在：重视原生数字资源，聚焦数字化/在线学习，强调特藏可获取，强调馆员发展。

1. 重视原生数字内容

哈佛大学图书馆将"与大学内外部的学术与管理部门合作管理易遗失的和重要的科研信息"[175]列为2015年五大战略目标中的一项，首次把"管理原生数字内容"提高到作为支持该项战略目标的战略重点的高度。早在2000年哈佛图书馆发起建立第一代数字图书馆基础设施——一个为期5年的Library Digital Initiative（LDI计划）[176]时，就将原生数字内容作为该计划的焦点之一，前瞻性地指出图书馆应该着手应对与日俱增的、以唯一的数字格式被制造并传播着的资源，当时以数字生物医学图像和地理信息检索及网络出版的目录数据库作为试点。哈佛大学图书馆在2009年特别任务小组报告针对馆藏工作组的建议中提到，图书馆以女性博客为试点开发了原生数字内容收集系统，通过该项目，图书馆更好地认识到构建一个获取、管理、保存并以网页形式进行长期存档的原生数字内容系统所面临的问题和挑战。

哥伦比亚大学图书馆在2010—2013战略规划中提出要"制定并实施一个有关原生数字资源以及复合型资源的综合性馆藏发展和管理方案"[177]，已经着手系统性地捕捉和保存原生数字内容；在2014/15年度将"持续发展和实施创新策略，进行原生数字内容的获取和保存，包括来自不稳定的开放式网站的档案内容、开放获取的大学学术产物、不断增加的原生数字文档”。

在战略规划中,MIT 图书馆把积极参与学校的数字化学习列为战略优先项目[178],将与数字化学习办公室一起,支持学校在数字化学习中的发展与实验,具体包括在与教师及教辅人员等进行合作的过程中,提供适当的指导,促进学生课外知识的获得,而不是仅仅在学习课堂专业知识(课堂训练)、版权和许可等方面提供帮助。UCLA 图书馆采用“聚焦”一词,把“教与学”上升为单个战略目标,具体提出:为学生提供使用原始资料和利用数字技术的机会,培养探索精神;增强馆藏资源和服务在在线学习环境及课程管理系统中的可获取性,鼓励学生能够利用馆藏资源促进学习;招聘具备教学专业背景的图书馆员,提高馆员的在线教育实践能力。此外,哥伦比亚大学图书馆在推进数字化学习方面,也提出将会在 Sakai 课程管理系统平台中扮演重要角色,从课程层面更好地揭示馆藏和服务,发展和提升在线参考书和研究指南。比如,探索和开发多种数字学习环境下的课程(如 MOOC 平台、复合教室模式);调查并实施新兴技术(比如 3D 可视化/扫描/打印)来支持教学和学习。

开放是新的标准,是大势所趋,特藏的开放也不例外。学术团体对开放获取所有信息以支持教学、学习和研究的呼声越来越高。剑桥大学图书馆在 2010—2013 战略框架[179]中强调将继续对保存和发展世界级的高度专业化的独特资料负有责任,也将通过数字化和网络或者尚待开发的途径,增强特藏的可获取性,并对特藏进行优化;在 2013—2015 战略规划中提出“保护并进一步发展本馆面向世界的特色馆藏”的战略目标。UCL 图书馆在 2015—2018 战略规划的“可持续发展”关键领域中提出“特藏可获取”战略,即为那些在研究上受到特藏启发的用户创造新契机,包括:图书馆资产发展工作组在制度上把特藏重新存放列为优先;将会进行实体和虚拟的特藏展览;将为研究者和学生建立能够访问丰富特藏的空间。此外,UCLA 图书馆也在 2012—2019 战略规划中提到要确保国际化特殊馆藏的持续性建设与发展,加强针对特藏资源的标引、揭示和获取,以扩大其适用范围。

2.深化研究数据管理服务,为学术交流继续发挥作用

美国国家科学基金会从2011年1月开始要求项目申请者提交数据管理方案,哈佛图书馆开始为本校研究者提供数据管理服务,后来参与建设数据管理平台 DataverseNetwork,面向研究人员开展数据管理相关培训。剑桥图书馆在2010—2013战略框架中提出制定并实施一项数字保存战略,其中包括研究数据管理支持。帝国理工图书馆在最新规划中提出将继续在制定研究数据管理政策中起到关键作用,参与学院科研数据管理政策的规划与实施,发展和传递一体化的科研数据支持服务。哥伦比亚大学图书馆则提出要评估研究人员对跨学科数据管理支持的需求,仔细研究、规划和配置数据管理服务。

提高保存和获取本校研究成果的能力。剑桥大学图书馆在2010—2013战略框架中提出要继续发挥收藏、储存和保存本校创建的数字内容的作用,管理本校机构库,使其成为本校的核心服务之一。哈佛图书馆在2015年规划中提出要检视哈佛机构库的经营模式,开发基于硬盘目录控制系统的替代方案。

继续支持开放获取,鼓励学者将数字内容保存到机构知识库中,鼓励在同行评议期刊上发表论文。在学术成果出版方面,向学者提供支持,开展版权/知识产权的咨询与培训。在开放获取出版与基金资助政策的背景下,继续与科研团队和其他利益相关者合作,支持和实现开放获取出版的转变。虽然有些功能是由图书馆以外的其他机构(比如出版社)所承担的,但是图书馆可以成为汇聚、组合相关服务的合理场所。

在转变研究服务模式方面,UCLA图书馆在2012—2019战略规划中提出将图书馆定位为“跨学科实验室”和“跨学科协作生态系统”。前者侧重于为不同学科领域的研究者提供资源服务共享以及适于合作完成实验项目并产生新知识的平台,图书馆员与研究者一起工作,了解他们研究过程的各个步骤对图书馆的需求,利用所具备的馆员专业知识及工具,协助研究者加快研究,更有效地参与研究生命周期。后者侧重于在实体空间中创造开放的学习与研究环境,在虚拟空间中使学术研究和学术过程可视化。哥伦比亚大学图书馆也提出要在图书馆空间设计、维护和利用上发生变化,要与跨

学科的课程演变保持一致，比如，社会科学越来越需要数据和统计来支持；人文科学也越来越多地使用非印刷媒介。

在虚拟空间用户体验方面，加强数字内容管理基础设施建设，促进知识数据的有效获取。主要围绕内容揭示、发现与传递，图书馆管理平台/系统，图书馆网站/界面设计等方面进行。

正如帝国理工图书馆 2010—2015 战略规划中提出“在用户认为最合适的时间、地点，以最合适的方式，向用户提供正确的信息”，图书馆一直致力于开发并使用新一代发现系统，整合多个分离的信息资源，更快、更有效率地发现资源。

剑桥图书馆在 2010—2013 战略框架中提到通过选择合适的元数据标准，提升所有格式馆藏的可发现度和使用度。哥伦比亚大学图书馆也强调馆藏揭示要与馆藏构建同步，尽快对尚未加工处理、尚未对研究者开放的资源进行揭示，使资源在外部搜索引擎和发现工具（比如谷歌、雅虎、维基百科）以及社交网络（比如 Flicker、iTunesU、You-Tube），能够被发现。同时也通过社交网络（比如 Facebook、Twitter）把图书馆网站、课程服务等内容嵌入到用户工作环境中

哈佛图书馆开始对下一代图书馆管理平台进行调研；帝国理工图书馆已经部署实施了下一代图书馆管理系统（Alma）；UCL 图书馆也提到了图书馆管理系统的升级与维护。2012 年 2 月，哈佛大学图书馆开始进行机构重组时提出要建立强大的门户网站，使用户能够方便、快捷地利用系统内所有的数字馆藏及相关资源。同年 8 月，图书馆新门户 libraryportal 上线。哥伦比亚大学图书馆基于用户为中心的信息架构和设计原理，彻底重新设计了网站，并且持续进行严格的使用测试和收集用户反馈来优化检索界面。

联盟合作与协同发展一直受到图书馆界的普遍重视，在全球信息互联、高等教育和图书馆都处于快速转型的变革时期，更需要加强合作。馆藏建设不可能依靠单馆的力量，必须与外部研究图书馆在获取馆藏方面开展可能的合作。知识和数据的有效获取，与专家网络和全球性的合作密切相关。对教学和研究进行创新支持，图书馆必须与教师、学术团体及相关支持机构进行合作。就管理易损的、重要的科研信息而言，图书馆必须与大学内外部

的学术机构以及管理部门进行合作。以哈佛图书馆为例，其在2011年加入BorrowDirect（图书馆资源共享平台）、HathiTrust（提供可靠的数字仓储），与MIT结盟共享开放获取学术资源并计划联合异地存储。在增加数字馆藏的同时，还要正确处理数字馆藏与纸质馆藏的关系，要继续加强异地存储库的建设，特别是进行联合投资。比如，哥伦比亚大学图书馆将继续投资与普林斯顿大学和纽约公共图书馆共同管理的校外储存书库ReCAP。此外，哥伦比亚大学图书馆和康奈尔大学图书馆合作的2CUL项目也是业界合作的很好范例。

未来几年，图书馆会在不断变化的高等教育政策环境中，迎接挑战，把握机遇，更加强调服务的重要性，满足用户需求，成为研究、教学、学习的重要伙伴。具体体现在：加强原生数字内容管理，更好地为研究者提供支持；加强面向数字化/在线教学的服务，强调与教师成为合作伙伴的重要性；使更多的特藏变得易于获取从而支持世界范围内学者的研究；为更好地完成上述任务，图书馆更加强调馆员成长的重要性，为馆员提供学习机会，尊重员工并重视多样化发展，使馆员在知识结构和新技能方面能够尽快胜任与服务相适应的新角色。图书馆始终重视制定明晰的馆藏发展政策，重点体现在馆藏优先布局、数字馆藏与馆藏数字化、珍稀馆藏获取、馆藏保存和利用等方面；始终关注对学术交流新模式的支持、对学校核心领域即教学、学习和研究的支持，包括提高获取和保存本校研究成果及科研数据管理的能力，支持开放获取出版，建立数字学术中心以及全校范围内的教学、学习、研究工作组，适应跨学科协作，转变研究服务模式；始终关注轻松发现并获得知识和服务的虚拟及实体环境，建设数字内容管理基础设施，提升用户体验；始终强调合作的重要性，在馆藏、服务、空间各方面都需要与学校内外部各利益相关者进行合作。国内大学图书馆可以结合即将或已经启动的“十三五”规划需求，对如何调整自身定位，如何促进图书馆的转型、发展与创新进行思考。

2.2.2 英国大学图书馆战略规划分析[180]

1. 战略制定主体分析

战略规划主体选择是整个战略规划制定的重要手段，而主体的个人意志或集体意志是衡量图书馆战略规划是否全面的重要标志。组建团队制定战略规划是未来图书馆制定战略发展规划的主要趋势，而群体意志代替个体意志是任何组织发展的必然选择。从 15 所英国大学图书馆战略规划制定主体统计结果可以看出，包括高级管理团队、指导委员会、领导小组、董事会等在内的英国大学图书馆利用群体组织的所占比例为 33.3%，已远远超过图书馆馆长的所占比例。尽管不少大学图书馆都未注明制定战略规划的组织，但是从团队合作完成战略规划制定的情况来看，图书馆战略规划方向不仅仅是个人意志的体现，而更多的是集体智慧的参与。在制定战略规划过程中，图书馆组建结构合理的工作团队，吸纳不同人员的有效意见，形成独有的集体决策和管理风格，有利于全方位考虑图书馆未来的发展动态和方向，以期实现战略规划的科学性和全面性。

2. 战略发展方向分析

多年来，英国大学在全球范围内的综合影响力非常强，其中世界排名前 10 位的大学不胜枚举。目前，英国大学已经形成了非常完善的战略规划制定机制和运行体系，对图书馆战略发展目标和使命具有清晰而全面的认识；拥有详细的战略规划实施策略与评价体系，并且设有专门机构负责战略规划的制定、发布、修订等工作，值得我国图书馆界广泛学习借鉴。从 15 所英国大学图书馆战略规划目标与发展趋势可以看出，英国大学图书馆发展趋向主要涉及知识信息服务、教学与科研支持、强化用户体验、打造开放空间、创新工作理念、知识资源共享、加强资源建设、满足读者需求、开展社会服务、协同合作进取等多个方面。

从战略发展方向及其所占比例来看，英国大学图书馆战略发展方向的核心与重点是图书馆工作创新能力的提升以及集体创造力的发挥，如帝国理工学院图书馆灵活采用各种方式，积极探索工作创新；圣安德鲁斯大学图书馆不断推出服务新功能，以满足学生的多样化需求；其次，知识信息服务成为图书馆发展的前沿领域，如萨里大学图书馆鼓励知识创新和倡导学术自由，伯明翰大学图书馆提倡通过学习、知识、文化改变生活；此外，辅助大学开展科研与教学也是图书馆的重要工作使命和职责之一，如剑桥大学图书馆采取多种措施，提供优良的环境设施和信息服务，不断增强科研和教学服务能力，从而始终保持世界一流学术水平；牛津大学图书馆通过提供优良的服务，积极支持学习、教学和研究。与此同时，空间开放与共享成为当前英国大学图书馆独具特色的创新发展趋势。如帝国理工学院图书馆提供一流的以用户为中心的专业化知识和信息空间；萨里大学图书馆正在打造温馨的开放空间，以激发广大师生的创造力和创新力。此外，互动学习、协同合作、用户体验、社会服务等也是图书馆发展的关键环节和基础课题。长期以来，用户第一和服务至上始终是图书馆服务的宗旨和目标，注重学习研讨、加强合作交流、建设特色馆藏等均是图书馆达到一流服务水平的前提和基础。在制定整体战略规划的基础上，图书馆根据当前 IT 技术发展状况而制定具体的战略发展计划，充分体现了图书馆技术优先的工作理念。

3. 战略规划体例分析

战略性体例是图书馆战略发展规划最重要的组成部分，是指图书馆在规划文本中进行战略分析，确定战略目标并且制定战略过程的相关体例，是一个包含战略整体内容的分类聚合，具体分为核心的战略体例、辅助性战略体例、特色化战略体例等。

4. 战略规划内容分析

战略规划文本内容分析是探索大学图书馆战略活动常规方式特点和规律的重要途径。每个图书馆战略规划体例均与其内容紧密相关，并且服务于战略规划内容。

15 所大学图书馆战略规划文本均涵盖了服务和资源两项内容，表明服务和资源成为英国大学图书馆发展战略的重点和核心内容。如帝国理工学院图书馆的使命为提供以用户为中心的专业化知识和信息空间，它制定了一系列的战略重点，“开放空间”和“信息资源共享”为重点内容和发展方向之一：它将更多地使用信息化物理空间，并满足用户不断变化的需求，设立以空间为中心的图书馆，将图书馆研究和学习的空间提供给整个校园，以适应不断变化的教学、学习和服务要求；同时，帝国理工学院图书馆希望通过将图书馆的 90％的资源上网，以便达到信息、资源的真正聚合和共享。在信息资源服务方面，牛津大学图书馆制定了资源发现策略，包括设定参数等;为了响应读者的反馈,牛津大学图书馆还增强 solo 和其他资源发现工具的功能以增强用户体验,同时设计并实现了数字资源长期保存的基础设施和归档服务,以保存数字馆藏,满足不断变化的信息化数字资源服务和共享。而约克大学图书馆的战略重点将充分利用信息技术的发展,为图书馆提供先进设备和最先进的资源,为用户提供在线学术图书馆,促进知识、文化的开放获取,实现真正的开放化数字资源环境和自助服务空间。

数据统计也表明,80%以上的大学图书馆战略规划文本均涵盖了合作、管理、技术等内容,表明合作、管理、技术等都是为图书馆服务和资源提供基础保障的重要因素。由此可知,英国大学图书馆非常注重对外交流与合作,仅次于服务与资源;积极加强多领域工作交流和学术合作,借鉴其他大学图书馆的发展和管理经验,及时弥补自身发展的不足与缺陷,促使图书馆发展战略的日趋完善合理,均是英国大学图书馆发展的重要内容。而环境分析和经费保障作为一种战略服务内容,目前已逐渐开始在各大高校图书馆中广泛实施。尤其是图书馆环境分析,有助于明确自身的优势和劣势,对自身进行准确的目标定位,实时了解行业动态和用户需求,针对性地进行工作改革和调整。

2.2.3 英国大学及研究图书馆联盟战略规划特点分析[181]

英国大学及研究图书馆联盟均将其工作目标上升到战略的高度,并依据发展战略规划开展工作。各图书馆联盟的服务范围及服务宗旨虽略有不同,但联盟性质类似,在服务对象方面也有诸多交集。总体来说,可将英国大学及研究图书馆联盟的战略目标归纳为以下几个方面。

1. 资源与服务

信息资源是图书馆及图书馆联盟开展服务的重要保障,如何保存、利用、开发信息资源,使信息资源充分满足用户的需求,从而实现其价值的最大化,是图书馆及图书馆联盟工作的重要目标,英国大学及研究图书馆联盟都不约而同地将信息资源的建设确定为战略规划的目标之一。“资源”与“服务”是两个密不可分的概念,在图书馆联盟工作当中,“资源”通过“服务”来满足读者需求,从而实现其价值的最大化。

2. 教学与科研

作为大学和研究图书馆联盟，其战略目标必不可少的要点之一便是实现其服务的客体——大学及科研单位的发展。提高大学的教学质量、丰富教学体验，提升科研院所的学术质量、学术影响力，并增加科研成果产量，是联盟普遍为自己制定的战略目标。大学和研究图书馆联盟的主要任务就是联合大学图书馆及研究图书馆，探寻成员馆的各方面需求，为他们解决资金、资源、服务、培训等方面的问题，帮助大学及科研机构实现战略目标。

3. 人员与培训

图书馆及图书馆联盟的工作人员是联盟开展服务工作的主体。由于图书馆个体存在工作准则及方式的不同，馆员的服务意识和服务质量也有差别，因此，有必要对成员馆以及图书馆联盟的工作人员进行培训，特别是在新技术普及的过程当中，这种对馆员的培训就显得尤为重要。所以，RLUK在其战略目标中指出，“我们应共同参与实践，为员工提供改进和培训的相关帮助”。只有这样，才能使图书馆联盟拥有共同利益，使成员馆受益，并使用户获得更优质的服务。

4. 合作与共享

图书馆间之所以要结成联盟，根本原因是希望通过合作来满足自身的需求，在资源、人员、服务等方面互相帮助并形成集团优势，实现低投入高产出。因此，对于英国大学及研究图书馆联盟来说，其普遍目标就是通过联盟协调各成员馆之间、成员馆与联盟之间的利益。若实现此目标，仅在联盟内部开图书馆及图书馆联盟的发展并不是孤立的，需要与组织管理部门和企业等多种性质的机构进行沟通，实现共同发展。

合作与共享既是图书馆结盟的目的，又是联盟发展的手段。如前所述，图书馆联盟的工作核心就是通过联盟内外的合作与共享实现图书馆及图书馆联盟的目标。纵观英国大学及研究图书馆联盟的战略规划，从战略宗旨、战略目标到战略内容和战略任务，“合作与发展”是当之无愧的关键词，体现了图书馆联盟工作的重心。在被调查的7个英国大学及研究图书馆联盟中，每个图书馆联盟都将合作与共享作为发展的主要内容进行战略部署，特别是在ENPC、M25、NOWAL和SCURL的战略规划当中，均不止一次涉及了联盟的合作与共享。

资料　康奈尔大学图书馆2011—2015战略规划[182]

1.前言

康奈尔大学图书馆(CUL)的战略规划视野开阔,雄心勃勃,努力应对影响康奈尔和其他高校的主要挑战:变革速度加快,不断扩散的信息生态系统,不断缩减的经济基础,更加强调对教育的贡献,学术研究和创意表达在工作过程和成果上的区别不断模糊等等。

康奈尔大学建校150周年纪念即将到来,图书馆将会因外界环境影响而发生更大变化。将来我们会向教职工、学生及其他各地的科研人员提供更加虚拟化的内容和服务。图书馆也将更具个性化,用户的各项信息操作会更加便捷,而且还能与图书馆专业人员协作,共同应对科研、教学和学习中的新问题。我们会重新调整校内外的战略合作伙伴关系,重点考虑那些与我们有实质性合作的研究型图书馆。此外,还将向康奈尔的教职工和学生提供全球资源的访问权限,帮助康奈尔大学迈出国门,走向世界。为文化和知识资源的世代相传和使用提供一个可靠、中立的保存环境也是我们义不容辞的责任。我们会紧跟数字化发展的步伐,但对各学科中重要的实物藏品也将加大收藏和保护力度。

康奈尔大学战略规划体现出"一体化康奈尔"理念的重要性。图书馆也理应被看作由各个具体单元优化和增强的一个整体。我们赞同战略规划中提出的方针,积极参与用户的科研项目,特别是优先考虑那些对他们的学术成果产生直接影响的项目。

本战略规划是CUL未来发展的构想。在这里要感谢战略规划团队和那些为战略规划付出心血的人士。该项规划包含7个主要目标并附带未来5年的具体计划。下一步我们将会同各相关人员和规划负责人共同起草工作计划和实施细节,推动各项工作的进展。总之,为了实现这一蓝图我们愿意投入大量的精力和资源。我们为这项战略规划感到骄傲,也为身处数字化时代肩挑重任的图书馆员而自豪。

2.战略规划

目标1:确保康奈尔大学的相关人员能够访问所有的学术记录。

CUL将通过对馆藏的明智选择、合作伙伴关系以及共享安排，使用户能够快速、便捷的访问到研究工作中所需的最佳格式的资料。未来，CUL还会与全球一流图书馆签署互惠共享协议，使用户能够有效访问这些图书馆的学术资源。

图书馆将对印刷和数字格式的本地藏品投入更多资金，并与其他图书馆合作，确保用户能够持久、连续地访问丰富的学术资源。大力支持图书馆资源建设，使其重新回到研究图书馆协会公布的学术机构10强行列。图书馆将从康奈尔大学争取更多的资金，重新配置校内有用的资源，并吸收来自捐赠者、基金会及其他团体的资金，以支持构建宏大、优秀的馆藏结构。

通过直接借阅联盟(Borrow DirectconSortium)和其他相关团体建立统一规范的跨学科藏品库。并与教职工密切合作，识别康奈尔大学能够从各联盟机构的丰富藏品中受益的学科领域以及能够建立全国和全球馆藏资源的学科领域。

对具有重要学术价值的特藏(包括印刷品、数字化产品、多媒体和手工艺品)加大投入和支持，丰富校内的科研和教学环境，向全球的科研团队提供上述特藏的访问。按照康奈尔—清华大学图书馆合作模型，与全球顶尖的研究型图书馆合作，开发康奈尔大学的科研人员有权访问的特色服务，这些资源包括以前难以获取或难以发现的档案、特藏和科研资料。

对图书馆的印刷品进行长期保存和保护，与其他机构合作完成古籍印刷品的修复工作。

通过调整资金分配和与可信赖第三方机构进行合作，加大数字资源的保护力度。对康奈尔大学科研中的全部核心数字资源(研究数据、可视化资源、学科知识库、电子书、流媒体、机构档案、网站及印刷资源的数字化复本)提供长期访问。

系统地采集和分析用户信息行为数据，确保CUL藏有的印刷资源和数字资源能够满足康奈尔大学目前的需要，并能支撑一些重点新兴领域的研究。

选择有效的新式获取和访问方法(包括按需购买方法),快速反映康奈尔大学的用户需求,扩大图书和其他资源的获取范围。

对图书馆的特有资源进行数字化,并将商业和非商业合作机构的独家经营权限定在5年或5年之内。

跳出当前资源使用规定的限制,同其他机构继续商讨更有效的许可条款,形成标准化的理想协议文件,适应新的资源类型。

通过改善图书馆员的工作流程和新工具的性能,支持图书馆在图书馆资料选择需求变化和多机构间协作情形下的资源采购工作。

目标2:大力改善学术资源的查找和应用系统。

学术资源的发现方式在过去的10年里已经有了巨大的改进,许多用户开始使用各种工具和方法在图书馆以外完成搜索。CUL将确保学校的科研人员能够方便有效地发现和访问有关学术资源。我们将努力突破各种信息屏障,构建连接实体资源和数字资源的各种服务,提升教师和学生在工作中对所需资源的访问能力。

利用已有的创新成果以及合作关系,CUL将推出专业化服务,充分利用图书馆深层资源,确保用户能够发现和利用其他机构无法或难以提供的资源。图书馆专业人员也会加强与用户的联系,更有效地向他们提供专业服务和学科知识,迎合用户的研究需求。

强化检索服务效果并将其整合到CUL的学术资源中,包括授权使用的资源。这些服务将增强康奈尔的馆藏,扩展相关资源。

利用各种途径支持用户采用新的技术和工作方法,包括利用新设备获取资料。

提供能够模拟和改善物理浏览效果的虚拟化浏览方式。该项措施能够为用户提供更多在馆藏资源、文章及图片等类型资源中偶然发现所需内容的机会,弥补当前技术的不足。

通过创造性地和高效地充分利用专业知识来弥补技术上的不足(例如开展内容挖掘和模式识别),强化资源的发现和利用。

通过主动与用户交流和绩效评估,推出新型服务。邀请教师、本科生、研究生及职业教育学生参与新兴工具的开发、检查和测试。鼓励和支持新服务开发中出现的大胆探索和奇思妙想。

向用户提供信息资源管理的培训和指导,采用新技术将学术资源和服务融入在线学习环境中。评估上述的工作效果和影响力。

目标3:为整个研究和学术交流系统提供支撑服务。

图书馆将对康奈尔大学研究人员(教师、学生、工作人员)在研究流程各阶段的工作进行培训。图书馆专业人员会提供高水平的咨询服务,支持内容管理、分析和学术交流等专业工具的使用。图书馆会支持数据、可视化藏品、学科记录及其他形式科研内容的创建、使用、重用和保存等工作。

图书馆要同校内外的其他人员合作,谨慎处理学术出版和创意表达方面存在的可持续性与响应速度问题,特别要关注那些传播方式受到局限的领域。图书馆将帮助科研人员维护他们的知识产权并扩大对这些学术成果的访问。

建立图书馆员联系网络,加强与大学院系和科研项目间的联系。培养具有学科背景和专业知识的学科馆员,增强他们与科研人员交流的能力。

为图书馆员使用高性能信息处理组件参与基金项目创造更多的机会,推动跨学科的研究合作。

与康奈尔社会经济研究所(CISER)等校内其他适当的团体合作,开展专业领域的研究咨询,如GIS、数据分析、文献计量等服务。

为教职工和校内其他人员提供参考咨询服务,帮助他们解决数据库检索、数据管理规划、强制性公众存取等问题。继续与项目管理办公室(OSP)和数据管理服务研究组(RDMSG)等校内其他机构合作。

做好图书馆内部的协调工作,提高师生对学术信息交流机制发展的政策、技术、经济和研究影响。向教师、研究生及康奈尔人员提供有关知识产权和版权问题的专业知识和指导,带头促进康奈尔大学科研成果的开放获取。

帮助更多的图书馆员加入社会团体、出版机构及其他各学科机构的咨询委员会，有效提升学术交流和出版工作。

加强需求驱动的专业化服务，为教师建立信息集合和大量的学术活动提供支持，包括数字化、元数据的创建、可视化资源的管理以及在线出版等方面。

为机构库合作开发和实现可用的经济模型。康奈尔开发的其他学术交流站点(如 arXIV 和 Euclid)对科研人员也具有重要价值。

与教师、康奈尔大学出版社及其他有关人员合作，评估新的、具有战略意义的出版机遇，以便为学术交流提供创新型的、持续发展的可替代模式。

制定图书馆在支持科研和学术交流方面的评估方法。与各学科的专业图书馆一起推广评估方法。努力使 CUL 进入高校图书馆 10 列。

目标 4：增强图书馆服务对各年级学生在教育上的影响力。

通过与教师及其他科研人员合作，图书馆的工作流程、基础设施及服务理念将有所提升，从而确保了康奈尔大学的本科生、研究生及职业教育学生都能在学业上取得优异的成绩。图书馆所提供的服务将根据详细的教育目标和各学科、各院校学生的需要进行定制。

图书馆还将同其他教学服务(例如高级写作和就业服务)协作，为大学生和刚毕业的学生提供更有效的帮助。此外，还要设计一些学生学习及图书馆辅导效果的评估方法，以便推动大学教育目标的实现。

推出信息素养课程，提升大学生的学习效果，并与优秀教学中心、校园学术技术提供商及校内各级教学中心合作，开发提升信息与媒体素养的新方法。同时，进行广泛的校内合作，为教学提供学术技术支持。

与教师、系主任和院长们协作，通过新的渠道将图书馆员融入课堂、项目和学术团体中。加强针对院系的馆外服务力度，鼓励图书馆工作人员参与到其所服务范围内的科研人员的学术生活中。

图书馆内部、图书馆与校内其他机构开展合作，开发能从共享知识库访问、可重用的教学模块和教案，并将其嵌入康奈尔大学部署的系统中。

为图书馆员工学习新的馆外服务和辅导方法提供更多的培训机会，并为其开发专门的馆外服务和辅导培训服务的监测系统。

大幅度提升在线指导和辅导工具的性能，方便学生使用图书馆数据库、索引以及参考目录，提高图书馆在线资源的发现率和工具的使用率。

通过课堂体验和评估指标了解用户需求和期望的变化情况，不断修订图书馆的教学服务内容以迎合学生学习的需要。定期向授课教师了解学生的信息素养、研究论文、课堂作业情况，并将上述信息融入图书馆教学评估策略中。

制定评估图书馆教学指导基础设施的方法、定期评估课程进展以及进行必要的课程修订。

目标5：为实体和虚拟图书馆空间投资。

图书馆将成为现实和虚拟两种环境下的学习讨论中心和知识交流平台。改革后的图书馆空间会成为一个具备吸引力的学习环境，能为学习、合作和跨学科交流提供最佳的馆藏资源。图书馆的在线环境由用户定制，成为校内外用户访问、研究、上网和学习的中心。

由于图书馆所拥有的物理空间有限，一些成员图书馆正在向虚拟服务模式转型。转型过程要同教师和其他职工进行密切协商，确保高质量的环境，关注高使用率和特殊资源及服务。

识别用户的需求、期望、研究和学习的实践活动以及技术趋势，确保所提供的现实和虚拟图书馆工作空间及工具满足他们的需求。对上述措施的数量、质量、安全性、可用性及服务满意度进行评估。

为加强学习和创新能力、提升当地文化、支持高校和院系间的合作研究提供环境。

通过图书馆学科专家的虚拟和现实服务，将图书馆融合进学术单元。

为虚拟图书馆的变动和演化制定规划，并同用户协商共同设计虚拟图书馆空间的下一步发展思路，合理配置专业知识和资源，支持专业化需求，确保协调一致。

与其他人员合作，使操作数据和多媒体资源更加方便，及时地被用户共享、下载、标注和存储。

开展新兴技术小规模研究，选择合适的技术在图书馆领域实现，以满足用户的需求。

采取措施提供专业化的指导，并利用已知的用户信息提升图书馆的个性化服务。

目标6：通过公共服务扩大图书馆服务范围。

图书馆的资源和专业知识要扩展到公共服务领域，不再局限在康奈尔大学这所纽约州管辖的高校范围之内。图书馆要参与到能够扩展和加强康奈尔大学研究环境的项目和合作中，提高纽约州、整个美国以及全球大众的公共利益。

如果将图书馆专业知识用于信息组织和管理中，图书馆便能利用高性能信息系统开发中的合作经验，在康奈尔大学科研成果的移植、扩展和技术转化方面发挥重要作用。

与国际机构的合作能够提升CULL的影响力，构建全球化的研究环境。凭借十几年公开访问康奈尔大学及其他机构科研成果知识库的成功经验，康奈尔大学图书馆能够提供强有力的机构库服务。

寻求合作伙伴加强康奈尔大学的研究环境，同时为国内外研究者间的合作创造更多机会。

与校内的国际中心合作，提升康奈尔大学的国际性支持。

支持康奈尔大学承担的公共事业，为它们提供信息管理专业知识，并集成现有的系统。

整个CUL内部密切合作，分析和找出能够提高资源利用率和校内外用户的服务质量的有效措施。

向毕业校友提供服务，包括访问合适的藏品、参考书目、网络工具以及对图书馆的有关事情和当前状况进行交流。

对刚毕业的学生要给予特别的关心，延长他们访问学术资源、进行职位搜索和入职培训等服务的期限。

目标7：提升组织文化，帮助图书馆员工适应环境变化、融入康奈尔大学的工作中。

为了保持学术卓越、收益高效，维护康奈尔大学的领先地位，康奈尔图书馆会为以后的项目开展打造一种信任、机敏、创新、绩效评价为主导的文化氛围。我们将构建一个结构合理、责任明确以及职业自我发展的良性环境，确保各人员都能适应不断变化的外部环境。

康奈尔大学意识到科研实力是高校竞争的基础，因此他们的战略规划提出了"一体化康奈尔"理念。同样，组织结构的条理、高效和畅通使我们成为"一体化图书馆"，能够利用各专业图书馆提供个性化的服务和资源。我们将依靠已有的经验，提升各种技能，继续积极地向教师和学生提供服务。同时也要找出本地合作的优势领域，加深并扩展目前的机构内部合作机制，并推广到其他重要领域。

为强化服务质量，采用各种通用的图书馆全局性的战略重点、政策、实践及合作工具。推动定期交流和各图书馆间人员的灵活流动，促使职工对其图书馆的特色优势以及整个图书馆系统的高效服务措施有清晰的了解。

对图书馆内各项工作的任职条件做出规定，重视互相交流、团队合作和灵活应变方面的能力，尤其要对从事数字信息工作的各项技巧、分析能力及读写能力给出清晰的说明。招聘、留住和奖励在以上各项能力中表现优秀的员工。通过培训和监测不断提高职工的能力。

鼓励图书馆员工钻研未知的专业知识，包括新兴的研究领域和技术，并利用这些信息提升用户的服务质量。

重视那些扬图书馆之长或避图书馆之短的员工。打造开放自由的讨论环境，解决员工面临的问题。鼓励、支持采用各种"草根"办法解决问题。

工作流程和工作方式要时常更新，以便适应形势的快速变化，为康奈尔大学提供更好的服务。

在图书馆的员工以及员工与客户间建立新的关系，以便为用户提供更多的联合服务。同IT人员合作构思新的系统项目，并根据用户需要设计和调整系统。

培养良好的工作环境，尊重图书馆员的价值和兴趣，支持他们对图书馆所做的贡献。

鼓励在大学内部或其他同行间的合作，共同分担普遍的挑战。

在一体化图书馆理念引导下，制定新的资源分配模型，跨系统的使用经费。

3.战略规划流程

图书馆战略规划团队为图书馆未来5年的战略方向起草了一份规划，其根本目标是使图书馆战略规划和大学自身的战略规划保持一致。

该规划团队负责主持一项囊括整个图书馆系统和核心部门的战略规划流程，期间要征求和整合CUL所有相关人员的意见；满足用户的基本需求和期望；确定未来5年能够影响CULL以及图书馆协会其他成员馆的外部因素；进行外部环境调查，从其他一流的研究型图书馆中寻找战略规划的典范；以“一体化康奈尔”理念为基础，实现“一体化图书馆”；紧跟数字化世界不断发展的步伐，保护和保存那些有用的印刷品和仿制品。

在4个月的时间里，战略规划团队联合了教师、管理人员和学生，为图书馆的重要战略方向搜寻资料。同时鼓励图书馆内的所有人员发挥才智，并提供6个核心问题启发他们对所关心的领域进行思考。这些问题发布在多个公共论坛上，并提供在线反馈。在规划和起草流程的各阶段，团队成员同教师和学生互相商讨，构思规划内容，提出自己对规划实施的最佳思路。

团队也调查了其他重要的研究型图书馆，吸取他们的优点以确定未来发展的重要方向，并将这些内容写入战略规划。初步草案已广为传阅，通过获取的反馈信息，我们已与资深的图书馆管理人员密切商讨，不断完善规划。所以说，战略规划是一项汇集了参与者的各种不同理念的合作产品。

资料 剑桥大学图书馆战略框架[179,183]

1.愿景

剑桥大学图书馆将为21世纪的图书馆服务奠定基础，以支持教学、学习和研究不断变化的需求。我们将成为聚焦模范服务、协同合作、传承创新和持续发展的优秀中心。在这个转型期，我们将实现更为宽广的服务，这些服务要求创新和谨慎的风险管理。这将由剑桥大学图书馆馆员领导，他们将向剑桥大学图书馆及图书馆员重要群体提供领导力。

2.变化的刺激因素

(1)学术团体：数字世界中学术活动不断变化的需求推动突破并创建支持和发展的新领域。技术上的快速进步提供了令人兴奋的机遇和以前难以想象的工作方式。用户是工作的中心，依照个人需要定制支持和服务。“开放是新的标准”——学术团体日益强烈地呼吁对所有信息实行开放获取，以支持教学、学习和研究。当代大学生期望“任何事，任何时间，任何地点”的方式，而移动技术将成为满足其期望最重要的因素。在支持教学、学习和研究的过程中，非文本信息变得越来越普遍。跨学科和机构的研究将要求图书馆之间展开国内和国际合作并结成合作伙伴以超越组织界限提供资源和支持。

(2)剑桥大学图书馆社区：教与学支持服务董事会综述报告制定了剑桥大学图书馆、全体教员和院系图书馆及其他院系之间整合更为密切的路线图，以提供一个全面、一致的教学支持服务方法。与提供基础设施支持的剑桥大学重点院系建立战略合作伙伴关系将巩固无缝、持久、透明服务的进一步发展。

(3)可持续性：政府削减对高等院校的预算支出将对图书馆造成影响，迫使他们重新审视现有实践和未来需求，以确保继续提供高优质、经济的服务。证明经济价值的能力是众多利益相关者所期望的。开展活动，建立伙伴关系并吸引大范围的外部投资机遇将越来越大地影响战略优先事项和工作需求。将再度强调制定战略的迫切需要，以确保关键资源和服务的长期可持续性。

3.设想

在战略框架实施期间，我们将阶段性地实施提出的建议。在确保我们服务和资源的持续性方面，风险评估与管理将继续发挥重要作用。我们将继续对保存和发展世界级的高度专业化的独特资料馆藏负有正式责任，而同时，我们也将通过数字化和网络或者尚待开发的选项来提供更广的访问。在可预见的未来，国家基金将会减少。我们仍然是法定送存图书馆，且可获取的电子格式的资源将会显著增长。印本资料的管理，包括去重和长期保存，仍将是主要活动之一。一些核心图书馆功能将保持不变，而其他的一些则需要改变以响应学术团体的需求。环境议程和对组织碳排放量的关注将要求采取节能措施并谨慎使用物质资源。

4.支持教学、学习和研究的服务

信息获取是本校学术生活中必不可少的活动。我校拥有许多独家馆藏，并且我们在获取、管理这些馆藏并将继续提供对其的学术性获取。剑桥大学图书馆系统为教学、学习和研究提供对印本材料的全面获取。同时，电子信息的提供有一个不断增长的趋势，建议："剑桥大学图书馆应该对所提供内容负有责任，包括电子书、电子期刊、多媒体、交互式学习课程等。同时还包括努力取得外部来源内容、数字化本地内容，并促进剑桥大学内部新内容的产生。

报告的中心内容是建议本校图书馆在全体教员团体和部门图书馆中扮演一个积极主动的角色，并且同各学院图书馆保持联络，目的是通过本校图书馆馆长担当图书馆服务的指导者，来提供经济、优质的图书馆和电子信息服务传递。这为在本校员工和学生学习和居住的地方直接向他们集中提供实体和电子馆藏创造了机遇。在这一战略框架实施时期，我们将努力为实现这一愿景奠定基础。

教育技术应用研究中心(CARET)并入图书馆将引入支持学习和教学创新的能力，包括在拟议的教学和学习服务监督小组的领导下的新技术的调查研究和发展。此外，在致力于对教学问题提出建议和接触学者个人来发展新的教学方法"的中心员工和致力于发展研究技能的图书馆员工之间有协同合作的机会。

本校的学习和教学战略包含了大量我们能够支持的举措，包括学院-大学过渡项目(transkills)、继续教育与生成和分析数据能力的整合都直接在我们的扩充角色的职权范围内。此外，人们希望 Caret 将有助于达到促进良好实践宣传和鼓励优化教学和学习的目的。

关键目标：

通过密切接触全校教学人员、学生和图书馆人员队伍，制定一套针对教学和学习以及研究的集成的、基于学科的规定，并至少在一个院系里试行。

继续建设我们的特殊馆藏并优化研究人员研究这些馆藏的获得权限和支持。在获取印本资料和电子期刊方面创造更高的效率。同期刊协调指导委员会合作，以最大化本校订阅的价值。增加我们创建或者购买的电子资源在教学中的使用。同教学与学习服务指导小组合作，以发展和传递在学习和教学战略以及 gBrtLss 中所提及的各项服务。同大本校其他合作伙伴合作，以实行和维持传递最优质服务的最容易接受的、有用且互利的方式，来满足学术要求。这将包括提供 Camtools 产品服务的合作关系安排。提供快速反应的、信息量大的参考和查询服务，以用户要求的格式提供相关的用户教育、信息和材料，并将其个人需求和媒体偏好考虑在内。鼓励教育技术的充分利用以及电子研究和电子学习的持续发展，调查新信息媒体的使用情况。

5. 内容建设和传递

我们世界级的馆藏巩固着学校追求具有最卓越国际水平的教育、学习和研究这一使命。保持在联合环境下的卓越馆藏，将需要一套支持大学范围内有关馆藏建设(尤其是电子馆藏方面)的决策的基础设施。这将包括有关资助模式的规则，和对所建设的馆藏进行适当去重的管理，以及改善从协调期刊和电子书获取中获得的经验和汲取的教训。

在技术日新月异的时代，信息资源的传播和传递正快速地发生转变。用户愈发期望进行无缝搜索，拥有无障碍地在线连接到全文的能力以及在其自身工作区间内再利用内容的权利。在网络世界中，描述馆藏将需要采用涵盖所有图书馆馆藏的标准，并支持资源发现、互操作和内容聚合的新方法。

以下方面将对馆藏建设优先次序产生影响：印本与数字呈现之间的选择倾向正在发生转变，且这一平衡性的转移已经出现在期刊使用中；支持远程和移动办公的机会；采用电子格式方面可能避免的重复。同时，不同类型的用户需要不同形式的内容——从电子或者印本到原稿、地图和图片。馆藏建设政策的制定将反映不断变化的需求。

图书馆是重要的内容创造者，特别是在数字化项目中，并且我们在收藏、存储和保存本校行政部门和学术团体创建的数字内容方面起到了重要作用。通过管理本校机构知识库（Dspace@Cambridge）和一个数字保存计划，我们将继续发挥这一作用。我们将通过一个数字化项目创造内容创建机会，该项目不仅包含我们的特殊馆藏，还包含支持教学和学习的资料。

关键目标：

审查馆藏建设政策以确保最大程度地匹配教学、学习和研究需求。

制作模型以支持大学范围关于馆藏建设的决策，包括有关资助模型的规定和对馆藏适当去重的管理。

继续建设电子馆藏以满足联合的图书馆环境之下的教学、学习和研究需求，包括期刊协调计划中的电子期刊；在剑桥大学和学院之间的ebooks@cambridge共同倡议获得成功的基础上，管理并扩展全校范围的电子书馆藏；并提供其他格式的电子全文。

实施我们的数字化战略，寻求拨款和捐赠资金机会并寻求合适的内、外部合作，包括创建支持教学和学习的内容，例如试卷、超出版权保护期的书籍以及电子学位论文。

肯定法定送存作为我们馆藏建立的最重要基础之一这一重要性，并同出版商及其他法定送存图书馆合作，以通过派生法律及其应用支持将法律送存范围扩大至数字出版物。

建设实体和数字格式的特殊馆藏，增强其可获取性，并对其进行优化，以支持教学、学习和研究；确保实体特殊馆藏的历史及出处能够得到广泛了解，并明确恰当理解的重要性；确认我们在保存和共享我们的文化遗产方面的重要作用。

通过选择合适的元数据标准并加以持续使用，以及提供适当的创新技术，提升图书馆所有格式馆藏的可发现度和使用度。

制定规程并开发技能来管理我们拥有内容的知识产权，以促进它的使用。

6.数字基础设施

我们的数字基础设施提供了一整套服务和系统，以支持对图书馆内容的访问和管理，以及本校学术数字内容的保存。在接下来的3年里，我们将继续在满足用户不断增长的需求方面广泛地发挥作用；这些需求的内容包括移动办公、随时随地访问图书馆内容、更棒的个性化服务和更加交互式的体验。

采用一个易于使用的搜索和图书馆资料发现工具（资源发现平台）将为图书馆目录提供一个新一代的界面，并为图书馆周围的用户提供无缝服务创造了更多机遇。图书馆和中心将共同合作开发系统的性能以及虚拟学习与研究环境，以支持教学、学习和研究。

本校的知识库服务Dspace@Cambridge将在数字图书馆中占据核心地位，它能促进对各种来源的内容的存储和再利用，以及对内容的保存和传播；此外，Dspace@Cambridg还将管理剑桥大学的数字档案。

非纯文本内容——图片、声音和视频——对用户越来越重要。创建此种内容并进行管理和发展将对我们馆藏得到更广泛访问起到重要作用，但需要在设备和支持系统方面进行投资。

关键目标：

采用移动技术和网络2.0技术，并提供对图书馆内容和服务灵活的、用户友好的访问，将它们嵌入到用户和大学的工作区内合适的地方。

探索图书馆系统和中心、管理信息服务部以及大学计算服务之间进行交互和发挥功能的机会，以充分优化和定制信息服务来支持教学、学习和研究。

建设数字化能力，并为数字化服务和可扩展的、交互的、基于标准的系统建立一个可持续的商业模式，以管理和传播数字化内容。

制定并实施一项数字保存战略，包括研究数据管理支持。

继续建立机构知识库，使其成为本校的核心服务之一，对数字资源进行收集、安全存储和传播。

制定一个信息通信技术框架并投入使用，使其能有效为图书馆员工和用户提供服务。合理使用创新技术，创造经济价值，并满足本校的业务连续性、灾后重建和环境需求。

7.图书馆整体环境

图书馆是一个虚拟与实体共存的空间，越来越多的内容将以数字化的形式传递给远程工作的用户。我们也意识到，我们需要改变使用空间的方式，且为了达到这一目的，我们将继续探索改进旨在优化用户体验的实体环境。实体环境将继续发挥重要作用，主要体现在：为用户、员工和访问者单独或群体开展工作与会面提供友好的、启发性的场所；而作为一个实体馆藏仓储时，仍需要对其进行实体访问。这些馆藏的规模和范围使得本校图书馆与众不同，我们致力于为后人保存和守护这些独一的文化遗产，并对它进行有效且高效的管理。

关键目标：

建设图书馆网络呈现以反映其作为我们馆藏和服务门户的重要性。

根据不断变化的期望和新的工作方式，评价图书馆空间的分配及其使用。

尽可能充分地使用开架或闭架的访问存储区，以使得需求度最高馆藏最接近用户。

使用最新技术优化馆藏的安全性能和长期保存。

通过广泛的宣传活动，加强实体图书馆吸引大学和其他团体使用我们的服务和馆藏这一作用。

8.经费

不断变化的信息环境产生了令人兴奋的投资新服务和资源的机会。然而，对可预知的未来来说，国家资金削减这一现实意味着，我们必须主动寻求外部资金来建设我们的馆藏和服务。资金的增加对图书馆保持其世界水平的地位来说至关重要。我们将继续传递优质的核心服务，同时探索增值这些服务的新方法。经费缩减及时地促使我们检验现有活动和进程的经济有效性，同时我们在全校寻求领先的教学支持。一个谨慎的合并项目将减少花费，并允许我们提供符合本校教学优先事项的更加有效且高效的服务。

关键目标：

集中资源来支持剑桥学术团体的新兴需求。

利用IT的发展来使图书馆服务传递更加经济且高效。

采取一个更具企业家精神的融资方法来实现我们的关键优先事项。

继续紧密地同校发展办公室合作，以从外部来源中增加收入。

通过与同行机构合作，寻求成本节约。进一步增加我们与外部伙伴合作分担成本、共享资源的努力。

在适当的情况下，进一步建立确保学术资源的访问权而通常并非所有权这一模式。

继续阐明使用我馆资源过程中的责任和透明性。

继续发展对指标和质量保障项目的使用，以监督绩效并保证资源得到最优使用。

9.伙伴关系

伙伴关系和合作对于我们战略框架的每一部分都至为重要。经济低迷意味着我们必须比以往任何时候都更加关注组织工作关系，它具有长期的经济意义。对于我们来说自己主持并处理所有事情是不可能的。因此我们必须集中我们的独特强项并提供协同的、可持续的焦点服务，支持各研究团体和研究生团体中的各种用户需求。合作能巩固图书馆在大学研究战略中的作用，它为我们提供一个令人兴奋的机遇，使我们更加广泛地、高回应性地接触研究人员。合作也将是建设支持教学的图书馆基础设施的一个重要因素。必须优先为那些能够共享或支持互操作的项目、资源和工具提供资金。尽管有关数字资源的保管与保存的问题对于全球图书馆界仍旧是一个挑战，剑桥大学在这一领域有许多专业知识可以贡献。通过参与数字长期保存、储藏和存档服务或/和成为其中的一员，以及通过与商业和非盈利内容提供商培养更为密切的关系，来确保对学术文献的长期获取可以实现。

关键目标：

发展与学术团体的有效合作关系以促进其学术活动。

发展与本校及各学院图书馆员的高校伙伴关系，进而为研究社区和研究生群体提供无缝的图书馆和信息服务。

积极倡导或参与那些有益于剑桥学术界的创新合作项目。

与有相似使命的机构建立合作伙伴关系并加以发展，以交流分摊成本和共享资源的方式，为当前和将来的用户维护并优化高质量的图书馆馆藏和服务。

为了我们的用户群体的利益，与商业和非盈利机构建立伙伴关系以开展新服务。

加入专业图书馆机构或组织以制定或宣传国家及国际政策，这些政策将支持协同性图书馆和信息服务的进一步发展。

10.以组织的形式发展

在我们提供示范性服务以支持本校使命的能力中，其核心在于我们同用户及那些提供资源、服务和支持的员工建立的关系。为了迎接数字世界的新机遇，我们将需要紧跟用户不断变化的需求，制定有效的机制以理解和回应这些不断变化的需求，并用恰当的方式利用我们的资源。其中，员工是我们最重要的资产。我们致力于雇用、培养和保留高技能的员工，以支持学术社区当前和未来的需求。

关键目标：

向我们所有的用户宣传我们的服务，并利用反馈来提供创新的、快速响应的解决方案来满足用户的需求并改进服务。

将重点进一步放在嵌入到开放性、支撑性文化中的优质用户服务。

通过监控绩效并与同类机构进行基准比较来展示效益

阐明支持全校各级别图书馆员工的发展这一承诺，使其在将来能够继续提供示范性服务。

携手合作：2010—2013 年战略框架

加强对全校的倡议和宣传活动的参与，以提高人们对本馆、馆藏和作用的认识。与图书馆员工有效交流以提升效率，促进决策制定和团队合作。培养一种能够促使团队与部门间灵活性更大的组织文化，以促进合作工作进而支持我们的战略。通过专业活动和出版物来提升图书馆的形象，对国家和国际层面的研究和发展做出贡献。

资料 伦敦大学学院图书馆2011—2014年战略计划[184]

1.引言

由伦敦大学学院图书馆服务部制定的2011—2014年图书馆战略是一套雄心勃勃的建设与发展计划，旨在支持伦敦大学学院(UCL)其作为伦敦的全球化大学的教学、学习、研究及宣传活动。

本馆对其由RAND欧洲执行的战略计划进程进行了全面的综述。

本图书馆服务战略阐述了5个关键绩效领域，其中着重阐述了图书馆在其2011—2014年的发展策略中将要集中的区域。这5个关键绩效领域是：

- 学生体验
- 研究支持
- 医疗保健支持
- 空间管理
- 广泛参与及公众参与

继对RAND欧洲综述提出的建议之后，实施方案中列出了这些关键绩效领域的目标。这些目标由UCL图书馆服务部的计划小组监管，受一个综合性的沟通策略支持。该策略本身以及实施方案将由图书馆的规划小组每年进行审核，以确保它们反映了UCL当前的策略和优先事项。

本策略产生于英国高等教育行业面临空前挑战的时期，在高等教育资金变化以及学生学费上涨之后，高等教育行业发生了改变(可能是永远性的改变)。在许多欧洲国家都可以见到这些变化——既包括大学，也包括欧盟委员会。在此期间制定新策略颇具有挑战性。UCL图书馆服务部已经完成的举措是应对自PEST分析(观察政治、经济、社会和技术发展)中识别的挑战，以及找出该分析中提供的值得考虑的机遇，来促进设备和服务的发展和建设，以支持UCL。

建设和发展活动的主要聚焦：

新的图书馆战略确定了哪些主要活动聚焦点？所有五个关键绩效领域为图书馆呈现了重要的机遇，使其在UCL发展/植入新服务和设备，以为员工和学生提供支持。然而，仍存在着一些令人兴奋的挑战：

- 展望未来的图书馆空间
- IT领域的新发展以支持研究、教学与学习
- 将学生体验置于图书馆各项活动的前沿
- 建设研究支持的新模式
- 医疗保健实践
- 广泛参与和公众参与

UCL的Bloomsbury新总体规划按其宗旨将UCL的一些图书馆（尤其是UCL总馆和科学图书馆）合并至Wilkins大楼之中。UCL于1827年任命第一任图书馆馆长，但是该校在其整个历史中从未有针对特定目的而建立的图书馆。Bloomsbury总体规划的本质在于，本计划将把总馆和科学图书馆合并到同一地点，对图书馆所能提供给其用户的图书馆地产和设备进行升级更新。将对Wilkins大楼的第一层进行改造以提供启用信息技术的社会学习空间，延伸至回廊，并将由图书馆与ISD和学习技术支持服务部合作进行监管。这些空间同时也连接至各个教师中心的图书馆空间，致力于数字传递，并作为员工/学生与图书馆教学延伸之间的互动空间。因其是UCL最受欢迎的启用信息技术的学习空间，DMSWatson大楼首层的学习实验室将予以保留，并由图书馆管理。UCL特色馆藏是当前英国高等教育领域最重要的珍稀图书、手稿和档案馆藏之一，其将迁至Wilkins大楼，并与UCL记录办公室和Strang打印室协作提供公共服务。

技术发展将继续重新界定学习与研究体验。2011年将会实现将Primo工具引进UCL，该工具拥有Google风格的界面以及蕴于底层的知识库，将使得UCL员工和学生能够访问来自全球的成千上万条数字条目。在2011年，还将引入新软件和一项计划，该计划使得每个UCL课程都能有一份补充的数字阅读清单，可通过Moodle平台获得，其链接至数字化内容以支持核心读物的提供。

在新的图书馆战略中着重强调了学生体验。UCL 图书馆服务部处理这一议程的方法之一是调查 UCL 图书馆体系全部 16 个站点的开放时间。数字传递必定会变得越来越重要,但是实体馆用户和实体馆空间仍旧继续增长着。据英国研究图书馆指出,全英国的研究型图书馆使用图书馆空间和馆藏的用户数量当前平均每年增长 10%。

在战略实行时期,图书馆将对其研究支持领域的提供品进行评价。其将建设一套电子出版装备,以完成其在 UCLDiscovery 与 UCL 开放获取任务中的当前活动,并为 UCL 的研究者提供支持。

图书馆对医疗保健实践的支持表明 UCL 图书馆服务部是具有所有英国大学图书馆中最大资产组合之一的服务。NHS 为 UCL 提供大部分资金以支持遍及 8 个图书馆站点的服务提供。在战略实行时期,UCL 拥有的作为英国医学研究与创新中心的基金会合作伙伴之一的地位,将为 UCL 图书馆服务部提供一个重大机遇,进而为总部设在 StPancras 的 Francis Crick 研究所的研究人员提供重要的数字化服务。

另一个活动新领域是广泛参与和公众参与。这对于图书馆来说是新的议程,但是对于 UCL 和政府政策来说却是至关重要的。UCL 的特殊馆藏对于展开 UCL 面向学院的宣传非常重要。在同学院一起将潜在的 UCL 申请者引入研究密集型大学的研究速度与本质方面,读者服务部也起到了十分重要的作用,它同各教学部门及其开放日合作。在策略实施期间,图书馆还将审视其广泛的展览活动以支持上述两项议程。

结论:

2011 年充满了挑战,但是也为图书馆提供了许多十分重要的发展与成长机遇。本策略直接应对了这些挑战,并将提供一种现代化的图书馆信息服务,该服务以 UCL 的研究、教学、学习和扩展需求为基础。

2.愿景

在 2011—2014 年期间,UCL 图书馆服务将依靠现有力量和均衡的资源,维持并提升有益于世界领先大学的服务质量,来支持 UCL 的学术使命。

到 2014 年，UCL 图书馆服务部将：

● 通过提供资源与服务来满足 UCL 学生不断变化的概况以及日益提高的期望，丰富学生体验。改变其实体空间以继续满足学生、教师和研究人员的需求。

● 运用其最好的馆藏、专业知识和空间来吸引新用户。

● 增强其在医疗保健和研究支持方面的合作伙伴关系。

● 提升学生和员工获取电子资源的数量和程度。

● 运用图书馆的数字仓储基础设施以传递创新性服务，进而支持 UCL 研究议程。

● 劳动力队伍的技能始终紧跟变化。

3. 使命

● 提供一套信息基础设施促使 UCL 能进行世界等级的研究。

● 提供支持 UCL 全球扩展的学生体验。

● 培养图书馆与信息领域的专业人员，使之具有创新性，并能领导 UCL 和国家/国际图书馆社区。

● 支持 UCL 接触 UCL 伦敦校区之外的新受众和合作伙伴。

4. 价值观念

UCL 图书馆服务部致力于：

● 为图书馆的所有用户提供优质服务

● 知识自由和不受限制地获取学问

● 与校园、本地、国家和世界合作伙伴进行协作

● 管理最普遍适用的馆藏和机构资源

● 具备迎接变化机遇的领导力、创新性和意愿

● 包容性，机会均等以及实现潜能

5. 关键绩效领域

(1) 学生体验：图书馆服务是 UCL 学生体验的中心。图书馆提供卓越的支持、世界级的馆藏以及创新性的服务。本校学生构成颇为国际化与多元，并且对图书馆的期望值日益提高。在这一背景下，图书馆将力图以一种更为创新、以学生为中心的方式发展服务。这些目标受诸如机构教学与学习策略等机构策略启发形成。

UCL 图书馆服务部将探索新技术的潜能，以及优化馆藏和支持服务的机会。图书馆将致力于进行 UCL 基础设施建设，特别是通过创建最先进的学习空间，来支持学习的新方式。

(2)研究支持：图书馆服务部的工作对于 UCL 在研究方面的卓越表现的全球声誉来说至关重要。我们提供世界级别馆藏的访问，研究人员可以在其中独立或协作地培养其想法的实体图书馆，研究与信息技能方面的指导，以及帮助管理研究成果的工具。我们的专业知识能够促使研究新领域和新方法的发展，并支持和帮助 UCL 研究战略的形成。

支持研究是我们的核心活动之一，且我们将继续遵循这一原则。在 2009 年，我们对整个 UCL 的研究人员进行了调查，所收到的反馈帮助我们明确了我们的战略方向。在策略实施期间，我们将致力于为各个领域的研究人员优化设备与馆藏，小至单独学科的传统个体研究，大致涉及 UCL 内外部合作者的协作性跨学科项目。我们将审视我们利用空间的方法、我们建设研究性馆藏并提供获取的方式，以及我们管理研究成果的方法，以确保它们能最大程度地满足研究者的需求。我们将对图书馆工作人员可投入到 UCL 研究活动中的技能进行优化，且在国家和国际研究型图书馆议程中，我们将继续起到龙头作用。

(3)医疗保健支持：通过向 UCL 的生物医学科学家和医疗保健合作者提供广泛的资源与专业知识，UCL 的生物医学图书馆支持着医疗保健教育、研究和实践方面的卓越表现。自 2004 年起，《服务水平协议(SLA)》为支持这项条款的协作关系和联合资助安排提供了框架，为强大、公平的服务方面的工作提供了基准，并为本地站点图书馆协议和与新合作伙伴制订协议提供了模板。

不论现在还是将来，UCL 图书馆服务部将继续在支持 UCL 的医疗保健合作关系中起到关键作用，旨在促进创新和将研究转化为实践，以及对整个医疗保健员工队伍提供多专业教育。

(4)空间管理：在 UCL 的 Bloomsbury 总体规划中，UCL 图书馆服务部的实体环境是 2011—2014 年计划期间需重点提升的领域之一。图书馆空间必须满足所有 UCL 用户不断发展的需求，这些用户包括学生、研究人员、NHS 员工以及公众成员。

UCL 图书馆服务部将致力于提供创新性、启发性的教学、学习和社交空间，以支持对研究空间和灵活的新空间的需求。图书馆服务部的目的在于使本馆处于 UCL 的中心位置，容纳来自 UCL 所有组成部分的全部学生和员工，能在其中实施新技术，并能为专家员工提供合适的空间来开展信息技能培训。图书馆应对 UCL 世界顶级大学的形象起到核心作用，并使 UCL 学生和员工为之骄傲。

(5)广泛参与和公众参与：UCL 图书馆服务部致力于发展其广泛参与(WP)和公众参与(PE)工作，认识到需要所有大学都参与其中的需求受到了中央政府及其文化和教育机构的重视。大多数情况下，“公众”意味着没有与 UCL 正式联结的个体与群体；“参与”包含多种方式，图书馆在其过程中可以最充分地运用图书馆的馆藏、专业知识和在校园中的空间来吸引新受众。广泛参与特别涉及到 UCL 面向各学院的宣传，以吸引具有非传统背景的学生申请加入。

图书馆可以向 UCL 的参观者展示资源，并通过参观(如前来或去往各学院)或通过网络来接触新受众。UCL 图书馆服务部将同 UCL 中已经从事这些领域工作的同事建立持久的、富有成效的合作关系。这些合作关系将有助于我们确定优先事项，并明确我们采取的方法。WP 和 PE 在很大程度上与识别与吸引新受众有关，所以图书馆必须提供其空间、资源和馆藏，提早确认并吸引这些受众。

这对于图书馆服务部来说是一个新的工作领域。相应的，对于计划的第一年(2011—2012 年)来说，主要行动应集中于确定图书馆的定位，着眼于总结迄今为止取得的成功并确定未来的优先事项。

6.责任关系框架

(1)目的：这一框架表明了 UCL 图书馆服务部的观点，其认为 UCL 有义务实现图书馆的战略目标。它确定了谁应负起衡量策略应在何时且具有哪些要素。其内容包括：

- UCL 图书馆服务部规划小组在策略实现中的角色
- 通过实施计划来实施策略
- 向众多利益相关者交流实施过程

● 使用大量管理和反馈数据以熟悉策略，并提供有关进程和成功的证据

(2)规划小组：框架由规划小组持有，小组负有解释战略进程的最终责任，通过图书馆服务部主任来实现。在季度会议中，图书馆服务部将对进程以及各种责任报告进行监督。图书馆服务部在每年5月举行的年度会议将形成一个正式审核，该审核将在必要时更新策略并进行修订。

(3)实施计划：图书馆2011—2014年的愿景将通过5个关键绩效领域(KPA)加以实现。每项KPA都分配有一个领导者，他将借助KPA实施计划来监管战略目标的实施进程。KPA实施计划借助成功标准来度量工作进展。

KPA领导者将面向规划小组对进展负责，并将针对实施计划于每一季度向规划小组提交进度报告。

(4)交流计划：2011—2014年战略交流计划确定了何人以及在何时需要知悉哪些内容。最重要的是，这包括了在现有UCL管理结构中对图书馆负责的委员会和高级官员。其还确定了谁将在恰当的时候、以恰当的形式传递这些信息。在问责制方面，它还确立了提交有关KPA实施方案的进度报告的频率和途径。

(5)管理数据：作为其负责范围，图书馆服务部管理数据和用户反馈指导小组将促进管理信息和统计数据以及反馈数据(来自调查和评论/投诉)的整理，这对于监督战略目标的实施以及掌握随着时间推移战略所取得的进展来说都是十分必要的。

资料　耶鲁大学图书馆战略规划[185]

1.耶鲁大学图书馆使命(我们为何存在)

耶鲁大学图书馆(YUL)通过自身的专业知识、馆藏、设施和服务，支持并促进耶鲁及全球范围的学术团体的研究、教学和学习。

2.耶鲁大学图书馆愿景(我们将成为)

2015年——

● YUL将成为一个统一的图书馆系统，拥有最高水准的学术及研究支持服务，并往往超出其用户的期望。

● YUL 的专业知识、馆藏和服务将作为耶鲁大学成功的重要战略构成部分，得到耶鲁大学师生的认可、尊重和理解。

● YUL 将成为耶鲁大学师生实体和数字的目的地。

● YUL 将明确地与耶鲁大学的战略目标保持一致。

3. 耶鲁大学图书馆指导方针（我们怎样实现目标）

● 我们认识到服务耶鲁师生是我们的当务之急。

● 通过预测、研究并响应用户不断变化的需求来创造价值。

● 与图书馆及学校内外的合作伙伴协作提供无缝、全面的服务和馆藏。

● 利用技术来以最有效且最高效的方式提供最好的服务。

● 对自身所致力的及其实施方式进行评估，来确保运作的效率和高质量的服务提供。

● 我们致力于创建一个支持研究、教学、学习、创新和合作的友好环境。

● 对自身及彼此在工作及人际关系中的表现负责，以达到优秀。

● 我们期望每位员工都能成为图书馆及耶鲁的形象大使。

资料　纽约大学图书馆 2013—2017 年战略计划[186]

1. 使命

作为一个全球性组织，纽约大学图书馆在致力于信息开放交换的环境下，主要通过以下手段来促进学习、研究和学术探索：

● 建设、保存、呈现丰富的且多样化的馆藏并提供获取；

● 传授如何对信息资源进行有效的使用和批判性的评估；

● 为不同的用户社群提供创造性的、有针对性的服务。

尽管我们的主要职责是服务纽约大学师生，我馆欢迎并同更大范围的社群展开学术、文化与艺术的交流互动。

2. 引言

基于在 2007—2012 年计划中获得的成果和组织力量，我馆制定了

2013—2017年战略计划，旨在利用这些力量促使我们成为服务于全球网络大学的图书馆。在过去的一年中，我们认真倾听了赞助者的意见，并进行了细致的观察，由此制定出我们的本次计划。本计划基于内外部趋势的确定以及对我们所学到内容的彻底的分析与整合。本计划以用户为中心，并且还确定了对于成功完成使命来说至关重要的两个要素：建立一个强大的、创造性的、健康的且能在财政上负责的组织所需的人员；灵活的、反应迅速的并且技术精良的基础设施。最重要的是，这一计划反映了我们的价值观和优先事项，如我们所做出的承诺：开展知识探究、知识共享、教学、协作、优秀的客户服务，以及我们教职员工的发展。我们继续高度重视成为一个具有探索、适应和成长能力的组织，并高度重视我们作为一个学习型组织旨在获得更高程度发展的计划。在接下来的五年里，对于我们应该做什么以及如何能够为纽约大学及其学术事业提供最大价值，本计划将指导我们做出决定——不管是代表个人、部门还是整个大学社群。

3.战略目标

(1)用户体验：创造一个优质的、始终如一的、强劲的用户体验，而不论用户的地理位置、访问方式或者目标。

内容/原理：

用户寻求能够高效满足其需求的工具、界面、资源和服务。他们希望我们的资源是直观的、具有功能性的、透明的，并希望我们的工具能够支持移动并且能有效支持新颖调查模式。师生们希望能够在任何需要的时候轻松访问并获得服务，而不论何时何地；这就提供了导向专业知识网络的门户。由于用户的期望持续地扩展，我们必须简化并阐明我们提供的个性化服务网络。与此同时，为了满足用户可能会界定与设计的目的，我们还想要使我们的资源与尽可能多的关联数据能为他们所获取。

对于许多用户来说，他们对图书馆的体验主要集中在与图书馆的实体空间进行交互。而在此处，所涉及的环境已不仅仅是严格意义上的大学，还包括我们的用户理解图书馆空间本质与价值并欣然接受。他们认为访问实体空间是图书馆的核心服务之一；因此这种访问应该是透明的，能够满足他们的需求，并且没有障碍。在这个高度联结与计划的、社会驱动的世界里，许多用户栖息于此，他们期望在自身和我馆的实体空间之间，能有一个精妙的互动界面，一种“服务空间”的心态使我们直接影响着用户的日常生活。

2017 年计划成果：

我们的工具拥有网络界面，该界面能允许可直观发现地、集成地访问所有知识内容、馆藏和能被纽约大学社区获取的外部资源，而不论其格式、来源和位置。

在查询进程的所有阶段，我们的服务基础设施都是透明、强劲、高效的。我们的基础设施低损耗，易于使用，还能识别出整个用户社区的各色需求，并且杜绝死链和坏链。

我们有充足的图书馆空间资产组合，能够满足用户需求，提供跨越实体与虚拟界限的清晰的、可以预测的路径指向，并能明确解决拥有技术的客户的需求。

我们提供一些精选的 API 和数据收割工具，使得用户能够直接与我们的数据和资料交互并加以使用，甚至形成不可预测的使用数据的新方法。

(2)教学角色：扩展并强化我们作为学术参与者的教学角色和教育影响。

内容/原理：

教学活动遍及图书馆的整个文化，包括课堂和特色馆藏里与课程相关的指导，乃至将图书馆员嵌入基于证据的项目中，以同艺术与科学学院第一年体验计划中的图书馆员展开合作。每一天，图书馆所有服务点的员工都帮助学生们学习他们所需的学术研究实践，从在书架上找学习统计软件的书到运用教学技术。不断变化的信息环境和不断演化的学术模式，加上纽约大学的全球扩张、新研究领域的投资以及对在校大学生研究的日益重视，使得我们继续发展我们的教学服务和计划至关重要，以确保这些服务和计划是相联结的、反应迅速的、可扩展的，并且基于教育学和最佳实践的强大基础上的。

我们掌管着整个图书馆系统的学科专业知识、独特的馆藏、教学技术以及专业化的资源与服务。我们确保我们的技术、访问和发现服务能够支持教学和学习体验。我们的教学遍及本地和全球的整个纽约大学社区,已广泛地融入在校大学生和研究生课程,并在与整个全球网络大学的教师合作的过程中显示出其战略性。它嵌入到在线学习环境之中,包含多重素质,并将图书馆的教学项目与大学的学习目标相联结。

2017 年计划成果:

我们的教学应与大学的学习成果和阐释我们影响的评估计划相匹配。

整合了我们同整个大学教师和其他合适的合作伙伴合作开展的教学服务和项目。

我们的教学服务和计划支持纽约大学的全球扩展、不断发展的研究领域以及专业化的教学需求。

为员工提供一份职业发展计划,内容有关能创造图书馆系统范围的参与与效益的教学方法。

(3)数字基础设施:建设能支持研究、教学和学术交流不断扩展的模式的可持续性的数字基础设施。

内容/原理:

数字基础设施以网络化的硬件、软件和服务等形式呈现,支持学术和教学日益凸显的数字性质。这套基础设施是不断变化和扩展的,由包括图书馆生成的内容和用户生成内容的知识库、探索并管理各类内容的工具以及分享并利用知识与思想的服务装配而成。我们认识到这套可扩展的、可持续的基础设施所允许与支持的价值:①图书馆服务和馆藏;②用户对于收藏、存储、使用与共享其数据、出版物和其他研究资料的需求。

学者正在探索研究的新方法,这就产生了新形式的原生数字产品,如数据集、博客和维基词条。要求研究型图书馆收集、管理和保存这些新型数字财产的呼声越来越高。用户开始期望可以随时随地进行获取与传递,并意欲运用技术以支持研究,并能创建学术、教学模式和内容的新形式。对于满足用户期望和欲求以及收集数据集的需求来说，一个强劲的、灵活的数字基础设施变得至关重要。

2017年计划成果：

用户能够发现、获取、共享与使用他们所需的全球网络大学的全部资源。

内容创建者都可顺畅地制作、使用、共享、传播与保护自己的资源，不论是图书馆员工还是馆内教职员工的合作者。

适当的访问控制和用户隐私保护就绪。

我们的系统功能强劲，并具有时空上的高度可用性。

我们的基础设施支持包括收藏、存储、管理、获取、共享和长期保存在内的数字内容生命周期。

我们的数字基础设施能够轻松适应不断变化的技术和学生/教师研究需求，并能利用颠覆性创新。

基于用户需求和最佳实践，基础设施建设被置于首要位置，这是由纽约大学和同类机构收集到的最佳证据所决定的。

(4)馆藏：制定进程和支持结构以确保我们能够选择、获取、保存全部研究资料并提供获取。

内容/原理：

生产与传播内容的模式日益复杂，而纽约大学研究社群的需求也日益精细。纽约大学图书馆必须能够获取所有类型的资料，并最广范围地利用世界各地的供应者，他们来自大众市场、小众市场、二手市场以及自出版市场，其中包括现在主要旨在面向个体用户的资源。我们必须尤其能够获取与管理原生资源，它们日趋成为我们文化中的主要资源形式。若想有效地进行上述活动，图书馆必须能够确定、预定并且付款以按照惯常程序来购买全部所需资源。我们还必须确保我们的用户最有可能在智力上和实际上获取我们任何格式的馆藏。我们必须能够储存并保存全部的研究资料，不论它们是数字化的还是实体的。最后，对于一个研究型图书馆来说，独自建设其馆藏已经成为不可能。机构之间进行协作至关重要，且图书馆必须建立新的合作伙伴关系，并维护现有的合作关系，以确保在内容迅速扩展而资源有限的时代里最广范围地获取研究资料。

2017年计划成果：

学科馆员和特色馆藏员工受到了充分的支持，以在日常生活中选择和获取广泛的资源，这些资源来源于教职员工、世界范围专业化的供应商，以及主要面向个体顾客的市场部分。

定期选择、保存所有学科的原生数字资源并提供获取。

以充分满足用户需求的方式，提供面向全部图书馆馆藏的知识获取。

我们遴选、处理以及获取的模式日趋利用同其他大学和研究型图书馆联合所形成的协作环境。

面向特色馆藏、声像的在线存储能力达到了现有的存档、手写和记录媒体的标准，并为贮藏频繁使用的馆藏提供了足够的能力。

(5)组织文化：建设一个技艺娴熟的、积极工作的劳动力队伍并加以维护。他们能够在不断变化的环境中取得成功，茁壮成长。

内容/原理：

作为一个学习型组织，整个图书馆体系是不断变化的，并不断地进行自我调试与改革以应对21世纪图书馆面临的挑战。我们旨在能够欣然接受颠覆性创新，并满足新的、通常是不可预测的期望。在当前环境中，我们面临着一些人力资源挑战，诸如扩展的科学与工程计划和其他优先事项。随着数字环境和用户需求的增长和变化，这些挑战将继续影响着我们。这些挑战包括：对于新专业知识的持续需求，这些需求来自新员工和内部发展；来自其他大学和新兴领域中的营利性新技术市场的激烈竞；实现并保持我们劳动力队伍构成的多样性。

支持所有教职员工的职业发展以及他们优先考虑增长的多重需求的努力。

因此，在继续吸引具有专业技能和学术技能的高端人才的同时，组织还需要为他们的成长提供机遇，以培养员工的忠诚度和满意度。对于促进员工个体成长、进行决策及高效工作来说，领导支持至为重要。此外我们将培养一个多样化的、多年龄构成的、技术娴熟的劳动力队伍，使之能够在专业上蓬勃发展，并能向纽约大学社群提供最高水准的服务。

2017 年计划目标：

清晰地理解整个组织的优先事项。

员工积极地参与到支持我们组织目标的学习和发展机遇中。

拥有一个强大的认同文化，在这个认同文化中，员工知道他们是受到重视和肯定的。

能吸引各色有才华的应聘者。

监督者和管理者们积极地使用、促进与支持职业发展工具，诸如导师制、奖励和认可，以及对所有层次的辅导。

我们的劳动力队伍可以预测组织需求，并能应对来自内部和外部的挑战，以在分析新需求的同时提供高质量的服务。

(6)全球服务整合：协作并高效地建设一个全球化的组织，以支持整个纽约大学全球网络大学的集成化服务。

内容/原理：

随着纽约大学建设全球网络大学，越来越多的师生们将往返于不同地点之间，进行学习、教学，或从事研究。校长 John Sexton 描绘这一流动的知识交换活动的特点为我校的“流通系统”。为了支持这一系统，纽约大学图书馆致力于建设一个集成、协作的组织，能够在所有交流地点有效运作。我们将提供一个持续性的研究体验，支持整个全球系统统一获取服务和资源。实现这一目标的意义不仅仅停留在技术层面，我们必须整合各交流地点所有员工的技能和专业知识，以创造一个协作的整体，而非各自独立的实体集合。我们将在个人和部门之间促进形成强有力的精心计划的连接。一个协作的角色与服务模型将使得我们能够共享与优化专业知识，并丰富我们有关用户需求和图书馆资源的知识，以确保我们共同的专业知识面向整个全球网络开放。

2017 年计划成果：

在委员会和工作小组中，所有交流地点的员工会惯常性地积极、切实地参与其中。

整个组织的员工使用共享的交流工具，以促进整个全球网络大学所有交流地点的实践协作和集成。

一个集成的全球员工体系，其能提供一系列协调的在线联网服务。

进程、基础设施、资源和专业知识能够于我们的整个全球化组织之中得到共享、协同和优化。

(7)扩大服务范围 & 营销：通过沟通政策来与我们的用户建立友好关系，以使得整个图书馆体系的资源与服务更为人所知，并能更好地满足用户需求。

内容/原理：

在全球化的环境中，本图书馆体系包含了广泛的服务和资源。反馈表明，用户(整个大学的学生、教师、研究者和管理者)并未充分利用我们的服务，仅因为他们不知道这些服务的存在。我们必须从内部开始延伸我们的市场触及范围，以使得员工们(我们最佳的服务大使)能够充分了解我们的全部服务和工具。我们必须采取新形式的沟通手段，充分参与到社交网络之中，与此同时还应继续使用传统媒体，并保持对新机遇的警觉。我们的目标是触及身处任何地方的用户。我们应该考虑整个体系的品牌化努力应如何帮助用户利用更多的服务。认识到没有任何沟通能够“一体适用”，我们必须基于不同群体的需求来为他们提供定制化的信息。我们扩大范围和影响的努力必须是双向的，其成功有赖于我们激发与运用用户反馈(包括员工反馈)的能力。

2017 年计划成果：

我们的用户群体能按其所需地了解并利用尽可能多的资源与服务。

在整个图书馆体系中针对扩展努力进行协调与协作。

我们的营销和宣传倡议响应我们的用户需求而形成，受其驱动，并对其进行预期。我们定期评估与分析来自用户和员工的反馈，以使得我们的扩展努力获得收效。

我们的员工深入掌握可获取的服务和资源，并能够准确地、持续地同我们的用户就这些内容进行沟通交流。

(8)数据驱动的开发 & 决策：成为一个有数据意识的组织，以促进数据的开放利用，并使得我们的决策有坚实的依据。

内容/原理：

倘若想要有效地进行规划和提升，我们必须深入地理解我们运作、馆藏和服务与一个复杂的不断变化的环境之间的关系。知悉应采取哪些计划从来不是容易的事，而决定优先次序和资源分配则是其中最为困难的。对战略数据协调的识别、战略数据的有效性及对其的分析，不管是质量上还是数量上，都提供了重要的视角，并确保我们的评估具有坚实的依据。在单独部门之内，当前我们已开始收集运用、馆藏和服务中各个方面的数据。例如，我们跟踪我馆馆藏的增长；我们跟踪记录其使用情况；我们跟踪各个分图书馆和网站的访问情况。我们在学生和教师之中开展了调查，以收集有关其研究习惯、BobCat 以及其他界面的用户体验的信息。这些数据为我们的绩效做出了贡献。

通过界定一个包含与我们组织整体上的需求匹配的重要数据的综合性集合，以及致力于使得数据能为整个部门的员工获取，提升我们做出有力且明智的决定的能力。这些决定包括各种层面，内容涉及服务建设、战略优先次序以及资源分配。

综合性的数据组织良好且易于获取，能够增强我们作为一个学习型组织的能力，为教职员工的创造性探究和职业发展与创新提供机遇。一个有数据感知的组织能够促使形成一个功能丰富的发现、分析与决策环境。

2017 年计划成果：

由证据来支持有关资源分配的决策，这些证据来自一个详细制定的数据管理和商业智能的计划。

形成一个数据捕获、贮藏和报告的整个图书馆系统范围的结构。

精于数据收集、分析和解释的员工持续增多。

员工能够即时获取满足决策、试验、探索和求知欲所需的相关数据。

2.3 启示

综观国外图书馆战略规划，不难看出国外图书馆重视图书馆战略规划的理论研究和具体实践，重视图书馆战略规划文本的产生与执行，重视战略环境分析以及战略制定过程中各种因素的协调作用，其开展战略规划图书馆之广泛、战略规划体例之完善以及战略规划内容之丰富都为我国图书馆战略规划的制定提供了重要启示和宝贵参考。

2.3.1 坚持规划的战略性，强化战略规划意识

凡事预则立，不预则废。随着信息技术的进步、社会经济的发展以及各类型信息服务机构的出现，要想在复杂多变的社会竞争中确立自己的核心竞争力，树立稳固的社会存在价值，争取更多的政策支持、部门支持以及社会支持，图书馆就必须站在全局的高度上把握未来，明确自身的核心优势以及核心功能，保证具有持久的核心竞争力。融宏观考量、行业扫描和微观审视有机结合的战略规划正是图书馆明确自身愿景使命以及厘清并形成面向未来行动方案的重大举措，是图书馆对内达成共识、形成凝聚力/向心力/执行力/战斗力和合力，对外获得政策、资金、物资等支持的重要方式和手段。只有图书馆人真正意识到战略规划的重要作用，才能促进图书馆战略规划实践的发展，从而以制定战略规划作为契机思考和谋划图书馆的长远建设和未来发展。

2.3.2 坚持战略规划制定流程的科学性，注重创建具有本馆特色的战略文本

图书馆应借鉴国外图书馆战略规划制定经验，结合我国发展实际，在战略规划制定过程中明确体系构成，建立以核心体例和特色体例相结合的图书馆战略规划体例系统。在战略规划制定过程中，图书馆根据自身

需要加以选择利用，逐步形成规范化、个性化和多样化的战略规划文本。在这一过程中，坚持科学合理的战略规划制定流程是保证战略规划成功制定的关键。

国外不少大学图书馆在其战略规划文本中提到了其图书馆战略规划的制定过程，这些可以为我们所借鉴和参考。例如，加利福尼亚州立大学北岭分校奥维亚特图书馆在开启新一轮战略规划制定时，反复听取了外部团体和全国知名人士有关大学图书馆未来发展的特别报告。此外，有关“大学图书馆未来”的期刊论文在所有图书馆工作人员中传阅，以便为即将到来的变化做出铺垫和准备。与图书馆相关部门就规划总目标所进行的小组讨论也就此展开，并提出了问题——“你认为图书馆的出路在哪里?”同时，北岭分校的学生以多种方式接受了调查，图书馆利益相关者(教师参议院图书馆委员会、校园教师、员工、管理者等)也接受了咨询。对图书馆未来5年的总目标，图书馆工作人员和教师已着手在自己的部门进行战略规划数据收集的讨论，与此同时，馆长分享了一些他自己事先考虑到的问题，他希望这些考虑有助于引导讨论。接下来，馆长与执行团进行磋商并任命了5个特别小组以实施下一阶段的战略规划。这些特别小组是小团队形式的，团队成员由来自图书馆不同部门和层次的人员组成。每一个特别小组重点关注战略规划的一个特定方面，负责提出具体的实施建议。这样就能够从不同的角度思考问题，避免部门偏见。通过交叉互补，这些特别小组可以打破分割、鼓励创新。之后，执行团再对特别小组的建议进行审议。

2.3.3 坚持战略规划的发展性和延续性，加强战略规划的实施、评估与修订

作为图书馆行动的冲锋号，图书馆战略规划制定不是为了形成战略规划文本，而是通过战略规划的制定明确图书馆发展方向、细化图书馆发展目标、确定图书馆发展策略，并以图书馆战略规划作为发展战略指导图书馆日常工作。也就是说，成功的图书馆战略规划体系是战略规划制定、实施、评

估与修正的动态循环过程。战略规划的制定只是开始，接下来就要将图书馆的战略规划转变为行动，即根据图书馆的愿景和预期目标实施战略规划。而在战略规划实施过程中，图书馆需要建立一个有能力的图书馆组织架构，对图书馆资源进行重新配置，对图书馆战略规划进行科学评估并及时反馈与持续修订。

3 研究型图书馆存在主要问题的原因和相关因素分析

3.1 泛在信息环境对研究型图书馆的影响分析

3.1.1 泛在信息社会的概念[187]与特征

泛在，即无所不在。“泛在”一词是由日本东京大学坂村健教授和美国施乐公司首席科学家马克·魏瑟(Mark Weiser)最早提出的，指信息技术将以不为人们所觉察的方式融入人们的日常生活。在这个环境中，高度发达的计算机和网络技术将渗入人类生活的方方面面，为人们营造出一个随时随地、无限沟通的自由世界[188]。未来的社会发展，将智能网络、最先进的计算技术以及其他数字技术基础设施有效地相互融合并加以充分利用，形成一种“网络无所不在”的社会形态[189]，加之以无所不在的信息服务，即构成“泛在信息社会”。

泛在信息社会的核心思想是建立一个多语言、多媒体、移动的、语义的网络环境，任何人在任何时间、任何地点、任何情况下都可通过任何装置达到互联，对任何数字内容进行利用和传播。其核心特征包括以下 4 个方面：①通信对象泛在化。泛在化的通信对象可以包括任何事物，不仅人与人之间可以随时随地通信交流，甚至人与各种各样的设备和终端都可以通过网络彼此连接，任何地方的任何信息都可以随时被传递到全球的网络中并被获取和利用。②网络与技术泛在化。运用各种先进技术，实现网络“全覆盖”，使网络服务永远在线。通过信息技术使“泛在”自然而然地融入人们的生活，与已有的互联网技术结合，实现移动、无缝、透明和泛在的技术应用和服务。③信息泛在化。依托泛在网络，采用泛在计算等进行信息数据的采集、处理、分析和输出，使信息及其服务及时高效、“无所不在”与“透明”。信息的泛在化已成为数字信息时代的大势所趋。各种传感器技术为用户提供事物本身的信息，并探测、存储处理各种与事物相关的位置、状态、环境等信息，使网络化的万事万物关联在一起，通过网络加以获取。④服务泛在化。泛在化的网络和业务系统具有超强的环境感知能力和智能性，能够在与用户的连接与交互过程中随时对用户的个性化需求进行主动感知和解读，将信息传送并处理后，最终将用户所期待的结果返回给用户，从而极大地提升信息服务的水平和效能，为个人和社会提供无处不在、无所不能的信息服务。

3.1.2 泛在图书馆的概念与定位

“泛在图书馆”(Ubiquitous Library)是国外图书馆界提出的全新的图书馆发展理念。美国斯坦福大学图书馆馆长迈克·凯勒在1999年设想未来图书馆时说[190]：“我要创立泛在图书馆，使得学生和教授在任何时间、任何地点能够获取文本或与文本相关的信息。”2004年，马里兰大学工程与物理科学图书馆的图书馆员尼尔·K·卡斯恺发文提出了[191]泛在图书馆无时不在、无处不在的特征。2005年，查尔斯·B·劳瑞博士撰文认为[192]泛在图书馆是一个比虚拟图书馆、数字图书馆、电子图书馆更能贴切地定义未来图书馆的专业术语，它具有特殊意义、能够与时俱进地更为准确地描述图书馆的现在与未来，作为一个地点的学术图书馆依旧会存在，加上先进的网络和计算机的使用，图书馆将变得无处不在。2005年，德国的奥利弗·欧比斯特博士[193]将图书馆的发展归纳为四个阶段：传统图书馆、数字图书馆、移动图书馆、泛在图书馆。在第72届IFLA大会征文中，美国南乔治亚大学图书馆的李丽丽提出，泛在图书馆具有六个方面的特征：网络化、全天候、开放性、多格式、多语种、全球化。

从国内外图书馆界对泛在图书馆的概念和特征的研究来看，其定义和特征尚无统一定论，其基本理念是，图书馆在任何时刻、任何地点都是可存取的，包含两层含义：一是指这种新型的图书馆信息服务方式可以嵌入到人们的日常生活中，二是指图书馆为用户提供数字化信息服务的是一种智能化的信息系统。

"泛在图书馆"是无所不在的图书馆，"泛在"一词强调了未来图书馆存在的重要形态和发展模式。从本质上讲，泛在图书馆在信息资源共享的"5A"理论（即任何用户在任何时间、任何地点、任何图书馆可以获得任何信息资源）的基础上，提出泛在图书馆的"8A"理论，即任何服务主体的图书馆可在任何时间、任何地点向服务客体的任何用户提供任何时期、任何类型、任何格式和任何语种的信息资源的图书馆[194]。体现为图书馆服务的泛在化、无所不在，其显著特征是：用户在哪里，图书馆的服务就在哪里，用户无论在何时何地都可以获得图书馆的服务，甚至用户可能还没有意识到却已经利用到了图书馆的资源或者得到了图书馆员的帮助。

首先，泛在信息环境挑战图书馆的生存与发展。技术进步引起人们生产和搜集信息的能力已经超过了组织、管理和有效利用信息的能力。如何有效地组织和揭示信息，使用户能够集中有限的精力理解和利用信息、创造知识，是图书馆需要解决的一个难题。泛在智能的产生和发展，进一步突破了以往获取信息的时空障碍，用户需求将发生更为重大的变化。此外，无所不在的网络环境为人们提供了方便迅速的信息搜索工具和服务，且该环境中的每个用户既是信息使用者，又是潜在的信息生产者，知识出版和交流系统呈现出前所未有的低进入壁垒，图书馆在社会知识交流中的中介作用被严重削弱，面临着强大的竞争压力。

在泛在信息环境下，"书"的概念已经衍变为"知识"，"用户"的概念也更加广泛，不仅局限于到物理图书馆使用服务或在线使用图书馆数字资源的读者，实际上任何人都可能成为图书馆的用户，可在任何时间、任何地点，通过互联网、物联网甚至更为先进的技术，获取来自图书馆或者通过图书馆获取的知识信息。但无论如何改变，图书馆关联文献、信息和知识的要素都保持着相对的稳定性，图书馆在知识自由获取和文化传承方面的角色与使命显得更为重要。美国图书馆协会认为，在信息和思想的开放与自由获取过程中，图书馆必将发挥核心作用[195]。

其次，泛在信息环境要求图书馆对自身进行重新定位。物联网紧接着互联网对图书馆发起又一波冲击。物联网是对互联网技术的延伸，能实现对物体的智能化识别、定位、跟踪、监控和管理，在任何时候、任何情况下都可以通过无线通信达到互联的状态，这种状态可以在人与人之间发生，也可以在人与物之间或物与物之间发生[196]。图书馆学界已普遍认为，移动化、泛在化和智能化是图书馆发展的方向，将要以及正在从根本上改变图书馆的理念与运作模式。泛在信息环境下，人们对于图书馆的认识正在发生巨大改变，由此引发对图书馆的重新定义。柯平教授认为[197]今天的图书馆更多地表现为一种复杂的社会有机体，它具有社会存在、复合性和发展性3个重要特征；对图书馆的界定是随着三代图书馆模式的进化而不断发展的，基于文献的图书馆认识升华为基于信息的图书馆认识，“图书馆是什么”成为哲学命题。一方面，对图书馆的文化观和知识观的讨论得到进一步加强，另一方面，图书馆从强化组织和中心发展为强化场所与空间，成为一种更为复杂的社会有机体。如果重新定义图书馆，他认为，图书馆是通过对文献和信息的收集、组织、保存、传递等系列活动，促进知识的获取、传播与利用，实现文化、教育、科学、智力、交流等多种智能的社会有机体。

无论是物理存在，还是虚拟存在，图书馆将永远作为一种社会现象或客观事实而存在着，不变的是知识性本质，可变的是它的类型、形态、特征等。图书馆的定义将随着人们对图书馆这一社会现象的广度与深度的认识，以及其外延与内涵的变化而不断改变与完善。

3.2 学术交流模式发生深刻变革对研究型图书馆的影响分析

当传统的信息传播交流体系日益受到新技术、新方法和“新进入角色”的挑战甚至颠覆时，作为传统信息基础设施的图书馆的地位也受到了威胁甚至质疑。ARL 发布的《学术交流中的组织》调查报告显示[198]来自 ARL 成员馆所属机构的受访者在被问及“是否将图书馆视为所在机构的学术交流领导者”时，76%的受访者回答“是”，然而他们在一些评论中仍体现了对图书馆学术交流领导地位的怀疑，例如有受访者认为图书馆的领导地位“可能不够明确”或很难说图书馆是“主要领导”。另有 24%的受访者认为图书馆不属于学术交流方面的主要领导机构。与此同时，在教育和学术研究领域，有越来越多的“新进入角色”正在承担甚至取代图书馆的作用和地位，这些新角色包括大学的出版社、研究管理部门、科学政策部门、技术管理部门、教学与学习中心等——大学出版社提供出版服务，各个院系也提供出版和发布服务（主要出版由教职工主办的电子期刊及数字内容）；研究中心、研究所、实验室及各个机构的IT办公室则承担了数字内容的保存与管理的义务。此外，图书馆工作的价值在数字环境下具有极大的吸引力，图情领域的每一项新技术的应用，都会吸引来自企业界的雄心勃勃的竞争者，其中有很多是渴望占领数字资源市场的新兴公司[199]。在这种充满压力和竞争者的环境中，大学图书馆和研究型图书馆着眼于维持与捍卫自身长久以来的卓越声誉，并争取成为用户在选择合作伙伴时的首选。剑桥大学图书馆提出让图书馆成为帮助用户成功的基本战略要素，要让用户认识、理解和重视图书馆所拥有的专业知识、馆藏、设施和服务[183]。大学图书馆的另一项重要任务是与出版商、内容供应商交涉，以平衡和维持学术出版物的价格，确保用户的使用，并积极支持用户探索和应用新的出版方式来代替传统的出版方式。由此引申出了大学图书馆在数字时代的一项引领性的工作，即探索和培养学术研究领域全新的学术交流模式。在开放获取领域，研究型图书馆持续积极施加影响，支持和推动开放获取出版。ARL在《学术交流与信息素养的交汇点：建立战略协作以应对不断变化的学术环境》报告中指出[200]为了使大学图书馆实现预期目标，图书馆员必须通过创新协作促使图书馆转型为更为开放的学术系统。在变革教学、科研的实践过程中，图书馆员能够起到特有的引领作用。

3.2.1 当前学术交流体系现状分析

信息技术，特别是互联网和万维网技术发展改变着科学家们交流的方式，给学术交流模式带来深刻影响，引起了学术交流革命[201]。

E-science的出现将会动摇以正式出版为主导的学术交流模式，学术交流的手段多样化、途径更加便捷化，科学交流空间数字化、网络化、虚拟化，科学交流模式将发生重构，数字化网络化的学术交流体系将最终确立[202]。

基于Garvey/Griffith提出的传统的学术交流模型[203, 204]，J. M. Hurd

研究了科学交流的变化，提出了 2020 年的学术信息交流模型[205]。

知识界及专业学术出版社协会（ALPSP）提出的未来的学术交流模型[206]。美国国家科学基金会（NSF）提出了一个名为学术互联空间（Cyber Scholarship）的发展路线图[207]，期望整合原始数据以及各种来源的新模型，利用最新的工具去分析可视化，以及模拟复杂的相互关系。

学术交流模式由正式交流模式和非正式交流模式组成。其中前者以正式的出版物为传媒媒介，通常需要事先经过评估，并以正式出版渠道进行传播[208]。正式交流模式因其稳定性和权威性占据学术交流模式的核心地位，而学术期刊又是正式传播渠道中传播知识的主要媒介[209]。以学术期刊为核心的学术交流模式[210]可以用图 3-1 进行描述。

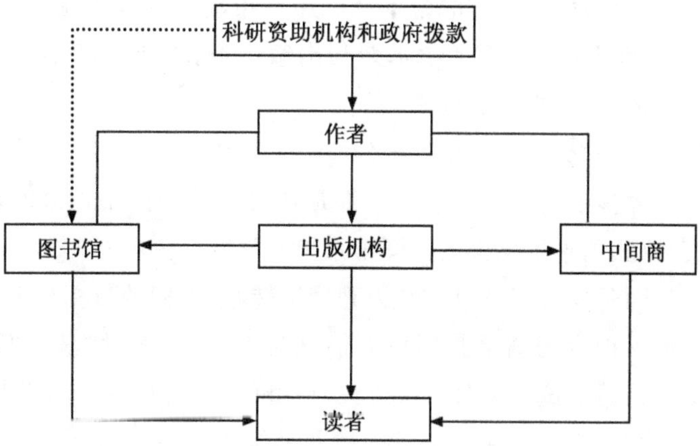

图 3-1 以学术期刊为核心的学术交流模式

显然，学术交流模式的主要利益相关方包括科研人员、出版机构、图书馆、中间商以及科研资助机构等。

科研人员是学术交流模式的基本要素之一。科研人员通常情况下既是学术成果的原始创作者（作者）同时又是最终消费者（读者）。而且还具备有如下特征。作为作者的科研人员发表学术论文的目的并不在于营利，而是希望通过传播自己的观点，从而提高自己的学术地位。这种学术认可往往是作者受聘、提拔和申请研究资助经费的重要砝码[211]。作为读者的科研人员，为了避免重复研究课题，同时借鉴他人的研究成果，需要通过阅读学术期刊等途径了解前人的研究成果和同行的最新研究动态，当前科研人员通常通过个人订阅、所在图书馆购买或者馆际互借等方式获取相关学术期刊论文。此外，部分的科研人员还以担任学术期刊编委和评议人员的形式直接参与到出版活动中。与作者发表学术论文的情况一样，科研人员从事评议工作通常也是不计报酬的[212, 213]。

出版机构在学术期刊中居于核心地位，在将作者论文转移到读者的过程中，出版机构扮演着不可或缺的角色。各个国家的研究机构、专业学会/协会等是学术期刊出版的重要力量，各个学科领域最为权威、重量级的学术期刊基本上都是由其出版的。尤其是大学出版社较为注重人文社会科学和社会科学领域的图书和期刊的出版，从而使得一些不太营利的学术性著作和学术期刊得以出版。当前的学术期刊出版市场被商业出版机构控制，通过不断进行企业兼并，垄断了学术期刊出版市场，逐年不断地提高期刊价格，导致了所谓的“学术期刊危机”。

图书馆是学术交流模式中重要的一环。科研人员尽管也存在个人的订阅行为，但是大多数的科研人员通常都是通过机构的图书馆来阅读相关学术期刊和获取相关学术论文的。图书馆参与学术交流模式的目的不是为了利润的转移，而是要实现信息和知识利用和转移，他们的目标在于尽可能的花钱，从而最大程度的满足其用户的信息需求[214]。面对“学术期刊危机”的挑战，图书馆届尝试了多种解决方案，典型的方案包括：馆际互借、协调采访和集团采购[215-218]。其中集团采购被图书馆情报界认为是解决图书馆财政危机的最为有效解决方案。国外的 OCLC、OhioLINK 和国内的 CALIS、NSTL 和 DRAA 等都在集团采购中发挥了重要的作用。这些尝试从一定程度上缓解了图书馆的财政危机，但是并没有从根本上解决问题。

科研资助机构是科研活动得以开展的主要力量。在学术交流模式中主要表现为对作者从事项目的经费支持和对图书馆情报机构经费补充，有时也资助非营利性出版机构的学术出版等相关的学术活动。当前的学术交流模式中，科研资助机构并不直接接入学术成果的出版环节。因此，可以这样讲，科研资助机构资助作者开展研究项目，以取得研究成果，又同时资助图书馆购买相关的研究成果以供科研人员使用，这对纳税人而言，相当于“两次付费”。

当前，以学术期刊为核心的学术交流模式最主要的特征是基于读者的订阅付费模式。在这个模式中，作者提供文章、同行评议专家参与学术论文评审工作基本都是无偿的，学术论文的版权在被相关期刊收录并转移到出版机构手中，出版机构则通过读者支付模式赚取商业利润。出版机构作为学术期刊的出版者和图书馆作为学术期刊的提供者在学术交流中扮演着重要的角色。20 世纪 70 年代开始，图书馆迫于无奈对大型商业出版机构采取了取消订阅的行为，例如，康奈尔大学在 2004 年就取消了对 Elsevier 的 200 多种学术期刊的采购，哈佛大学和加州大学图书馆也采取了与此类似的措施[219]。由于对 Elsevier 价格的涨幅难以接受，2010 年 9 月国家图书馆、中科院国家文献情报中心、北京大学图书馆联合国内 33 家图书馆发出《致国际出版商的公开信》[220]和《致中国科技文献读者的公开信》[221]，称“个别国际期刊出版商，利用自己的垄断性地位，不顾在上一个合同期年度涨价幅度已经超过百分之十几的事实，提出其全文数据库在下一个合同期以每年百分之十几甚至二十以上涨价的要求。”学会/协会也受到商业出版机构的威胁，较为突出的是商业出版机构的“捆绑销售”策略，使图书馆的大部分经费用户购买商业出版社提供的期刊组合包，导致图书馆用于购买非营利性机构期刊的经费严重不足[222]。

3.2.2 出版新模式——SCOAP3 模式介绍[223]

开放获取学术论文正逐步成为主流学术资源[224]。开放出版期刊不断增加，包括多家主流出版商在内的传统出版社也纷纷出版开放期刊；科研教育机构纷纷建立机构知识库，领域主题知识库不断壮大，可开放获取的学术论文迅速增加；同时，各国科研资助机构越来越积极地支持开放发表学术论文，正不断完善多种开放发表支持机制。

SCOAP3[225]（Sponsoring Consortium for Open Access Publishing in Particle Physics，国际粒子物理开放出版资助联盟）联合世界高能物理研究的资助者、研究教育机构和图书馆，将文献采购费转换为开放出版服务费，将高能物理领域高水平论文全部实行开放出版，同时取消订购和论文处理费。

1. SCOAP3 基本机制[226]

SCOAP3 于 2006 年由欧洲粒子物理中心、德国马普学会、德国电子同步加速器研究所、英国科学技术设施理事会、意大利国家核物理研究所、法国科研中心等联合发起，目前有包括中国科学院在内的 29 个国家的 100 多个高能物理研究相关机构及重要图书馆参加，覆盖了全球绝大部分高能物理研究发文机构。

SCOAP3 的基本做法是由高能物理领域的资助机构、科研机构、大学、国家图书馆和重要专业图书馆联合出资，根据一定条件向出版高能物理期刊的出版者购买开放出版服务，出版内容永久开放获取，论文按照创作共用署名许可(CC-BY)方式允许广泛的再利用；作者不再交纳论文处理费；论文通过出版者网站在出版时立即开放，同时出版者将论文自动分发到 SCOAP3 联盟知识库和作者所在的机构知识库长期保存和开放获取；所有原订购这些期刊或数据库的机构同步取消订购或相应削减订购费。

SCOAP3 实质上将原来在出版后进行文献采购转换为在出版前支付开放出版服务费，将原来图书馆单独采购期刊或数据库转变为高能物理界联合谈判开放出版服务条款，同时有效实现学术论文向所有人的立即开放、可复用和长期保存。

2. SCOAP3 覆盖内容

SCOAP3 开放出版所涉及的论文内容包括两类：第一类主要发表高能物理论文的同行评议期刊，称为 SCOAP3 期刊，指那些在年度内(例如 2011 年)发表论文中 60%以上被作者提交到 arXiv. org 知识库“高能物理(HEP)”类目中的期刊。这些期刊将整体纳入 SCOAP3 计划中，由 SCOAP3 联盟支付开放出版服务费，期刊中的所有论文都开放出版。第二类部分发表高能物理论文的同行评议期刊中的 SCOAP3 论文，指这些期刊中被作者提交到 arXiv. org 知识库的“高能物理(HEP)”类目下的论文。这些 SCOAP3 论文将由 SCOAP3 联盟按比例支付开放出版服务费并开放出版。

根据 SCOAP3 发布的技术规范，出版社需向 SCOAP3 提供开放出版服务，包括但不限于同行评议和出版格式编辑开放获取参考文献及链接校验与数据的链接以及纳入到文摘中等所有开放出版论文必须符合以下条件:立即和永远开放获取;论文按照创作共用许可方式立即开放获取;出版社不能再向作者收取任何费用;出版社必须向订购包含 SCOAP3 内容的所有图书馆(无论其是否是 SCOAP3 联盟成员)扣减相应的订购费,保证受 SCOAP3 资助的内容不再重复收费;对 SCOAP3 成员订购印本时保留折扣定价。论文出版后出版社须将论文正式版本的 PDF 和 XML 文档自动转存到 SCOAP3 知识库,并通过该知识库分发到作者单位的机构知识库长期保存。

3. SCOAP3 运行机制

SCOAP3 的核心是将文献采购经费转为开放出版服务费,涉及以下问题[228]。

(1)总体经费控制:SCOAP3 联盟估计年度高能物理论文数量在 6 000~7 000 篇范围。根据对出版服务开展的核算,SCOAP3 将总体预算控制在 1 000 万欧元。当然,随着论文数量和物价水平等的变化,总体预算将会随之变化,但通过 SCOAP3 联盟的集体谈判机制和它所代表的高能物理研究群体对研究论文出版的即支持又制约的能力,将把总体预算控制在一个合适的变化程度下。

(2)开放出版服务费:具体到每个期刊,将按照篇均开支向出版者支付的开放出版服务费,通过 3 年一次的合同进行约定,并进行年度出版量的分析。

(3)参加机构承担份额:在 SCOAP3 总体预算经费内,各国按照在上述内容范围发文比例承担相应份额。同时,为减免贫穷国家和发文过少国家费用,各国成员还需要承担 10%的额外费用,因此各国承担经费为“总体预算经费×国家发文比例×1.1”。具体国家的支持机制比较多样,有的由国家科技资助机构承担,有的由专门高能物理研究机构负责,有的则由多个机构分摊(按照各个机构在该国总发文中的发文比例承担相应份额)。

(4)文献订购费扣减方式:SCOAP3 规定,出版者必须向所有涉及 SCOAP3 内容的订购机构扣减相应的订购费用,保证受 SCOAP3 资助的内容不再重复收费。具体做法是:把 SCOAP3 期刊的订购价格减为零;把收录 SCOAP3 论文的期刊订购价格,按比例减少;把包含 SCOAP3 论文的数据库订购价格做相应扣减；使图书馆可将原来用于采购的经费转为 SCOAP3 支持经费。当然，由于许多机构参与了数据库包的订购或集团采购，SCOAP3 已提出了相应的扣减建议规则，并继续通过一个技术工作组完善相应的多样化的扣减模板，还将建立一个可供共同参考的扣减协调数据库和相应的仲裁机制来帮助参加机构实现扣减。

4. SCOAP3 联盟管理机制

SCOAP3 成员来自不同国家，而且不同国家参与 SCOAP3 的方式不同，基本可以分为 4 种类型：以研究机构为主体参加，如奥地利，参加机构为奥地利科学院高能物理研究所；以图书馆或图书馆联盟为主体参加，如瑞典和芬兰，参加机构分别为瑞典国家图书馆和芬兰的国家电子图书馆联盟；以国立科研资助机构为主体，如以色列，参加机构为以色列科学基金会；混合型，参加机构既包括图书馆也包括研究机构，如德国，参加机构包括 HelmHlotz 联盟马普学会和德国国家科技图书馆。

作为长期国际合作联盟，参照高能物理领域的国际合作计划，SCOAP3 建立了既具有广泛代表性，又具有较高效率的管理机制，由成员大会管理理事会执行委员会联盟经理层组成。成员大会 memberforum 由所有 SCOAP3 成员代表参加，主要任务是选举管理理事会成员，听取管理理事会执行委员会和联盟经理的工作报告，讨论 SCOAP3 的重要事务，向管理理事会提出决策建议。管理理事会(management council)是 SCOAP3 的最高决策机构，其成员由成员会议选举而来，具体名额根据支付比例推荐，主要任务是决定 SCOAP3 的战略规划年度预算和后续招标事宜等重要事务，指定执行委员会成员，监督 SCOAP3 日常运行，讨论和决定 SCOAP3 的其他事务执行委员会(steeringcommittee)是 SCOAP3 的日常执行管理机构，由 4～6 人组成(包括 CERN 选派的 1 人)，负责管理 SCOAP3 的日常事务，指导和监管联盟经理的日常工作，向管理理事会提出重要建议。联盟经理(Consortium)由 CERN 指派，负责 SCOAP3 的日常运行，包括管理相关合同 SCOAP3 知识库和成员服务 SCOAP3 财务事宜等由于许多联盟事务需要由具有法人资格的机构执行，SCOAP3 将委托 CERN 具体管理日常运行，CERN 代表 SCOAP3 成员与出版社签订协议，各个成员或其代表与 CERN 签订合作资助备忘录。

5. SCOAP3 开放出版模式的影响[223]

(1)对学术界的影响:高能物理领域长期以来积极推进科研成果的开放获取,其 arXiv. org 预印本知识库已经有 20 年历史,成为高能物理领域依赖的快速报道渠道。同样,高能物理领域高度重视同行评议期刊在科研成果质量控制和期刊在科研成果质量控制和学术内容高水平出版上发挥的作用,因此高能物理的订购期刊仍然广受欢迎。但是,仅仅是预印本库开放共享而把高质量同行评议论文封锁在订购价格的围墙之内,尚未能实现所有科研成果的广泛及时共享,只有将高水平订购期刊转换为开放获取,才能最大限度和最有效地打破学术交流壁垒 SCOAP3 正是致力于将高水平订购期刊转换为开放出版,实现整个学术领域学术信息的开放获取。

而且,SCOAP3 规定了明确的开放出版原则,并通过谈判进一步为作者和读者争取权益经过谈判,出版社同意,全部 SCOAP3 开放出版论文按照 CC-BY 署名许可出版,支持对论文内容的灵活再利用;出版商在论文出版时将论文的 XML 格式全文数据自动提交到 SCOAP3 知识库,并由其推送到作者所在机构的知识库 SCOAP3 和作者机构可以利用 XML 格式全文数据进行丰富的挖掘和分析,支持即时开放计算化的数据利用,丰富知识发现形式提高科学研究能力,这对于促进开放出版的充分实现具有重要意义。

(2)对学术出版的影响:SCOAP3 创造了将传统订购期刊转变为开放出版期刊的新模式。长期以来,人们基本上以新创建开放出版期刊的方式来发展开放出版。虽然有些传统订购期刊允许作者付费后将论文转为开放出版(即复合出版期刊),但这些复合出版期刊中的开放论文大多比例较低,还难以构成实质性的向开放出版的转移。因此,有人曾担心,由于出版市场的有限性,越来越多的开放出版期刊会将越来越多的传统订购期刊挤出市场。SCOAP3 认可高质量的传统订购期刊在高水平论文出版上的价值,希望在实现开放出版的过程中尽可能保留这些价值,尽可能不对学术信息交流造成动荡,尽可能不给作者读者和机构带来困惑因此,SCOAP3 采取直接将高水平订购期刊转换为开放出版期刊的方式,并希望作者和读者甚至注意不到这种转换(作者向熟悉和信赖的期刊投稿,读者仍然阅读熟悉和信赖的期刊)。

SCOAP3 创新了支持开放出版的经济模式。目前多数的开放出版支持模式都采取由作者或作者机构按篇支付 APC 的方式,但这种方式不仅工作成本高,而且还由于支付者分散而失去与出版社谈判控制 APC 价格的能力。SCOAP3 联盟集合了高能物理领域的资助者、作者、同行评议专家、读者机构和订购机构,具有强大的市场力量,可以通过谈判大幅度提高开放出版经费的透明度,并获得开放出版服务的合理价格,为作者和读者争取更多权益。这种集体谈判机制,充分利用作者和读者的市场力量,有利于平衡各方利益;计算 APC 时将价格与质量和支持开放利用程度有效捆绑,促使出版商专注于出版质量主动支持开放利用另外,SCOAP3 采取的集体支付机制也有利于减轻作者个人以及机构在支付 APC 时的操作负担。

SCOAP3 引入了促进文献订购经费扣减和向开放出版经费转移的新机制。SCOAP3 采取的扣减订购经费并将之转移为开放出版费的机制,将文献订购经费和开放出版服务费纳入整体科研支持经费中,作为相互支持又可相互转移的有机部分,有效解决了开放出版服务费的主体来源问题,也从原则上避免了长期同时支付订购费和出版费而且,这种订购经费扣减机制,强迫出版社进一步消除 APC 定价上的不透明性以及在复合开放期刊 APC 收入与订购经费扣减上的模糊性。。

(3)对图书馆的影响:SCOAP3 促使图书馆反思订购模式不可持续的挑战,寻求在开放信息资源环境下的发展之路。在 SCOAP3 模式下,文献采购经费变成了支持开放出版,本地馆藏变成了开放资源,这对图书馆的传统信息资源建设提出了挑战[229]。

SCOAP3 为图书馆重新打造机构或领域的开放知识体系提供了途径,通过竞争采购开放出版服务,图书馆和科技界可以重新界定开放出版服务的要求,不仅从免费阅读角度,还可从开放利用关联利用嵌入利用数据挖掘长期保存等方面提出要求;不仅从期刊或论文本身角度,还可将其纳入整个机构或领域的知识体系来提出要求,大大丰富了图书馆支持科研和教育的新的可能性。

学术交流产业链已然发生变化，在开放出版数据共享时代，传统的本地目录和馆藏组织的作用和重要性受到威胁，许多数据加工组织和检索服务都可以在出版前端完成，并自动输入到产业链的下游。图书馆如果要保证其在学术交流与传播中仍有所作为，则需要考虑重组其业务流程，塑造其在知识服务方面的核心能力集成服务知识管理个性化知识提供数据挖掘信息分析与知识发现等能力。

①SCOAP3是图书馆信息保障能力建设的有效模式[228]。

SCOAP3采取的从出版源头支付开放出版费、支持开放获取，本质上是与图书馆馆藏建设相同目标但更为有效的信息保障能力建设模式。

图书馆采购文献、建立馆藏的根本目的是为所在机构或社区提供信息保障，使得用户按需获得所需要的文献。只不过，在纸本时代，图书馆必须事先采购、编目、入藏等，才能保证用户在需要的时候能够检索到和获取到所需要的具体文献。在数字商业出版时代，用户已经可以通过网络搜索到所需要的文献，已经可以通过 Pay-per-view 等方式实现即时获取，但由于规模经济的需要和避免个人付费的不方便性等，教育科研机构“保障数字信息供给”的主流方式仍然是图书馆事先订购数据库(因此构成“馆藏”)、建立认证授权机制，以保证用户在需要使通过网络数据即时获得所需文献。这种采购文献、构建馆藏、保障服务实际上是图书馆为所在机构或社区提供信息保障的基本方式。它服从于从纸本时代延续下来的商业出版模式，带有强烈的“私有保障”性质(即“我为自己”保障)，也带有强烈的局限性(多数机构只能采购有限的文献资源－尽管许多图书馆通过馆际互借和即时购买等服务可部分突破这个局限)。

SCOAP3不同于传统的图书馆文献采购，是从出版源头开始，通过支付开放出版服务费，实现学术论文开放获取，从源头保障信息获取能力。而且它可保留作者及其机构对论文的著作权，可以保障对论文内容的复用和长期保存，可以带来普惠的开放获取－企业和社会公众都可以通过网络无障碍无歧视地获取论文，极大扩展了学术论文的经济和社会效益。

②SCOAP3 模式是更合理的信息传播与获取支持机制。

实际上，相比于图书馆文献采购，SCOAP3 采取的按篇支付开放出版服务费是数字网络出版下更合理的信息传播与获取支持模式。

传统的出版订购机制及其成本模式起源于纸本时代。在纸本时代，作者（及其资助或雇主）依靠出版社来评审、编辑、排版、印刷、发行学术论文，出版成本包括了评审编辑成本和获取成本，而获取成本又包括印刷成本和发行成本。由于印刷成本与印刷量直接相关，发行成本与向阅读者提供纸本的物流成本直接相关，出版社就有合理理由通过收取具体机构的订购费来回收向这些机构提供期刊所带来的相应印刷成本和发行成本，即通过文献订购费来支持出版发行和保障信息获取服务。图书馆文献订购费成为出版经费的不可分割的部分。由于出版社无法从非订购者中回收成本，所以可以合理地将阅读范围限制在订购机构。

在数字网络时代（特别针对 e-only 期刊），不仅编辑与排版成本大幅度下降，尤其是获取成本几乎可以忽略不计，“获取边际成本”（即增加获取范围所要求的成本）几乎降到零，出版学术论文的第一个副本的成本实质上就是该论文出版发行的所有成本。这时，原来的“按订购者收费”模式就失去了合理性，反而是“按出版一篇论文收费”更为合理。当然，仍然会有检索获取平台和过程管理的支出，但这些几乎也与获取范围无直接关系，完全可以计入篇均出版费用。因此，根据出版社在论文评审、编辑和出版过程中提供的服务，按篇支付开放出版的论文处理费（Article Processing Charge, APC），具有明显的经济学合理性，也有助于支持开放出版的可持续进行。这也是 SCOAP3 将支付给出版者的费用称为“开放出版服务费”的原因。继续按照订购范围收费，在绝大多数情况下越来越属于“额外收费”和牟取不当利益。

③SCOAP3 模式可以有效地提高科学研究效益和信息传播效率。

通过科研经费支持开放出版，有助于贯通科研成果广泛传播的责任链条和支持链条。科学研究的目的是推动科学发展、推进社会创新、提高公民素养，但这依赖于科研成果的迅速和广泛传播。尤其对于公共资金资助的科研研究，纳税人为开展研究、支持基础设施、支持机构运行、甚至为科研人员参与论文同行评议等支付了主要经费，这些研究所产生的成果，本身属于纳税人投资所得，更应该保证其及时、广泛、无障碍和无歧视地传播和利用。但是，在传统的出版与订购模式中，投资者被隔离在研究成果的出版、传播、获取、保存机制之外，纳税人不得不通过另外的文献采购费再买回本属于自己的科研成果，而且还往往只能在很小的范围内得到使用，这种双重支付和歧视性提供的不合理性非常明显。资助机构是代表纳税人投资科研，教育科研机构是代表纳税人管理科研活动，它们必须对科研成果广泛传播负责，保证打通“最后一千米”，使得纳税人投资能发挥最大效益。

目前，在许多国家尤其是欧洲，支持开放出版逐步成为公共科技资助政策的重要部分。英国 Finch 工作组[230]、欧盟委员会的欧盟“地平线 2020”研究计划[231]、英国研究理事会开放共享政策[232]。

3.2.3 开放存取对学术交流模式的影响

当前的学术交流模式由于学术期刊的“价格危机”和“许可危机”有效地传播科研人员的学术成果，以至于不能有效地服务科学研究活动。开放存取正式针对当前学术交流模式中这一问题的积极反映，试图让“学术出版的控制权重新回到科研人员手中”[233]。

1. 对科研人员的影响

对科研人员而言，开放存取意味着一种全新的信息服务方式，这种方式将更好地满足科研人员的需求。作为读者，科研人员希望获取学术信息来支持自己的科研需求。对于科研人员而言，当前的问题不是缺乏信息，而是如何有效地获取信息以及是否有权限获取文章的全文[234]。开放存取提倡为读者提供即时免费的服务，科研人员可以通过“互联网对文献进行阅读、下载、拷贝、传递、打印、检索、超级链接、建立索引、用作软件的输入数据或其他任何合法用途。用户在使用该文献时不受法律、技术或财力的限制，但是在获取时必须保持文献的完整性。对其复制和传递的唯一限制，或者说版权的唯一限制是使作者有权控制其作品的完整性及作品被准确理解和引用”[235]。上述的各种使用为科研人员获取相关的学术资料排除了价格障碍和许可障碍，其中价格障碍的排除为来自发展中国家或者财政经费相对不足的科研机构的科研人员来讲，显得更加重要。另一方面，作为作者的科研人员发表学术成果(特别是学术期刊论文)的目的并不是为了获取经济报酬，而是希望尽可能在广泛范围内传播自己的学术成果，以取得同行认可和提高自己的学术地位[211]。相对于传统的基于订阅出版的模式，由于不存在价格障碍和许可障碍，科研人员的学术成果扩大了读者群，提高了论文的曝光率，这就意味着学术成果会被更多的潜在科研人员发现、阅读和引用。而学术期刊论文的被引用频次直接关系着科研人员学术地位的提高，在某些领域甚至还与科研人员的报酬有着非常密切的关系[236]。由此可见，开放存取对于科研人员有着非常重要的意义。与此同时，由于需要收取作者的出版费用以用来弥补 OA 出版成本，因此 OA 出版对于科研人员特别是那些没有课题经费支持或者来自于发展中国家的科研人员可能会造成一定的经济负担。而据多项调查分析研究，大多数科研人员非常愿意支持和接受 OA 出版模式，但是普遍认为可以接受的出版费用应该在 500 美元左右[237]。

2. 对传统出版机构的影响

从传统出版机构来看，开放存取给他们带来了最为直接的威胁。对开放存取的多数反对意见来自于传统的出版机构，以追求营利的商业出版机构为主，而一些学会/协会对开放存取也提出了严正的批评。开放存取的发展对传统出版机构尤其是商业出版机构已经带来重大影响。一方面，开放存取资源的增加，使得传统商业出版机构的期刊发行量每年以 3%～5%的速率下降[238]。另一方面，学术期刊价格增长的趋势得到一定程度的缓解。另外，从传统出版机构的反应来看，开放存取的影响还表现为：其一，传统出版机构的版权政策做出了适当的调整。SHERPA 项目对出版机构版权政策和自存储政策的调查研究显示[239]，2014 年 10 月，RoMEO 数据库中收录的 1695 家出版机构中，74%的出版机构都正式允许作者对某种形式的自存储(图 3-2)。其二，很多传统的出版机构已经开始参与 OA 出版。较为典型的是传统出版机构尝试复合 OA 出版。

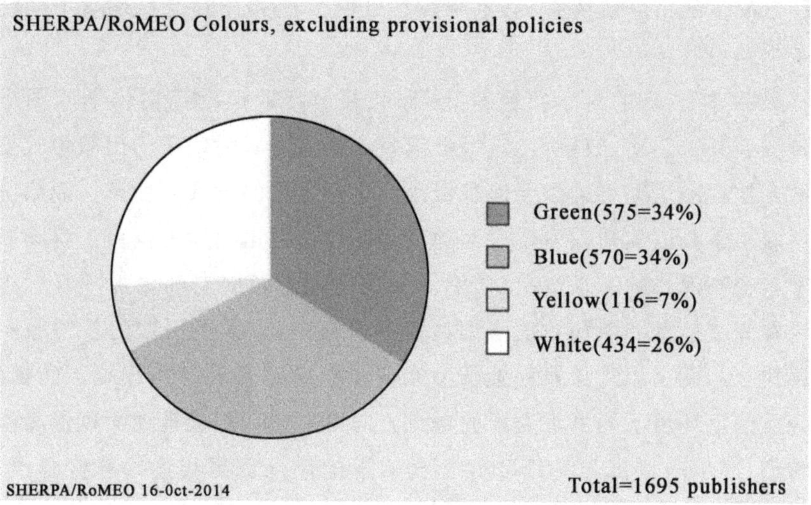

图 3-2 SHERPA/RoMEO 中的出版机构的版权政策和自存储政策比例

(数据来源:http://www.sherpa.ac.uk/romeo/statistics.php? la=en&fIDnum=|&mode=simple)

3. 对图书馆的影响

开放存取资源的迅速增长[240],加之政府和资助机构的支持不断加强,展现了学术信息资源开放存取不可避免的趋势[241]。曾经提出研究作品法案(Research Works Act)试图阻止美国国立健康研究院开放存取政策的美国众议员 DarrylIssa 和 Carolyn Maloney,在声明不再推进此法案时承认,当新技术不断促使出版成本降低时,我们将见证开放出版商的不断增长。开放出版这种具有创新性的新出版模式将成为未来的学术出版模式[242]。英国大学与科学大臣 David Willetts 在向英国出版商演讲时强调,科研资助模式必将进一步变化,甚至超越当前已经出现的向开放存取或复合开放存取期刊的转移,试图保留旧的模式将是一场错误的战争[243]。

但是,图书馆的历史发展模式与即将到来的开放信息环境存在严重冲突[244]。一方面,在数字信息环境下,研究图书馆的资源建设仍构筑在通过采购获得的本地化资源基础上。尽管图书馆的一些服务已由开放资源或第三方资源提供,但图书馆的主要功能依旧是对所采购的资源(包括数字资源)进行组织并提供检索服务。越来越多的人认为图书馆的功能主要是资源的购买者,而不是信息的守门人[245]。图书馆提供的解决方案似乎脱离了信息交流的市场解决方案，也脱离了开放数据和开放信息环境下的科研变革之路[246]。

另一方面，新的科学研究范式[201]和开放存取运动正在将学术图书馆从传统服务中驱离，数字出版、增强出版和语义出版为代表的出版模式变革会同开放存取运动将给数字信息资源到来全方位的发展与变革。而第三方在关联检索和语义知识发现方面的飞速发展正在迅速地占据新型科学研究和学术交流模式的需求空白，学术图书馆的创新拓展空间更加不足。孙坦认为在开放信息环境和数据密集型科学研究中，学术图书馆的各种服务被边缘化[247]，图书馆应该迅速地转型和变革以应对开放信息环境下的挑战。在开放信息环境下图书馆变革的重点方向可能包括积极推动文献保障模式的转型，逐步调整和实现 E-ONLY 模式下的信息资源共建共享机制；积极推动数字信息资源的长期保存机制建设；积极推动开放出版和开放存取，在资助作者付费(BMC)和开放出版(SCOAP3)等金色 OA 方面稳步推进，在机构知识库存缴(IR)方面迅速扩规模；积极推进专业领域知识环境构建，支持科研人员和科研团队对结构化、数据化、语义化信息资源的定制和嵌入。此外，一旦全部的期刊都实施开放存取模式，那么用于资助科研和教育的大量资金将会转向资助学术期刊的出版，而非用于目前的图书馆购买行为。作为用户服务之一的馆际互借，在开放存取环境下也不再重要了。馆际互借大规模快速发展的原因，除了技术方面外，一个根本的原因是馆际互借可以通过实现资源共享的形式缓解学术期刊危机[248]。如果全部的学术期刊都可以提供即时免费访问服务，馆际互借服务也将会逐渐消失。开放存取给图书馆带来的这些影响，并不意味着图书馆会退出学术交流模式，在开放信息环境下，学术型图书馆需要做的是转型与变革，推荐开放知识服务模式，打造开放知识服务平台[130]，尤其是在信息集成和信息结构化、语义化和信息的开放关联化方面发挥更大作用，甚至会通过建设学科知识库或机构知识库的形式直接扮演出版机构的角色。

4. 当前学术交流模式存在问题及应对策略

学术交流模式应该具备相应的基本功能，不管其实施的形式如何，学术交流模式应该具备登记(registration)、证明(certification)、通告(awareness)、回报(rewarding)以及存储(archiving)这几项基本的功能[249]。传统的学术交流模式中，编辑部确定科研成果的登记功能；同行评审依据权威专家的判断，承担证明功能；出版机构和相关索引文摘数据商，旨在传播科研成果，实现了通告功能；而科研成果的发表后的被引情况和基于数量和引用的各种奖励则作为对科研成果的奖励和科研人员的回报；图书馆等机构承担存档功能。

当前，学术交流模式的问题表现在，访问学术期刊的“价格危机”和“许可危机”，使得科研人员不能获取或者不能广泛地获取相关的科研成果，以至于当前学术交流模式中的通告功能和回报功能不能够很好地实现。另外，问题还表现在，诸如出版时滞、缺乏互动交流等问题，从而造成学术交流模式的“登记”和“证明”功能不能较好地实现。总而言之，当前学术交流模式不能很好地服务于科研人员从事相应的科学研究活动。科研人员对当前的学术体系和出版模式普遍不满[237]。

美国大学及研究图书馆协会（ACRL）的解决方案[250]：ACRL 制定了《学术交流改革的原则和策略》的文档，认为学术研究的一个基本特征就是研究成果是作为“公共产品”被创建的，并被用于解决问题和促进知识发展。研究成果所涉及的大部分研究项目受到公共资助，或者直接接受联邦政府的研究项目资助，或者通过州立高等教育院校间接接受政府资助。与此同时，科研人员和承担科研项目和传播其科研成果并不是以经济回报为直接目的。正式针对当前学术交流危机，为构建一个符合科研人员需求和更好地反映科研成果“公共产品”属性的学术交流模式，ACRL 提出了改革学术交流模式的原则和策略。

ACRL 支持用于学术交流改革的原则：提高对科研成果及其他学术作品的最大可能的访问权限；加强科研人员和学术界对学术出版系统的控制权；制定公正、合理的学术信息产品价格；培育富有竞争力的学术信息市场；发展多元化的出版产业；促进对学术成果的开放存取；鼓励节约发行成本、提高传输速度、提高访问效率的出版创新计划；通过同行评审确保出版学术质量；出于教学和科研目的，合理使用受版权保护的信息产品；扩展公共领域信息的范围；为了将来使用长期保存的学术信息；保护用户在使用学术信息方面的隐私权。

ACRL 支持用于学术交流模式改革的策略：发展具有竞争力的期刊，

包括创建低成本期刊和OA期刊，作为对高价格的商业期刊的直接替代；提高期刊编辑部对期刊商业运作的控制能力，包括与出版机构协商降低定价、转换为OA出版模式、期刊转交给非营利性机构；挑战期刊出版机构的兼并行为以避免期刊出版产业的进一步垄断，尤其是在STM期刊出版领域，该领域的兼并行为已经导致了价格的大幅增长；创办和发展OA同行评审期刊，这些期刊遵循商业模式，并排除了访问方面的价格和其他经济方面的限制；鼓励联邦政府和私人科研资助机构提供在OA期刊出版研究成果的作者费用，将其作为开展研究项目中的一个组成部分；制定联邦立法，要求受联邦政府资助发表在订阅学术期刊上的科研成果要在正式出版后的特定时间(通常为6个月)提供免费访问的服务；以单独机构或者多家机构合作创建发展机构知识库，用于存储本机构研究产出并提供免费访问服务；发展学科知识库，用与存储某特定学科的研究成果，并基于开放存取原则提供服务；鼓励或要求科研人员将其研究成果和其他学术作品自存储在OA知识库中；制定出版和版权协议，允许作者保留将其出版成果自存储在OA知识库中的权力；维持互操作标准，提高对存储在不同知识库中的内容的访问能力；发展保存电子学术信息的新模型和新实践，以确保学术信息在将来的可用性；实施公共政策，确保合理使用电子学术信息的权利；实施公共政策，保护图书馆在授权电子学术信息方面提供可接受的权利和能力。

学术出版系统的原则[251]：2000年3月图书馆员和科研人员在美国亚利桑那州Tempe市专门讨论后提出了全新的学术出版系统的基本原则。主要包括9点。维持出版研究成果费用以便保证并扩展科研人员对研究成果的访问；应用电子技术以提供更大范围的访问，鼓励跨学科研究和提高互操作性和可检索性；确保以安全的方式存储学术出版物以便长期访问，对于数字资源，需提供长期的资源标识符方便引文和链接；学术出版系统必须持续包括质量评价过程，每个出版物也应该为读者提供该学术作品被评价的相关信息；学术社区拥护版权和合理使用的概念，并且在数字环境中要寻求学术作品所有者和使用者之间的利益平衡；在签署出版协议方面，科研人员应该选择支持合理售价的学术期刊，并最大程度地地使用户可以使用他们的学术作品；在确保学术质量的前提下，要尽量缩短从手稿提交到论文出版之间的时间差；为了确保文献质量同时减少数量，对于科研人员的评价应该更加注重研究成果的质量而非数量；不管在印刷环境还是数字环境中，需要确保科研人员在访问和使用学术资源中个人信息的安全。

3.3 传统用户大量流失对研究型图书馆的影响分析[117]

进行深入的变革必然会使人们对自己行动赋予更高的意义及热情，这些变革活动一开始，人们就会通过自我超越和共同愿景来问自身"我们想创造什么"，随着变革的深入，问题越来越细致而深入。当前我们不得不面临着这样的挑战，传统用户大量流失、目标定位不明确的研究型图书馆除了在传统领域不断改进工作方式、提高工作效率以外，并没有好的方法来适应不断变革的学术信息交流模式[205]。在技术或范式发生大转折的时候，在错误的方向上跑得越快，就将被甩得越远；越是高效，后果越是灾难性的。颠覆性的技术[252, 253]、科学研究新范式[201]和开放获取运动[130, 224, 254]不得不让我们思考研究型图书馆的变革与转型。

3.3.1 数字图书馆面临颠覆性技术

破坏性技术是由卡莱顿·克里斯滕森提出[255]，泛指那些有助于创造新价值、开辟新市场，而且逐步或迅速地颠覆原有市场格局、取代原有技术的新技术。在此，"技术"包括方法、工具、模式和机制。

破坏性技术的出现和存在成为用户向非用户流动的主要动因之一。在原有市场的竞争环境下，众多的参与者激烈竞争并持续发展。市场的领先者不断地改进技术与方法，以提高现有服务的价值。但是此种持续性创新并没有增加新的价值，没有创造新的市场，而且其提供服务的焦点依然是原有需求为基础的服务机制，往往难以适应不断变化的用户需求，相反可能与之越来越远。与此同时，针对新的价值、新的用户需求的技术开始涌现，这些技术可以很好地适应新的用户群以及陷于原有市场但其需求无法得到满足的用户群的新需求，能创造新的价值，创造出新市场。图书馆的价值、人力资源及技术将肯定面临危机[256]，而且可能带来巨大的影响。美国 Ithaka

研究所发布的研究[245]中指出在对教职工的调查中发现，用户对图书馆作为信息门户的认同逐步下降，对图书馆作为“采购者”的认同逐步增加。图书馆对教学和科研的支持服务并没有得到普遍的认同，此种情况将严重制约图书馆的地位与作用。与此同时，“采购者”的角色似乎也在受到出版与传播模式的挑战。

张晓林认为[257]现在的数字图书馆模式，依然是传统图书馆模式的延伸，主要是依靠本地化的资源以提供检索与获取服务，整个运营模式依然高度依赖传统的以商业出版为基础的学术交流体系。他同时有求于为，图书馆不能仅仅依赖或局限于这些资源与服务，应持续关注可能影响我们的基本技术、机制和能力的破坏性技术。

张晓林认为可能影响我们的破坏性技术包括[257]：教育科研信息的内容形态变化、用户利用信息的基本方式变化和运营环境的变化。

这些破坏性技术都成为驱动主要用户向非用户流动的主要因素。

3.3.2 开放获取运动改变现有学术交流范式

开放获取运动正在将学术图书馆从传统服务中驱离，第三方在关联检索和语义知识发现系统飞速发展正迅速地填补着新型科学研究和学术信息交流体系的需求空白，逐步侵蚀着学术图书馆服务创新的空间。

开放获取资源的迅速增长[246]，政府和资助机构的支持力度不断加强，展现了学术开放信息环境不可避免的趋势[241]。传统出版社也在积极施行开放出版政策[258]。

科研服务机构（包括图书馆）通过机构知识库等自存档方式提供服务的学术资源数量将超过购买的资源[259]。在开放获取的数字信息环境中，图书馆作为信息门户的资格继续弱化，谷歌等搜索引擎将会持续对图书馆造成威胁。

图书馆的传统发展模式不能很好地适应即将到来的开放信息环境。在日趋国际化的学术交流环境下，在传统思维方式的影响下仅仅看到开放获取使图书馆可以得到更多的免费资源，这个认识显然远远不够。这依然是图书馆历史发展模式的延伸，与即将到来的开放信息环境存在不可调和的冲突。即便在数字时代，研究图书馆的主要功能依然是通过采购的资源

(包括数字资源)提供检索服务。这一观点在 ITHAKAS+R 发布的调研报告中得到进一步阐释,如越来越多的人认为图书馆主要是资源的购买者,而不是信息门户[245],而根据 Binfield 预测[260],“到 2016 年,约 100 个超级开放获取期刊就能覆盖全球近 50%的科技文献,另外的文献则由 100 个中高质量传统期刊收录”。图书馆目前提供信息的解决方案似乎偏离了学术信息交流的市场解决方案,也偏离了开放信息科研环境下的科研变革之路[246]。

上述挑战成为研究图书馆不得不正视的难题。图书馆的变革与转型,当下我们面临着比数字图书馆更具有颠覆性的危机,应对这个危机必须要通过范式变革与模式转型,基于传统模式的任何改进措施都将收效甚微,甚至会使境况进一步恶化。

总之,开放获取信息环境成为图书馆用户大量流失的一个重要的原因,大量非用户的存在,需要我们在思量用户的需求行为同时,还要将图书馆的战略放到新型学术交流体系的背景下去思考。失去主要用户的信赖,也就失去了图书馆存在的意义。

3.3.3 图书馆目标定位

未来场景的设想:数字范式将彻底地改变组织文化、组织结构及其工作方式、传统的学术交流模式以及支撑它们的系统与服务[261]。数字范式将导致图书馆的性质、理念、模式、服务产生根本性变革。Law 认为[262]如果图书馆不提出与未来数字化发展相适应的新的战略,图书馆将面临被废弃的风险。图书馆需要确定的是,图书馆到底会给用户带来哪些价值。

如果没有清晰的目标定位,或者目标定位不能适应不断变换的信息环境与需求变化,我们的大量用户会离我们而去,去选择更好的替代产品。

3.3.4 图书馆传统服务的同质化、中心化

1. 图书馆传统服务的同质化与中心化

数字图书馆带来图书馆馆藏的非本地化以及服务的无差别化,图书馆联盟、开放获取资源等因素更加加剧了这一趋势。这一趋势致使图书馆的传统服务向具有优势地位的中心馆集中,许多中小图书馆实质上拥有与大

馆几乎同等量级的馆藏和基础服务能力。同质化与中心化的影响主要有两方面。

(1)对大图书馆的影响:随着数字图书馆的发展,同质化在加强用户信息获取能力的同时,对以往图书馆能力标准和能力贡献的评价体系提出挑战,馆藏量不再是证明图书馆能力水准的标准,因为中小型图书馆的信息用户同样可以使用平台内的馆藏资源。此外,大型图书馆在文献检索与获取服务层次上依然保有优势,图书馆的馆藏资源得到了更充分的利用,从而刺激供给量,加大资源建设投入。传统模式下的各种业务快速地向具有优势地位的中心馆集中。这一趋势进一步发展会产生两方面的影响。一方面,在传统的评价体系下,中心馆的优势得到进一步的提升,会得到更多的投入。此时中心馆的用户群范围扩展到了整个体系中的具有相关需求的机构用户。中心馆的组织结构与人力资源配置大多向此类服务倾斜,将导致更高层次的服务机制无法得到保障,从而进一步会加剧用户的流失(特别是那些具有“弱信息”和“战略性阅读”需求的用户),在为一些用户提供服务的同时却流失了大量的自身用户;另一方面,大型图书馆再也不能仅仅靠自己的馆藏量来说明自己的服务内涵和能力水准了,必须要用自己的服务来证明自己与众不同,而且自己提供的服务机制服务的用户群范围继续扩大,直接服务具有此类需求的全球用户。

(2)对中小型图书馆的影响:同质化在加强用户信息获取能力的同时,本图书馆在文献检索与获取服务层次上的供给量下降了,由于用户需求是富有弹性的,而图书馆的供给是缺乏弹性的,这就更加大了用户对外界的依赖,降低了对本图书馆的服务认知;馆外信息用户需求缺乏弹性,而图书馆的供给同样缺乏弹性,从而造成对外界供给变化不大,利用率没有大幅度的提升,对供给刺激不大,投入变化不明显。中小图书馆在传统业务大量向中心馆转移的过程中机遇与挑战并存。传统思维范式下,挑战更胜过机遇。中小图书馆似乎除了变革与转型并没有更好的战略选择。除非图书馆的馆长希望自己的图书馆变为中心馆的办事机构(作为中心馆部分业务的处理中心),雄心勃勃的馆长应该寻求图书馆的新的战略定位,因为中小馆在传统评价模式下将具有与大馆几乎同等量级的馆藏和基础服务能力,重要的是这些服务的提供并不需要图书馆提供太多的人力资源保障,因此,中小图书馆的组织结构、人力资源结构等可以迅速地调整，以在此基础上提供更高附加值的独特性服务。变革与转型，对中小图书馆而言，将是一个不可错过的机遇。

2. 图书馆传统服务的社会化

图书馆服务的外包和众包在图书馆内早已存在。网络获取为基本形态的期刊数据库即为典型的外包，我们将数据库的维护、保存和服务等业务委托给出版商。联合目录、馆际互借和联合参考咨询服务即为典型的众包，我们通过众多的合作者来弥补相互之间馆藏或专家的不足。外包和众包的形式还在不断地拓展。例如，中国香港 8 所大学之间的共享馆藏建设，美国研究图书馆的共享数字化资源馆藏 Hathi-Trust，加拿大科技信息所将文献传递服务外包给 Info Retrieve 公司，以及国内外很多学术图书馆开始使用 Primocentral 或 summon 等公司来整合检索服务等等。外包与众包从一种经济节俭措施逐步地转变成一种在有限条件下优化资源配置、提高贡献力度的战略[263]。而这种战略留给我们的问题是，图书馆必须有一个系统性的战略定位，要非常明确地了解有哪些服务是用户需要我们提供的，并且无法通过其他途径获得满足。

3.3.5 图书馆价值的转换

研究图书馆已经开始面临价值质疑、技术落伍、人员队伍不适应未来需要[256]和组织结构僵化等重大灾难性危险。Ithaka 研究所的报告[245]指出，传统用户逐步弱化图书馆的信息门户作用，图书馆仅仅被定位为保存机构和资源采购部门，同时图书馆对教学与研究深度支持的能力同样遭到质疑。这就导致了众多的研究机构和大学重新审视图书馆的价值、与机构目标的关联性以及在机构预算中的位置[264]。这种质疑主要来自 3 个方面[257]：任何图书馆都必须用事实、而且使用户直接效益事实来证明自己的价值。真正的价值或贡献在于“贡献差”，即通过你所提供的这种服务比利用相同投入从别处获得的服务节省用户的时间与精力。这个价值或贡献只能通过你来实现，而不能通过外包或众包来更有效地实现。在馆藏和基础服务可以非本地化的特殊环境下，如果一个图书馆不能在上述三点中的任何一点上证明自己的价值，被边缘化或者被替代将是一个极其合理的选择。

学术研究型图书馆运营体系存在的基本前提已发生改变。在传统上研究型图书馆提供的服务是为了解决用户的一个重要需求:信息稀缺问题。尽管现在查找和获取高价值知识仍然困难,但用户似乎并不这样认为,用户通过自己的信息交流体系(个人社会网络)查找获得包括高价值、高信赖度知识的能力大幅度提升,并对此抱有充分信心。在这个基本前提下,我们的工作及提供的服务机制只能为他们节约时间和精力,那么如果用户怀疑我们的服务真能够为他们节约时间和精力,那么不论实际具有多大的价值,这些服务就很难有什么意义。正如 Rick Anderson 所指出[265],"虽然图书馆已经开始把产品和服务转向数字化环境,但不可否认的是我们所拥有的许多传统组织结构、实践以及观点都日益走向一个死胡同",我们不得不面临"所努力建设的如此多的功能和结构在用户的现实生活中扮演了边缘化角色"的危机。从这个角度来看,我们的确处境堪忧。需要我们不断警惕的是,变革的力量不但没有减缓的趋势,还在进一步加快。美国图书馆学会信息技术政策办公室 2011 年发布的报告[266]指出"变化的速度并没有减慢,新媒体和技术不断带来新媒介和使用创新,图书馆在其最根本的服务模式上面临着众多机构的竞争。"

正是上述缘由致使图书馆的大量传统用户变为非用户。在行业和服务机构的今后发展中,非用户如何重回我们的服务模式,取决于我们如何处理和应对这种变化。而这种变化更多意义上是范式变革,我们需要在新的基本前提下,重新思考图书馆的变革与转型,探讨图书馆未来的价值,以及为实现相应价值应采取的各种机制保障。唯有实现图书馆的战略转型,非用户才会回流,才可以构筑协同利益相关者间的关系。

3.4 MOOCs(慕课)对研究型图书馆的影响分析

MOOCs 是 Massive(大规模的)、Open(开放的)、Online(在线的)、Courses(课程)的缩写,意指大规模开放式在线课程。MOOCs 脱胎于开放教育资源(Open Educational Resources,OER)运动,是当前高等教育领域非常热门的话题[267]。MOOCs 承袭了 OER 教育资源开放共享的理念，以优质教学资源为基础，依托于结构化的课程体系、网络化的系统平台及社交网媒，面向全球学习者提供在线教学服务[268-270]。

MOOCs 突破了高等教育百年来坚固的知识产业链，引发了社会各界对高等教育教学改革的深度探讨[271-276]。高校图书馆作为学校教育教学的重要辅助部门，在这一变革中无法置身事外。因此，高校图书馆积极进行融入 MOOCs 环境的发展对策研究，具有重要的理论价值和现实意义。

MOOCs 构建了迥异于传统教育模式的学习生态环境，对图书馆服务提出新的需求，本节将分析 MOOCs 的主要特征及其对图书馆服务带来的影响。

3.4.1 MOOCs 的主要特征

1. 天生的数字化课程[277]

MOOCs 根植于远程教育，是在线网络教育的创新形式，可谓天生的数字化课程。首先，课程的设计完全基于数字化的素材和资源，如教学视频、电子教材或数字参考资料等，教师按照知识的内在逻辑将各种数字化资源组合成富媒体学习素材，进而形成完善的数字化学习资源池；其次，教学过程与教学信息系统深度融合，教师基于结构化的在线课程框架，按照知识之间的关联关系进行课程建设，并通过课程论坛或社交网媒等与学习者进行交互；最后，学习者结合自身特点和学习计划，经互联网通过 MOOCs 平台完成课程学习的全过程（包括注册、学习、讨论、作业、考试等）。

2. 以学习者为中心的课程设计

MOOCs 课程大多源于名校（如哈佛、斯坦福等），并结合在线教学环境对课程内容进行了优化。一方面，课程充分考虑学习者碎片化的时间管理实际与灵活多样化的学习需求，注重学习资源建设的细粒度、跨媒体和普适性。例如，课程视频被切割成十分钟或更短的微视频，学习资源采用图片、Flash、视频等多种形式且能够适应不同的网络环境和设备。另一方面，MOOCs 吸纳了关联主义学习理论的观点[278-281]，重视基于互动的学习方式，教学过程中话题的讨论、资源的分享、与专家之间的交流等行为增多，不同的学习者、教师或专家通过共同关注的内容相互关联，形成了基于知识的社会关系网络(KnowledgeNetworkingSocialServices，KNS)，成为学习者完成知识建构及进一步学习新知识的新形式[282]。

3. 可大规模开放共享的课程资源

MOOCs 的核心理念是优质课程资源的大规模开放与共享。基于这一理念，MOOCs 课程面向所有学习者开放，来自世界各地的学习者，不分国籍、不论男女老幼、无须前修学历，只需要简单注册即可学习 MOOCs 课程，从某种意义上实现了无门槛入学，为社会大众提供了跨地域、跨学校、无边界、自主性的学习机会。由于只需要简单注册即可入学，MOOCs 的受众规模将是空前的。

3.4.2 MOOCs 对传统教学模式的影响

MOOCs 模式的兴起并非偶然，它与互联网技术的进步、滞后的传统教育模式、高等教育成本的大幅攀升、未来职业教育的需要等因素息息相关。它是开放教育资源运动发展十年的质性蜕变，不仅提供免费的优质资源，还提供完整的学习体验[283]。

优质 MOOCs 其实就是利用现代技术手段对知识进行聚集、重构、再利用的一种全新知识组织方式，是一组可以扩充的、形式多样的内容集合，这些内容有特定领域相关专家、教育家、学科教师提供，并汇集成一个中央知识库[284]。MOOCs 的特性改变了以往传统教学模式下教和学的方式，将有以往不连贯的学习方式向学习过程高度统一的学习方式转变。

MOOCs 是一种颠覆性技术，将会对高等教育产生强烈的冲击[285, 286]。他的主要影响包括知识传播模式重构[287]、教育管理、师资与教学、课程与评估等方面。MOOCs 作为一种新的教学方式和技术手段，与传统的教学存在很大的差异，更是符合教育发展的趋势。在 MOOCs 的学习中，学习者能够更自由地安排学习时间，缓解了时间、地域、经济条件的限制。[285] MOOCs 不仅教学形式新颖，教育理念也非常先进。MOOCs 主张教育是人的基本权利，教育的主要目标就是提供免费的教学资源和优质的教学服务，为学习者知识和技能的提升提供便利的途径。

MOOCs 的发展有可能推动高等学校教育教学模式从传统单纯课堂面授普遍向面授与网上、开放、远程、灵活的授课模式结合的混合模式发展;有可能使全球高等教育市场结构、形态发生一定程度的重组,普通高校尤其是质量不高的高校将面临生源减少甚至空洞化危险,发展中国家高等教育将面临新一轮国际化、全球化的强烈冲击。事实上,持批判观点的学者大多来自非著名大学[288, 289]。

MOOCs 在两个方面可以产生较大的影响力:改进教学、鼓励院校创新特色使命。[290] MOOCs 的真正使命是责成院校真正认识教学的重要性并把它视为核心使命。MOOCs 的竞争将迫使一流大学重新审视自己的核心使命,更加专注于学生需求和教学质量。[291]

探索教育如何与技术融合,教育教学如何向双模式、多模式和混合式学习演变。普通大学不会都成为传统意义的开放大学,但面向信息社会、知识社会、学习型社会、全球化社会的开放、灵活、全纳、终身教育理念[292, 293]必将成为引领不同类型大学,包括精英大学革新、改革和发展的基本理念,所有大学或迟或早必将变得开放、灵活、全纳、终身。

3.4.3 MOOCs 带来的高校图书馆服务转变

1. *服务范围扩大:从校园服务拓展为社会服务*[294]

MOOCs 突破了传统高校的藩篱,使得普通大众都获得了免费学习的机会。通过 MOOCs 向大众提供高质量的教学服务,高校的教育责任从有限的校园向社会大众延伸,也对图书馆提出了从服务校园向服务社会拓展的要求。

MOOCs 大规模开放的基础是资源利用和获取权限的开放。现实情况是,由于学习者基本上位于高校校园之外,受制于资源版权和网络访问的限制,他们并不能免费获得平台上全部的在线学习资源(如图书馆的数字资源),以至于许多 MOOCs 课程设立了学习材料咨询专区以答疑解惑。因此,高校图书馆应调整传统的资源建设模式、配置模式和服务模式,探索图书馆面向社会提供开放服务的渠道,为 MOOCs 学习者合法使用图书馆打下基础。

2.服务内容深化:从文献信息服务到数字化知识服务

MOOCs及其带来的多样化学习生态环境,在服务内容上对图书馆提出了更高层次的要求。首先,为提升学习效果,教师和学习者需要精准地获取情景阅读素材或学习材料,其资源获取行为更为随机和多样、所需内容也更具针对性。其次,3G/4G通讯网络的广泛应用使得泛在学习、移动学习成为MOOCs的重要发展趋势(如Coursera基于iOS的App已于2013年底上线),这就要求图书馆服务能够适配多样化的学习场景或终端。最后,随着基于KNS的动态学习成为重要的学习途径,图书馆应对教学过程中的生成性资源进行积累,打造连接数字资源实体和相关人的互动学习通道,满足学习者不断发展的学习需求。

一直以来,图书馆服务主要集中在文献信息层面(文献信息的检索和下载服务),无法满足读者深层次的知识获取需求。以MOOCs为契机,高校图书馆应增强对数字资源的知识化组织管理、关联和集成,对相关资源的外在形式、内在特征和关联关系进行多角度的挖掘与组织,构建以用户为中心的知识组织、语义关联和社会关系网络,提供可灵活定制、扩展、转化、移植的知识管理和知识服务体系,以方便用户更精确快捷地获取所需知识、学习材料及一切相关资源(包括专家资源)。

3.服务方式升级:从课外服务到嵌入教学过程的高耦合度服务

MOOCs通过信息化平台实现了高校课程、课堂教学、学习进程、师生互动等的融合,在一定程度上弥合了传统教学模式中课内与课外、线上与线下较为脱节的情况。MOOCs教学中,学习者在统一平台完成所有学习过程,也要求图书馆通过主动嵌入的形式提供服务。

过去,图书馆的资源和服务通常自成体系,其数字化平台作为一个封闭的系统独立于课堂教学之外,学习者需要访问图书馆的平台才能获取所需内容。因此,图书馆面向教学过程的服务在精准性、实时性和实用性等方面存在一定问题,同时服务也多具有被动性和主观盲目性。从便利学习者的角度出发,图书馆应采用可灵活扩展的平台架构升级现有数字化知识服务平台,将图书馆的资源和服务有机嵌入到MOOCs平台的各种对象、资源、工具、活动、过程中去,支持学习者无需登录或跳转即可随时灵活便捷地调用。

3.5 大数据对研究型图书馆的影响分析

3.5.1 大数据概述

1. 大数据的定义

至今关于大数据并没有一个统一的定义，大数据研究机构 Gartner 给出了这样的定义："大数据"是需要新处理模式才能具有更强的决策力、洞察发现力和流程优化能力的海量、高增长率和多样化的信息资产。而更多的人认为，大数据技术就是从海量、多样性的数据中，快速获得有价值的信息。

2. 大数据的特点

大数据不仅仅是数据量的体量巨大，而且它具有大量化、多样化、快速化和价值密度低 4 大特点。

(1)大量化(Volume)：存储大，增长快。大数据首先是数据量巨大，遍布世界各个角落的电脑、传感器、移动设备、在线交易和社交网络每时每刻都在产生大量数据。大数据遍及各行各业。企业、机构甚至个人的活动都在产生和积累大量数据。现在的大数据已经从 TB 级别跃升至 PB 级别，而根据国际数据公司 IDC 2011 年发布的 Digital Universe Study，全球信息总量每过两年，就会增长一倍。

(2)多样化(Variety)：格式多。非结构化数据为主大数据的数据类型非常多，囊括了网络日志、视频、声频、图片、地理位置信息、交易信息、科学数据集等。而且大数据除了结构化数据外，非结构化数据占到了很大比重，目前非结构化数据已占数据总量的 80%以上。非结构化数据的比重越来越大，其中蕴含着巨大的商业价值和社会价值，对传统的数据分析处理算法和软件提出了挑战。

(3)快速化(Velcity)：需要实时处理处理。多样化的海量数据，对速度的要求很高。对大数据快速处理，才能了解迅速变化的环境并做出反应，才能快速制定出合理准确的应对策略。对大数据的快速处理分析，将为企业实时洞察市场变化、迅速采取对应措施、把握市场先机提供决策支持。大数据要求实时做出分析，特别是1秒定律，这一点与传统的数据挖掘技术有着本质的不同。

(4)密度低(Veracity)：价值密度低价值是大数据的终极意义所在。大数据的价值虽然巨大，价值密度却很低，比如用户观看2小时的视频资源，其中有价值的往往只有几十秒。而对海量的数据进行挖掘分析，这也是大数据分析的难点。

3. 大数据时代的新问题

与大数据时代的到来相伴的是大数据操作技术的涌现和用户思维、习惯与要求的改变，数据的抓取与存储等问题也就随之而来，最终使得努力迎合用户需求的数字图书馆不得不面临新的挑战。

多种出版模式为数字图书馆的出版服务带来了挑战。众所周知，利用互联网让经过同行评审的学术研究论文得到免费、自由、开放的存放与获取，提升了科学研究的公共利用程度、保障了科学信息的保存、提高了科学研究的效率的开放存取(OA)出版模式改变了传统的出版模式。

大数据技术为数字图书馆的技术应用带来了挑战。大数据技术不但在概率统计、趋势预测、客户研究等方面有着出色的应用，也在图情领域的词频可视化、情报分析等方面都有大数据思维为数字图书馆的用户维护带来了挑战。大数据时代，数据将驱动社会的创新与发展，人们也将因为这种驱动方式的出现而形成有别于传统思维方式的大数据思维方式。

大数据时代的到来，既改变了传统的IT架构，也改变了原有的数据存储、利用和服务模式，这必将对作为当今承担社会知识存储以及提供信息服务任务的图书馆形成巨大的冲击与挑战。伴随着市场竞争的日趋激烈，图书馆不仅仅面临着极高的大数据跨入门槛，同时也面临着较高的管理风险。分析大数据带给信息服务业的影响特别是对图书馆服务带来的一系列挑战，显得至关重要。大容量数据对保障图书馆系统运营安全和用户QoS(服务质量)提出挑战存储大容量的数据，安全问题必须得到保障。首先，大数据时代服务平台的系统结构更加复杂和开放，图书馆数据中心基础设施硬件设备的服务架构和应用程序复杂度快速增长，如何实现图书馆基础设施硬件设备服务效率与运营安全的最优化均衡，是图书馆大数据服务必须面对的一个重要问题。其次，图书馆大数据QoS(服务质量)保障与用户隐私保护存在越来越激烈的冲突，例如图书馆在给读者提供个性化服务时，若对用户数据的分析和使用过度，就可能带来侵犯用户隐私的问题。

全新的竞争标准对图书馆工作流程和服务模式提出挑战。大数据时代，信息资源的竞争力判断标准与以往大不相同，不再是其所占有的信息数量、范围等指标，而是在于信息资源的分析与组织程度，即信息资源的信息化和知识化。除此之外，基于知识的创新力也是新的竞争点。因此，提高图书馆信息资源的知识化、信息化程度，更多地分析和挖掘图书馆数据资源是提高图书馆竞争力的重要手段。大数据时代的到来将改变图书馆原有的服务流程和模式，由“资源导向”向“需求导向”转变也是必然趋势。所以，图书馆不仅要通过结构化数据来弄清楚当前用户需要什么服务，更需要利用大量的非结构化数据、半结构化数据分析，挖掘、预测用户将来需要什么服务。

大数据研究及应用的热潮激励着图书情报领域的科研人员开始考虑“图书馆大数据体系构建”和“信息智能服务”问题。但图书馆界必须认清一个现实，就是大数据工程技术研究已领先于大数据科学研究，而大数据科学研究也已走在大数据知识服务体系研究的前面。当前的局面是工程领域的专家都以自己为主，处理本领域的大数据；信息领域的专家则主要起到辅助作用，与应用领域的科研人员合作，辅助解决应用领域大数据处理的技术问题；信息服务领域的机构和专家则暂时独立于大数据知识服务体系之外。这也就成为当前甚至是未来图书馆界亟待深入研究的热点问题之一，也可能是图书馆建立新型嵌入式协作化知识服务体系的最佳契机。

传统图书馆需要先将数字化进行到底。综上可见，今天的图书馆尚未掌控真正有价值的“大数据”，短期内图书馆难以拥抱“大数据”，只能与“大数据”握个手；图书馆的当务之急是加快数字化进程，将数字化进行到底，内容、服务与管理都要全面数字化，在数字化的进程中同步考虑和兼顾“数据化”问题。

对于传统图书馆来说，当前可以致力于开展基于数据的服务和管理创新。虽然图书馆没有很多马上可用的“大数据”，但是图书馆的确拥有大量的数据。比如，传统图书馆比传统出版社幸运的是：早些年已经被大多数图书馆采用了的图书馆集成管理系统已经积累了大量的书目数据、读者数据以及读者借阅行为数据，通过分析这些数据至少可以把握理解本馆读者的部分传统阅读需求。更重要的是，图书馆如何获得并利用数字阅读带来的阅读行为数据改进服务、改变图书馆在数字出版产业链中的角色和地位。今天大多数图书馆已经采购了一定的数字资源——各类数据库和电子书、电子报刊等，图书馆已经在提供大量的数字阅读服务，但是图书馆如何能够与这些数字资源供应商合作，从而开展基于本馆读者数字阅读行为数据分析的服务优化。能否整合分析本馆读者在所有采购数字资源平台上的阅读行为数据，甚至与图书馆集成管理系统采集的数据进行交叉分析，从而提供更加个性化的阅读服务，或者改进馆藏方针和资源建设策略。

在数字环境中，图书馆馆藏资源的概念被大大拓展，由此带来的是在图书馆发展战略中馆藏建设和服务指导思路的转变。对于新环境下馆藏内容的涵义范畴，大英图书馆在其《2013－2015 年内容战略》中指出[155]图书馆不仅将继续入藏国内外的作品，而且还要进一步拓展资源链接活动(如获取使用许可等)，以此为用户带来更为长期的利益以及更好的服务体验。在大学和研究型图书馆领域，新涌现的资源类型(诸如科研数据)也在不断拓展重视科研数据管理

随着科学研究的数据日益密集化，科学数据管理正成为图书情报界的关注热点。图书馆抓住机遇，纷纷开始探索和实施对科学研究数据管理的支撑服务。很多大学图书馆从资源和服务的角度将数据管理列入战略规划。也有大学图书馆专门针对数据管理提出具体的规划和解决方案。

3.5.2 大数据环境下图书馆敏感数据安全管理面临的挑战[295]

大数据环境下敏感大数据的定义与敏感度划分大数据(Big data)是指无法在一定时间范围内用常规软件工具进行捕捉、管理和处理的数据集合，是需要新处理模式才能具有更强的决策力、洞察发现力和流程优化能力来适应海量、高增长率和多样化的信息资产。敏感大数据是指大数据中的敏感数据，依据大数据的安全等级以及数据与图书馆服务的相关性划分，敏感大数据可分为极度敏感大数据、高度敏感大数据和普通敏感大数据三个级别。极度敏感数据指如果数据被窃取、篡改或者丢失，会对图书馆的 IT 服务系统构建科学性、服务运营管理、读者服务质量(QualityofService)保证

和读者阅读满意度产生巨大的影响，需要图书馆最高级别监控和管理的数据，如图书馆发展与服务的宏观策略、IT服务系统配置参数、服务器运营与监控数据、读者个体特征数据、密码、读者隐私数据等。高度敏感大数据指数据与图书馆服务提供和读者阅读活动有较强的相关性，第三方可通过对高度敏感大数据的采集、价值挖掘和数据融合等操作，发现数据中蕴藏的价值和关系，可能会对图书馆服务有效性和读者隐私保护产生威胁。这类数据主要由IT系统组织结构、系统运行日志、监控服务器日志、读者的姓名、身份证号码、信用卡账号、阅读终端数据和读者阅读行为数据等组成。普通敏感大数据是指数据与图书馆运营和读者服务有一定的相关性，如果被不正当披露，可能会对图书馆的服务质量和读者阅读收益产生一定的影响。此类数据主要包括图书馆访问用户日志、读者浏览记录、视频监控数据、传感器数据、不能明确读者身份的特征的数据，以及与图书馆服务和读者阅读相关的其他重要公共数据等。

1. 敏感大数据难以被定义与发现

首先，图书馆大数据环境下，敏感数据隐匿在海量、指数增长、多类型和低价值密度的大数据中，在数据表现类型、存储方式上具有很强的随机性和突发性，难以被有效地发现、分析、定义和抽取。其次，大数据决策具有较强的实时性需求，如何转变传统的通过元数据、字段定义和其他数据相关标识检测识别敏感数据的模式，以及通过对大数据内容、语义的深度分析与挖掘来识别敏感数据中蕴藏的敏感信息，并按照数据管理员自定义的规则自动脱敏，是当前图书馆简化人工设置标识和降低访问控制规则复杂度，确保敏感大数据发现实时、动态和智慧的必然条件[296]。第三，为了防止敏感大数据被非法访问、窃取和篡改，图书馆通常会采取全数据加密的方式来保证敏感数据安全，保证敏感数据在传输、存储、分析和应用中，即使被非法用户获取也无法破解和还原出原始的数据信息。这种不对敏感大数据安全级别定义和分类管理的做法，会增加图书馆敏感大数据管理系统的复杂度和成本，会因为频繁地占用系统的资源而导致大数据安全管理的收益率下降。

2. 图书馆未能真正实现敏感大数据的隔离

电子图书的多媒体服务已成为图书馆重要的服务模式。首先，图书馆管理员在数字图书馆管理和读者服务提供过程中，通常会在图书馆内网与互联网之间进行自由切换和数据交换，如果图书馆的网络安全管理和访问者的身份、权限管理策略出现漏洞，黑客则可通过木马、病毒等方式攻击网络漏洞和获取超级访问权限，以达到窃取和侵犯敏感大数据的目的。其次，图书馆业务部门工作人员和读者未经许可随意安装应用软件，以及大数据管理员没有将系统管理数据、参数运营数据、用户服务数据和办公数据等敏感数据，进行分级存储、隔离和访问控制，也是导致图书馆敏感大数据安全隐患的重要原因。第三，随着图书馆大数据总量和数据环境复杂度的指数级增长，大数据管理员难以凭借自身力量实现敏感数据的定位识别、级别划分、分类存储和网络层隔离。因此，如何从系统工程学层面，尽力防范数据库管理或大数据应用在逻辑设计上的缺陷或错误，避免因大数据管理人员的能力、经验和安全技术所限带来的敏感数据安全隐患，是图书馆应重点关注的问题。

3. 大数据存储库安全隐患问题

首先，数据海量、多类型、高价值总量和处理快速的大数据环境，大幅度增强了图书馆大数据库管理的难度和复杂度，导致图书馆传统的数据安全攻防双方态势发生了改变，大数据库内存储的敏感数据更加容易被越权访问、攻击、窃取和篡改，数据管理员难以凭借有效的安全监控日志发现攻击者的行踪。其次，图书馆管理员和内部特权人员对大数据库管理参数的随意修改、密码的丢失、超级权限人员的添加，Web 服务器可能存在的内存破坏漏洞、服务器配置错误、操作系统命令注入、文件类型混乱问题，以及黑客采用跨站脚本等技术突破防御边界到达数据库等，也大幅增加了大数据存储库的安全隐患[297]。第三，为了防止因数据灾难而导致图书馆敏感数据丢失，图书馆通常会采取敏感大数据周期备份、快照、复制和灾难恢复的方式，当数据灾难来临时通过备份还原来实现敏感大数据的恢复。但图书馆对敏感大数据的长周期、停机备份方式，当数据灾难发生时可能会丢失还未备份的巨量敏感数据，这种数据备份与恢复的不连续性会对图书馆的管理与读者服务产生较大的影响。第四，高级持续性威胁（Advanced PersistentThreat,）是当前图书馆敏感大数据保护面临的一个主要威胁，普通的防火墙和安全监控软件难以察觉黑客发起的高级持续性、小范围攻击，因此，读者阅读服务需求对大数据库安全管理平台提出了自动化安全检测、病毒库实时升级、数据敏感度的动态评估、连续的敏感数据保护和数据无缝恢复的要求。

4.云计算环境下敏感数据存储安全问题

首先，云计算环境下，图书馆和其他第三方云服务租赁者通过存储空间虚拟的方式共享云空间，虽然大幅度提升了存储的灵活性和降低了存储成本，但图书馆与其他租赁者存储在同一物理空间的数据，可能会被其他用户通过获取超级权限的方法非法访问。其次，云存储空间的使用改变了图书馆传统的安全防护边界，云服务商敏感数据安全管理的技术水平、制度科学性和法规遵守的有效性，将直接关系图书馆在云空间存储敏感大数据的安全性。第三，云环境下，图书馆向云存储中心传输的拟存储数据，以及从云存储中心下载的决策大数据数量将快速增长，将导致大数据存储系统内部的数据传输网络，以及云数据中心接口网络带宽的流量激增，黑客可以此为攻击点实现敏感数据的窃取。第四，在云空间中进行敏感大数据的识别、评估和保护，将会大幅度增加图书馆云存储的成本和复杂度，因此，如何在确保云空间大数据存储安全性的同时增强其存储的经济性，也是图书馆面临的一个重要问题。

5.图书馆内部人为泄露的问题

赛门铁克波耐蒙研究所发布的《2014 年全球数据泄露分析报告》称，[298]因人为泄露(机密文件拷贝、外发等)、过失行为(保管不当、意识淡薄及误操作等)、安全事故(数据流传送逻辑错误等)内部因素造成数据泄露，占据泄露事件总量的 63%；因外部恶意攻击、木马窃取等因素造成的数据泄露，占据泄露事件总量的 37%，并且当前频发的敏感数据泄露事件50%以上是由于内部人员有意或无意的行为而造成的，且大多数无法举证和定责。首先，图书馆大数据具有海量和复杂的特性，许多敏感数据存储于不同的存储平台、网络节点和应用系统中，大数据管理员无法全面掌握大数据存放的位置和评估数据的敏感度，当敏感大数据面临超级权限用户访问、跨界传输、高流量访问和新增大数据存储等问题时，图书馆无法对敏感大数据进行高效、实时和动态的安全监控。其次，敏感大数据具有高价值的属性，图书馆大数据管理员或者内部特权用户，可能会通过超级权限和破解加密数据的方式访问、浏览、下载和出售敏感数据，如何加强对图书馆大数据库管理员、高级决策层、主要业务部门、大数据决策人员和其他超级用户访问的管理，也是关系图书馆敏感大数据保护的重要问题。第三，在敏感大数据保护中，如何基于访问者身份和权限的设定，实现基于用户角色和大数据决策需求驱动的实时、动态敏感大数据保护，是图书馆提升敏感大数据保护效率和降低保护成本投入的必要保证。

3.6 开放获取运动对研究型图书馆所处产业链影响分析

3.6.1 开放获取的发展历史与现状

1. 开放获取的产生

科技信息的封闭使很多新的科学知识及学术成果处于保密状态。知识的保密必然导致不断地重复发现，阻碍科学的发展与进步。真正意义上的学术出版出现在西方，伴随着近代实验科学在西方的兴起而逐渐产生。出版商通过印刷哥白尼的《天体运行》、伽利略的《对话》、牛顿的《原理》，把近代科学的研究成果迅速地传播到整个欧洲，并逐渐成为科学家社群不可缺少的交流方式。1665 年英国皇家学会出版会刊《哲学汇刊》。这份期刊与法国的《学者周刊》被世界各国专家公认为世界学术期刊的鼻祖。《哲学汇刊》后改名为《皇家学会哲学汇刊》，被认为是最老的同行评议科学刊物。该刊一直持续出版到今天，成为历史悠久、影响广泛的一份科学期刊。

传统出版模式阻碍学术交流。伴随着近代科学的产生和发展，学术出版的产生和发展满足了科学家社群越来越迫切的学术交流需要，并通过审稿制度也称为同行评议制度提高了论文的质量和交流的效率，更受读者的欢迎。在期刊的出版过程中，出版商利用读者的订阅费来支付审稿、组织同行评议及出版、印刷、销售等的成本并从中赢利。随着科学分工的日益细化，一些专业人数不多的小学科不断涌现，又出现了一大批综合或专门的科学期刊，这些领域的学术期刊不可能有很大的发行量，尤其是自然科学刊物对图表、彩图的印刷要求较高，所以纸本期刊一直在涨价，而且越来越贵，甚至有些年涨价幅度超过10%。通常个人对学术期刊的订购需求是十分有限的，而学术机构和图书馆作为学术期刊的订购"大户"，其经费预算也是有限的，图书馆的订购经费无论如何都赶不上这样的恶性增长。订阅的学术期刊日益减少，订购量的减少使出版者只有通过涨价才能有利可图维持期刊运转，这便形成一个恶性循环。作者们交了不菲的版面费在纸本期刊上发了论文，还要再花很贵的价钱去订购才能看到。价格飞涨的商业化期刊垄断了学术信息，阻碍了对学术传播，限制了科研成果得到传播和认可的机会，大大限制了同行交流、合作的机会，在学术信息的出版量按指数增长的同时，科研人员可以获取的学术信息资源大幅度减少。严重影响了科技工作者的学术研究。

传统出版模式滞后于科技发展。在信息化社会里，信息已成为一种重要战略资源。科学数据是科学研究和技术的必要条件，数据共享是科学研究和社会经济发展的关键因素，现代高技术的发展使得科学数据的获取更快、数据量更多、数据更准确。科技的飞速发展使各类学术成果数量剧增，学术成果数字化形式多样化，学术交流的需求也迅速增长，作者学术发表的目的是为了获得学术承认，在学术社群内获得首先发现权，希望能最大限度地传播自己的研究成果。读者希望在价格可以承受的范围内全面、准确、及时地获取罪行的科研进展、成果与思想。传统出版方式受出版周期和审稿时间及版面的限制，出版至少滞后数月或半年，无法实现对数字化等多种形式的学术成果的保存，传统出版业面临极大的挑战。

计算机及网络技术的发展和普及。纸本期刊时代，即使文献所有者想提供公开使用实现共享，也是无法实现的。网络技术的发展和普及为开放获取提供了技术条件和实践的可能，为了摆脱纸本期刊出版怪圈对科研的束缚，由科技工作者倡导，依托于网络技术，采用"发表付费，阅读免费"的新型学术信息传播形式即开放获取这种模式作为一个概念被提出，自2002年2月14布达佩斯开放获取计划发布，2003年6月20日《关于开放获取出版的百斯达宣言》正式发表，同年10月《柏林宣言》发布以来，学术信息开放获取已经不再仅仅是应对科技期刊价格危机的手段，而是演化成为影响全球学术交流、改变学术信息交流模式的开放获取运动。他们希望建构一个独立的、真正服务于科学研究和学术交流的学术期刊出版体系。在新的网络传播方式下，传统出版社可发挥的作用十分有限，传统的出版发行渠道，在极短时间内被互联网取代。唯一有优势的地方就是“同行评议”，但开放获取的支持者们正积极鼓励大家将“同行评议”过的文章通过网络共享。

2. 开放获取在国外的发展

20 世纪 90 年代以来出现了全球范围的“学术期刊危机”，开放获取运动随之兴起。1994 年弗吉尼亚理工学院教授 Stevan Hamed 倡导学者们将他们未发表、未评议、原创的著作预印本放在全球可获取的网络存储上，使学者们可以在世界范围内通过网络自由获取，这是开放获取最初的倡导。

开放获取(OA)兴起于发展的标志性进展是 2001 年 12 月，美国开放社会协会(OSI)在布达佩斯召开有关开放获取的国际研讨会，起草并发布了提出布达佩斯开放获取计划(BOAI)。OSI 连续 3 年每年提供 100 万美元资助，至 2006 年底有近 400 个组织和 4 000 多个人签署了该计划。

2003 年 10 月 22 日有德国马普学会(Max Planc Society)发起，在德国召开了柏林会议，在布达佩斯开放存取计划的基础上通过了《柏林宣言》，呼吁向所有网络使用者免费公开更多的科学资源，鼓励科学家以 OA 的方式出版论文，使 OA 的覆盖范围从自然科学向人文科学和社会科学领域延伸。从 2004 年到 2006 年，又召开了 4 次柏林系列会议，制订了 OA 指南等文件，以推动 OA 的实施。

2004 年 1 月，世界经济合作与发展组织(OECD)科技政策委员部长级会议，包括中、美、英、法、欧盟等在内的 34 个国家和地区代表签署发布了《开放获取公共资助研究数据的宣言》(Declaration on Accessto Research Data from Public Funding)，提出要建立公共资助的研究数据的开放获取机制及原则。同时要兼顾信息的安全性、科研创新带来的利益和保护合法权益等措施。2006 年 12 月，OECD 又颁布了《开放获取公共资助研究数据的原则和指南》。报告中明确界定了开放数据的范围和定义，并提出了原则与指导方针，以促进公共资助科学数据的低成本、高效率获取。科学数据开放获取已经成为科技信息基础设施建设的组成部分。

2007 年 9 月，在南非开普敦举行的开放教育会议上发布了《开普敦开放教育宣言》指出每一个人都应该不受限制地享有使用、定制、改善和再发布教育资源的自由。鼓励教育工作者和学习者积极参加正在兴起的开放教育运动。呼吁教育工作者、作者、出版社和公共机构以开放方式发布资源。政府、地方教育委员会、学院和大学应当使开放教育具有更高优先权，使接受教育更容易而且更有效。一种新型的以教育者和学习者在学习过程共同创造知识和共同推动知识发展的教育模式，以参与、交互、创造为特征的教育过程将应运而生。

随着科学数据、教育资源等广泛数字化，开放获取得到进一步发展。科技论文开放获取已经成为世界主要科技国家促进知识的广泛及时共享、协同开放创新、促进经济增长和包容性发展的重要措施。国际上有越来越多的基金会明确表示，允许使用基金会专款用于支付开放获取的出版费用，一些基金资助机构制订了书面声明，允许利用专款支付文章的出版费用。世界主要科技发达国家和欧盟等均已把公共资助项目科研成果的开放获取当作重要的创新战略和科技发展政策。2004 年 1 月，经合组织科技政策委员会发布由 34 个国家签署的《公共资助研究数据开放获取宣言》，提出公共资助项目产生的研究数据应实现开放获取。2006 年欧洲研究理事会(ERC)的科学研究委员会发表声明，支持对 ERC 资助的研究成果实施开放获取。2007 年欧盟理事会通过决议，支持对公共资助的研究信息进行开放获取。2007 年在南非开普敦举行的开放教育会议发布《开普敦开放教育宣言》，提出促进公众资金支持的教育资源的开放。2008 年欧洲大学协会理事会批准了其开放获取工作组的建议，要求各国大学校长理事会积极建立支持开放获取的政策机制。2009 年美国国家医学院(IOM/NAS)发表《美国对世界健康的承诺：对新行政当局的建议》，提出公共资金资助的健康研究成果应该为人类福祉而开放获取。2009 年欧洲研究基金会和欧盟国家科学基金会主席联会发表《全球竞争愿景和行动路线图》，明确提出要实施一项共同的研究成果开放获取政策。2009 年底美国白宫科技政策办公室(OSTP)

公开征询公众意见，考虑将国立健康研究院(NIH)实行的资助项目研究论文强制性开放存储的政策推广到整个联邦政府。2010年4月，美国众议院6位议员提出《联邦政府研究成果公共获取法案》(FRPAA)(参议院已经在2009年提出同样议案)，要求所有资助金额达到1亿美元以上的联邦资助机构实施与NIH相同的开放存储政策。2010年5月，包括哈佛、普林斯顿、斯坦福、康奈尔、卡内基一梅隆、加州大学及其各个分校、宾州、杜克等27所研究型大学教务长集体呼吁国会支持FRPAA法案。2010年7月，美国国会就FRPAA举行专门听证会。2010年9月，欧盟SOAP项目在全球范围对科研人员进行的调查显示，89%以上的科研人员认为开放获取有利于科学研究。2013年2月22日，美国白宫科技政策办公室主任John Holdren宣布，凡年度研发支出超过1亿美元的所有联邦政府机构，都要在半年内拿出方案，谈谈本部门如何将联邦政府资助的研发项目所产生的科学论文和科学数据在发表后一年内通过机构知识库向公众免费开放。截至2010年9月，已经有16个国家53个研究机构和管理资助机构制定了明确的开放获取政策。美国、英国、德国、澳大利亚、欧盟、欧洲粒子研究中心、联合国教科文组织等国家和国际机构进一步强势推出促进开放获取的政策措施，美国健康研究院(NIH)、英国研究理事会(RCUKs)、欧洲研究理事会(ERC)等已制定强制性的公共资金资助科研论文公共获取制度。

开放获取还引起了一些出版商的积极参与。2000年英国Bio Med Central出版了第一本OA期刊，规定经同行评议后在Bio Med Central刊物上发表的所有原创研究文章在发表之后立即可以在网上永久性免费访问成为OA刊物的先驱者，2002年，自然出版集团(Nature Publishing Group，简称NPG)成为最早允许作者将其投稿的论文存放在个人网站上的出版商之一。2005年1月10日，自然出版集团鼓励集团出版的原创研究论文的作者，在论文发表后的6个月后，向相关资助机构的档案库和所在机构知识库提交手稿。十多年的时间，对于开放获取期刊的增长可以用“雨后春笋”来形容。据瑞典隆德大学的DOAJ(Directory of Open Access Journals开放获取期刊目录)检索显示，目前全球122个国家总共拥有9917个开放获取期刊，而且该数据库对非英语国家OA期刊的统计还不完全。

在开放获取的历史潮流面前似乎一直不为所动的《科学》杂志也终于按捺不住,准备2015年启动自己的开放获取杂志,还为这个计划中的开放获取杂志取了一个响亮的名字——Science Advances,这意味着传统的出版模式确实存在扩张困难的局面。

3. *开放获取在国内的发展*

中国政府一直支持科技信息的开放共享,图书馆界和科技界也一直积极推动科技信息开放获取。2003年12月29日,中国科学院院长路甬祥院士代表中国科学家签署了《关于自然科学与人文科学资源开放存取的柏林宣言》,成为国际开放获取运动的先期缔约者。2004年5月,中国科学院院长路甬祥、中国国家自然科学基金委员会主任陈宜瑜院士又代表中国科学院和中国国家自然科学基金会签署了《关于自然科学与人文科学资源开放存取的柏林宣言》,表明中国科学界和科研资助机构支持开放获取的原则立场。2005年6月22—24日,在中国科学院召开了“科学信息开放获取战略与政策国际研讨会”,进一步促进了信息资源的开放获取在我国的发展和应用。2010年10月25—27日,由中国科学院和德国马普学会共同举办的第八届开放获取柏林国际会议在中科院国家科学图书馆举行。这是自2003年开放获取国际会议首次举行以来,第一次在欧洲以外的国家召开。第八届开放获取柏林国际会议以“开放获取:实施战略、最佳实践与未来挑战”为题,重点讨论学术信息开放获取政策、策略、最佳实践,包括了国家开放获取战略,机构开放获取战略,开放出版、机构知识库、开放科学数据、开放教育资源等内容。来自16个国家52余家大学研究机构、学术机构、科研资助机构、国际学术组织和非政府组织等100余名国际专家,来自国内百余家研究、教育机构、图书馆界的180名代表参加了本次会议。会上,中国科学院正式对外宣布支持和推进科技信息开放获取的政策与措施。中国科学院成为开放获取运动的重要推动者和积极实践者,该院100多个研究所建立了开放获取机构知识库,已成为全球最大的公共开放资源之一。

2014年5月26日至28日由中国科学院、中国国家自然科学基金委员会和加拿大自然科学与工程研究理事会共同主办的全球研究理事会(GlobalResearchCouncil,GRC)全体大会在北京举行。来自40余个国家

70多家科学机构代表110余人参加了本次会议。全球研究理事会(GRC)由美国国家科学基金会、德国科学基金会和中国科学院等11家机构发起，于2012年创立，是致力于推动科技信息共享、科研质量提高与科学合作的重要国际组织。作为非官方科学组织，GRC旨在探讨和寻求国际科技界能够共同接受的科学发展方略，推动和实现更多更好的国际科技合作。过去两年GRC分别在美国和德国召开了两次全体大会，发布了《科研诚信原则声明》、《科学质量评估原则声明》和《科技论文开放获取行动计划》等指导性文件。科技论文的开放获取是2013年和2014年连续两年GRC全体大会的讨论议题。2013年的《科技论文开放获取行动计划》鼓励和呼吁公共资助的科研成果实行开放获取，声明将采取一系列措施推动和支持由公共科研经费资助的研究工作在开放出版期刊上发表开放获取论文和在开放获取知识库中存储已发表的论文。2014年北京大会是GRC第三次全体大会，会议围绕科技论文的开放获取和青年人才培养两个主题进行了深入讨论，发表了《全球研究理事会原则和行动声明:塑造未来——支持下一代研究人员》呼吁各国加强青年科技人才培养，具体提出了9条倡议，一是培养职业发展各阶段的人才；二是吸引并留住多样化的最优人才；三是发挥研究的教育潜能；四是发展跨学科研究；五是鼓励研究人员练就多种技能，支持拓展活动；六是推动建立高品质职业环境；七是促进流动性；八是分享实践经验；九是培育科研诚信。会上中国科学院院长白春礼当选为全球研究理事会管理委员会主席。

为响应GRC开放获取的理念，表明我国推进开放共享的态度与行动，促进科技知识开放获取工作在我国深入开展，2014年5月9日中科院发布[299]《中国科学院关于公共资助科研项目发表的论文实行开放获取的政策声明》，声明指出中国科学院研究人员和研究生以中国科学院所属机构名义承担的各类公共资助科研项目，自此政策发布之日起投稿并在学术期刊上所发表的研究论文，作者应在论文发表时把同行评议后录用的最终审定稿存储到所属机构的知识库，并于发表后12个月内开放获取。2014年5月15日国家自然科学基金委员会发布[300]《关于受资助项目科研论文实行开放获取的政策声明》，声明指出公共资金资助科学研究，是社会创造知识、支持创新、促进发展的重要手段。受资助项目所发表的科研论文是全社会的知识资源，其在全社会的开放获取，将促进知识传播利用，推进科学事业的全球化进程，并能将公共投资所产生的知识迅速转化为全社会的创新发展能力，让知识普惠社会发展。

3.6.2 开放获取的特点

开放获取不是技术问题，是观念和文化的问题，是不同于传统学术传播的一种全新机制，其核心特征是在尊重作者权益的前提下，把同行评议过的科学论文或学术文献放到互联网上，利用互联网为用户免费提供学术信息和研究成果的全文服务，使用户可以免费获得，而不需考虑版权或注册的限制。

开放获取出版的主要特征：

开放获取是基于互联网的新型学术传播机制，它是基于数字化、网络化环境的全新的出版模式，即付费出版、免费使用，互联网是开放存取赖以生存的媒介形态。

开放获取是基于“自由、开放、共建、共享”理念下的一种学术信息交流与共享模式。作者和版权人在尊重其版权的前提下，允许用户免费获取、拷贝或传播其数字化信息。

完整的论著存储在至少一个稳定、由研究所、学术团体、政府机构或其他组织支持的网络服务器中，以确保读者免费阅读，不受约束地传播和长期的数据库式储存。

互联网的发展导致了学术传播成本的下降，从而为学术信息的开放获取提供了可能。开放获取打破了学术期刊的垄断，使出版模式多样化，为作者投稿提供更多的选择，缩短了出版时间，降低了出版成本，提高了期刊的影响率和被引率。通过开放获取，读者可以没有价格和访问障碍获取学术资源及成果，解决了科研人员不能及时跟踪学术前沿的问题，使科研成果可以快速、广泛的传播和利用，同时为图书馆带来全新的资源建设与服务模式。

3.6.3 开放获取的实现方式

布达佩斯开放获取计划(BOAI)提出实现开放获取的两条途径:开放获取期刊(OA Journals)和作者自存档(Author Self Archiving)。

1. 金色道路(Gold Road)

开放获取期刊(OA Journals,OA 期刊)也称为开源期刊。开放获取期刊是基于开放获取模式的期刊,是经过同行评审的网络化期刊,包括新创办的开放获取期刊和由原有期刊改造转变而来的开放获取期刊。读者从此类期刊上获取学术信息没有价格和权限的限制。其出版模式为:作者投稿(一般需支付审稿费)→“开放获取”期刊(审稿、组织同行评议)→网络传播→读者(免费)。实行“作者付费出版,读者免费使用”的运行模式,同时接受国家及私人基金的赞助以维护“审稿、组织同行评议”及维护网络平台的费用。开放获取期刊是非赢利的社会公共事业,需要国家、社会的资金注入。与传统期刊相比 OA 期刊更加灵活,可以自由调节每期稿件的数量。不受版面局限造成严重的发表时滞。由于开放获取期刊对提交的论文实行严格的同行评审,确保了期刊论文的质量,从而更受读者欢迎。

开放获取出版(Open Access Publishing,OAP)是在电子期刊出版模式下发展起来的,新型的基于网络的电子期刊出版方式,指期刊论文发表后通过互联网立即免费阅读。开放出版有两种基本形式,一是整个期刊开放出版,所有论文均免费阅读,简称开放期刊;二是期刊本身以订阅为主,部分论文可在交纳论文处理费后开放阅读,简称开放论文。

开放期刊分为完全开放存取期刊指作者免费或付费出版,读者免费访问的期刊如 PLoS、D-Lib;部分开放存取期刊,包括读者免费访问由作者支付出版费用的论文、读者可以访问部分论文的全文以及读者只能免费访问文摘,付费后方可获取全文这也是把部分传统期刊采取的开放方式;延时开放获取期刊是指出版一段时间如一年后,读者才可以免费访问的期刊。国际开放期刊多指完全开放,我国开放期刊则存在多种情况。

目前国外越来越多的学术期刊在“开放获取”运动的压力下正逐渐放宽对作者的限制,允许他们将自己的科研论文放到自己的主页上或放到公共电子文库内共享。我国的“开放获取”运动刚刚起步,仅有一些研究者或研究机构在对此进行研究和实践，普通科研人员除个别学科外参与的并不多。绝大多数中文期刊是不允许作者将文章放到互联网上的。

据ISI发布的相关报告显示，开放获取期刊的种数按学科领域分类最多的是医学、生命科学其次是物理、工程技术、数学和化学，社会科学和人文科学较少且增长缓慢。

2. 绿色道路(Green Road)

作者自存档(Author Self Archiving)或称开放存取文库(Open Access Repositories)。作者自存档是作者向传统期刊投稿的同时，将自己的论文以电子档存放在专门的开放获取知识库中供读者阅读。即论文出版后存储到相关知识库，立即或在一段时间(一般为6～12个月)后开放获取。OA仓储不仅存放学术论文，还存放其他各种学术研究资料，包括实验数据和技术报告等。OA仓储一般不实施内容方面的实质评审工作，论文通常没有经过同行评议，成本很低，作者基本不用支付什么费用。只是要求作者提交的论文基于某一特定标准格式(如Word或PDF)，并符合一定的学术规范。开放仓储主要有两种类型：一种是由机构创建的以网络为依托，以本机构成员在工作中创建的各种数字化对象为内容，以实现长期保存、广泛传播和资源共享机构为目的的资料库(也称机构OA仓储或机构知识库)，另一种是以学科为主线，对该学科领域的各种类型资源进行搜集、整理、描述、组织、索引创建的，以实现长期保存、广泛传播和资源共享机构为目的的资料库(也称学科OA仓储或学科知识库)。早期的开放仓储库多为学科知识库，机构知识库较学科知识库起步较晚，通常由大学、大学图书馆、研究机构、政府部门创建和维护，因此发展很快。

开放获取还包括预印本(Preprint)(指科研工作者的研究成果还未在正式出版物上发表，而出于和同行交流目的自愿先在学术会议上或通过互联网发布的科研论文、科技报告等文章。与刊物发表的文章以及网页发布的文章比，预印本具有交流速度快、利于学术争鸣、可靠性高的特点)、网页、电子图书、博客、学术论坛、文件共享网络(P2P网络)、公共信息开放使用(如专利、标准等)开放课件、开放课程、视频……

就实际情况来看，作者往往更青睐金色道路，因为绿色道路文章可能存在更多被剽窃或被用于其他商用目的的概率事件。这一点也得到许多国家政府的认同，比如英国政府就认为“金色道路”模式更适合公共资金资助的研究，更适合政府节约资金、支持学术期刊出版业发展。

而对出版商而言，金色道路更是不二之选。2008年，出版巨头斯普林格(Springer)收购了开放获取出版机构“生物医学中心(Bio Med Central，BMC)”就是绝佳例证。这一举动直接导致其从世界上仅次于爱思唯尔(Elsevier)的第二大学术期刊出版商，一跃成为世界上最大的开放获取出版商，BMC甚至很快就实现了扭亏为盈，截止到2013年2月，BMC已经出版了它的15万篇开放获取文章。

不仅仅是Springer，国际顶级学术期刊出版商自然出版集团(NPG)也开始着手开放获取的尝试，它购买了前锋出版——这一来自瑞士的开放获取平台的多数股权，将前锋旗下涉及14个科研领域的30本开放式的电子期刊收入囊中。如此一来，自然集团和前锋每年将能够出版46本开放获取期刊，共计7 300篇文章。就在2012年，Elsevier也已经把它出版的开放获取期刊数量增加了一倍以上，达到39个。科研出版社(Scientific Research Publishing)作为亚洲最大的开源期刊出版社拥有240本开源的英文科技期刊，全部都是电子期刊。

OA期刊并不是完美无缺的，据2014年02月23日科技日报《“开放获取”的前世今生》报道，去年，为了探一探开放获取期刊的水准，美国生物学家约翰·博安做了一个“钓鱼”实验。从2013年1月到8月，世界各地的304家开放获取期刊收到了博安化名为柯班齐投稿的“鱼饵”，结果包括9家中国期刊在内的157家通过了他的论文。而他自己对论文的评价是“只要高中化学基础的人都能看出其中的错误”。

“钓鱼”实验引起了学界和业界对开放获取期刊论文质量的质疑和讨论。这个事件也许能揭示一些问题，但实验本身的局限性也非常大，没有对照组，对投稿期刊的选择也不是随机的，可能选中了较多的“敛财性开放获取期刊”。事实上，同样也存在“敛财性纸本期刊”，如果向它们钓鱼，估计也有不少期刊上钩。

这里需要纠正一个公众认知的误区：实际上，纸本期刊和开放获取期刊都是期刊，只不过一个依托传统的纸媒传播，一个依托网络数字化传播。既然都是期刊，开放获取期刊和纸本期刊的属性是一样的。无论在哪类期刊中，都有高档次的期刊，它们实行严格的同行评审，同时也有低档次的、只为挣钱的期刊。

所以，从原则上讲，就论文质量而言，纸本期刊和开放获取期刊从横向上是没有可比性的。国外已经有不少影响因子正在迅速上升的开放获取期刊，最典型的就是公共科学图书馆(PLoS)旗下的生命科学与医学领域开放期刊。从纵向看来，开放获取期刊也分三六九等，和纸本期刊无异。因为开放获取期刊没有印刷环节，办刊成本更低，就更容易发表大量低质量论文。

3.6.4 开放出版机制

开放出版是指期刊论文发表后通过互联网立即免费阅读。开放出版有两种基本形式：一是整个期刊开放出版，所有论文均免费阅读，简称开放期刊；二是期刊本身以订阅为主，部分论文可在交纳论文处理费后开放阅读，简称开放论文。

1. 开放出版期刊的出版模式与政策

国际上开放出版的学术期刊已有5300多种，典型者如公共科学图书馆(Public Library of Science)，Bio Med Central(出版200多种开放期刊)，英国物理协会和德国物理协会联合出版的New Journal of Physics等。我国以不同形式开放出版的科技期刊已达200多种。开放学术期刊仍遵从学术期刊质量控制机制，由专家组成编委会，实行同行评议，按照学术论文标准编辑。开放期刊采用创作共用许可(Creative Commons License)授权，论文发表在网络上后，作者保留著作权，人们为个人学习和研究可免费下载、保存和传播论文。开放期刊分为立即开放、延时开放(例如第二年论文才开放)和新内容开放(例如第一年内容开放)。国际开放期刊多指立即开放，我国开放期刊存在多种情况。

开放期刊的运行经费来自多种途径。一类称为供应端付费，主要为作者交纳的论文处理费和广告、资助、捐助、主办单位直接或间接支持。不同期刊的论文处理费从数百欧元到数千欧元不等(多数开放期刊允许低收入国家作者减免论文处理费)。开放期刊运行经费的另一类来源称为使用端付费，包括机构会员集中资助其成员的论文处理费，通过出版纸本、个性化版本、增值产品、扩展服务等收取一定费用。多数开放期刊采取多种混合措施来支持运营。

2. 商业出版社的开放出版模式

商业出版社也在尝试多种开放出版模式，主要有3种模式。

复合出版：即在订阅期刊中允许论文作者支付论文处理费后使该论文开放获取。已有70多家出版社在论文经同行评议决定录用后，允许作者选择支付论文处理费使论文开放出版，例如Springer的Open Choices，Wiley-Blackwell的Online Open、AIP的Author Select、PNAS的Open Access Option、Elsevier的Sponsored Articles和Nature的Open Access Option等都属于这类复合出版机制。

购买开放：即允许第三方为论文支付论文处理费后实行开放出版。例如，美国物理学会（APS）的Free To Read计划允许任何人一次性为APS期刊的任何论文支付论文处理费，通过其网站开放获取，而且不需原作者同意（实质是将出版社拥有的网络传播权转为公开获取）。另外，由欧洲粒子物理中心牵头提出的SCOAP3计划拟由全球高能物理领域研究机构组成全球网络联盟，取消订阅，利用这些资金使高能物理领域的核心期刊转变成开放出版。

开放出版：部分商业出版社已开始试验出版全开放出版的期刊，例如，Springer将在2011年起出版12种学术性开放出版期刊，作者保留著作权，通过Creative Common授权许可人们通过网络下载和复用。Wiley-Blackwell也在计划于2011年推出全开放获取期刊。

3. 学术论文开放出版的资助策略[301]

学术论文开放出版又称GoldOA，指学术论文在发表后立即通过期刊网站提供开放获取其中，完全开放出版（FullOA）指整个期刊所有论文都开放获取，这些期刊称为开放期刊，相当多期刊要求作者在论文录取后支付论文处理费（Article Processing Charge，APC）；复合开放出版（HybridOA）指期刊中部分论文在支付APC后开放获取，期刊仍需订阅，这些期刊称为复合期刊是否应该或者如何资助作者支付开放出版APC，成为科研信息政策的热点问题。

学术论文开放出版成为主流趋势之一。开放期刊出版者不仅包括PLoS、BMC、eLife、PeerJ等完全开放出版社，也包括越来越多的订购型期刊出版社，如 AIP、APS、CPU、Elsevier、IEEEIOP、NPG、OUP、SAGE、Science、Springer、Taylor & Francis 等。而且许多商业出版社大规模推动复合出版。开放出版已经不再是原订购型期刊出版社的边缘业务。[224]

4. *学术论文开放出版的资助形式*

(1)专项拨款。英国研究理事会 2013 年向大学提供专项经费，由大学为本校受资助项目作者发表开放论文支付 APC[302]，第一个年度支持 45% 的项目论文开放出版，第二个年度支持超过 50% 的项目论文开放出版，到第五个年度使开放出版论文达到当年项目发文的 75% 德国科学基金会(DFG)也通过专门款项[303]，资助德国大学作者发表开放论文。

(2)项目经费支付。欧盟 Horizon2020 计划允许受资助项目作者使用项目经费来为项目发表的开放论文支付开放出版 APC 几乎所有科研资助机构都有类似支持，包括美国国立健康研究院美国科学基金会澳大利亚研究理事会瑞士国家科学基金会奥地利科学基金会等，以及我国的国家自然科学基金委科技部中国科学院等。

(3)机构资助作者。美国哈佛大学、康奈尔大学、麻省理工学院、哥伦比亚大学、密西根大学、杜克大学、欧洲粒子物理研究中心等多家机构，都设立了开放出版基金[304]，支持机构成员在开放期刊上发表论文。德国马普学会(MPG)长期资助其作者在 BMC、PLoS、Frontiers 以及 Springer Open 和 Wiley Open Access 等开放期刊上发表文章[305]。

(4)订购费转换。一些出版社推出订购费代为支付 APC(称为 APCOff Setting)英国皇家化学会(RSC)[306]表示，如果英国教育科研机构订购了 RSC 的 Gold Collection 系列期刊，该机构作者在这些复合期刊上发表开放论文时的 APC 从机构订购费中扣减，作者不再支付。英国物理学会出版社(IOPP)启动试点[307]，22 家英国研究型大学可用机构的订购费抵消本校作者在该出版社期刊上发表开放论文的 APC。美国化学会从 2014 年开始实行新的开放出版计划[308]，对定购 ACS 期刊数据库的机构的作者在 ACS 期刊发表开放论文提供 APC 折扣。

(5)集团支付。许多科研教育机构参加到开放出版期刊社的集团资助 APC 计划中。超过 500 家机构以多种形式资助作者在 BMC 开放期刊上发表论文[309]，包括中国科学院、中国医学科学院和上海交通大学等；近 40 家机构资助作者在开放期刊 PeerJ 上发表论文[310]，其中包括美国哈佛大学和英国剑桥大学等多所著名高校；而美国国立健康研究院、麻省理工学院、普林斯顿大学、德国马普学会、瑞士联邦理工学院、英国伦敦大学学院等成为 PLoS 的集团支付成员[311]。

(6)联盟资助。SCOAP3(国际高能物理开放出版资助联盟)[225]由包括中国在内的 30 多个国家 100 多个研究机构组成，集团向高能物理期刊出版者购买开放出版服务，将订购期刊转换为开放获取期刊，将机构原有的订购费转为开放出版费用，实现论文开放出版。

5. 学术论文开放出版的必要性和合理性

学术论文开放出版的必要性日益凸显。数字网络时代使得任何信息可以方便地广泛传播，这时仍不实行最有利于知识传播利用的方式采取各种借口阻碍知识的开放传播，是落后和荒唐的。当然，可采取开放存储实现学术论文在一定时间后的开放获取，但开放出版能立即实现最终发表版的开放获取，有助于论文内容的复用许可，可大幅度提升学术论文的开放速度和内容利用的深度。

资助学术论文开放出版的合理性日益明确。公共资助科研的目的是创造传播和利用知识，但在订购期刊环境里，知识传播到社会创新体系的最后一公里被阻塞。为保障公共科研投资效能的充分实现，应该把资助知识传播看成是公共科研投资的有机部分。

资助开放出版已经是资助机构的现实任务。其实，社会还面临另一种重复支付：资助机构实际上已经允许作者使用(而且作者已经在大量使用)科研经费支付开放出版 APC，其中包括向仍然收取订购费的复合期刊支付的 APC，但同时又在用财政经费去订购这些复合期刊在缺乏合理订购费扣减时，这相当于任由出版社赚取额外 APC 收入，也帮助出版社维持了订购期刊模式应该建立按开放论文比例扣减复合期刊订购费的机制，对这种不合理现象釜底抽薪。

资助开放出版已经成为资助机构引导市场良性发展的重要手段。越来越多作者通过支付 APC 发表开放论文，但单个作者往往是盲目弱势的，很容易受到不良出版社的欺诈，也缺乏价格博弈的能力在开放出版市场迅速发展游戏规则正在形成之时，迫切需要通过强有力的资助杠杆，引导市场游戏规则维护社会利益保护作者权益促进知识传播利用促进信息交流市场良性发展其实，支持开放出版已经逐步成为公共科技资助政策的重要部分。欧盟地平线2020研究计划的开放获取政策[231]、全球研究理事会的《开放获取行动计划》[312]、中国科学院的开放获取政策声明[313]。

3.6.5 开放存储政策

开放存储是作者将科研论文存储到机构或专业知识库中，立即或在一个短时间后提供开放获取，并实现长期保存。资助和科研教育机构的开放存储政策主要涉及以下规定。

存储对象：开放存储的重点是学术期刊论文，一些机构还将会议论文、学位论文、研究报告、演示文档、数据集和课件等包括进来。

存储强制性：有些机构要求强制性存储(Require 或 Mandate)，但有些则只督促存储(Request 或 Recommend)。

存储版本：就期刊论文而言，多数机构要求存储经过同行评议的最后录用稿，如果出版社同意则存储出版 PDF 版本。

存储时间：多数机构均要求在出版后立即存储。

论文开放获取时间：多数机构规定，如果论文本身是开放获取(开放出版或开放论文)，应立即开放，其他论文最迟不超过发表后6个月或12个月必须开放(这个期限称为“禁止开放期”)。

是否可免于存储：有些机构规定，在有合法理由并经过相应部门同意后，作者可以免于存储相关论文。

各个机构的开放存储政策都设置了必要机制来保护作者和出版者的合法权益，主要是：授权使用许可中保留作者和出版者的合法权利，在存储论文时保留完整的出版信息，在机构知识库中将论文记录同时指向出版社期刊网站，并提供多种扩展服务来为原发文期刊提供宣传与利用渠道。

1. 科研资助机构的开放存储政策

多个国家的46个资助机构提出了项目成果的开放存储政策，典型的是美国国立健康研究院(NIH)的公共获取政策。NIH 从2005年提出资助项目论文的开放存储要求，2008年开始实行强制性开放存储，即接受 NIH 全部或部分资助的科研人员必须将发表的学术论文在发表后存储到国家医学图书馆 PMC 数据库并在 12 个月内开放。该政策已纳入 2007 年国会拨款法案和 2009 年拨款法案。英国研究理事会的七个成员理事会全部实施了强制性开放存储政策。2008 年 8 月欧盟第七框架计划启动了开放获取示范项目,要求健康、能源、环境、信息与通信技术、基础研究设施、社会与经济研究、人文科学领域的资助项目论文必须存储到开放知识库中,科技类论文不迟于 6 个月开放,人文社科类论文不迟于 12 个月开放。另外,英国惠康基金会和美国霍华德—休斯医学基金会也实行强制开放存储。

2. 教育科研机构的开放存储政策

近百家教育科研机构提出了学术成果开放存储政策,典型的是美国哈佛大学公共获取政策。哈佛大学人文与科学学院、法学院、教育学院、肯尼迪政府学院的教师委员会分别通过决议,所有教师授予哈佛大学非排他性和不可撤销的许可,将其学术论文存储在学校的开放知识库中进行开放传播,有特殊情况的教师可向各学院院长申请同意方可免于某篇论文的开放存储。美国麻省理工学院、杜克大学、加州理工学院等也通过了类似政策。德国马普学会等也提出了督促成员进行开放存储的政策,并正在拟定强制性开放存储政策。

3. 出版社针对开放存储的政策

各个出版社关于论文开放存储的政策涉及多个方面。

是否允许开放存储:绿色政策,出版社允许作者存储未经同行评议的投稿手稿(投稿手稿)和经过同行评议修改的最终录用稿(录用稿);蓝色政策,出版社允许作者只可存储录用稿;黄色政策,出版社允许作者只可存储投稿手稿(部分出版社允许在限制开放时间下可存储录用稿);白色,出版社没有明确允许作者存储论文的任何版本。

存储地点:一般出版社规定只能存储到作者个人网站、所在机构的知识库和资助机构规定的专门知识库中。

开放获取时间:多数出版社规定了论文存储后的禁止开放期,同一出版社的不同期刊的禁用期也往往不同,多为 12 个月。

其他限制条件:出版社均要求作者和接受存储的知识库在知识库上提供完整的出版来源信息并提供指向期刊网站的 URL。

3.6.6 开放获取的支撑机制

开放获取需要法律、经济、技术和管理等方面的支持，这些支撑机制总体上趋于成熟。

1. 支持开放获取的法律机制

开放获取作品同样享有著作权保护。开放获取实质是授权公众为了合理目的可以不经作者许可而合法使用其作品的权利。

(1)针对开放内容的使用授权与利益保护机制：开放获取多采用创作共用许可(Creative Commons License，CC 许可)，致力于既保护著作权人合法权益又方便知识传播，在著作权人保留著作权的同时，授予公众为个人学习、研究等合理目的而下载、复制、保存、传播、展示、表演等使用作品的权利。CC 许可条件分为 4 类：署名(Attribution，缩写 BY)，可使用作品，但必须保留作品署名与出版来源；非商业使用(Non Commercial，缩写 NC)，可使用作品，但未经许可不得将作品用于商业目的；禁止衍生作品(No Derivative Works，缩写 ND)，可使用作品，但未经许可不得修改、转换作品或以作品为基础再创作；相同方式共享(Share Alike，缩写 SA)，可使用作品，如果改变、转换作品或再创作，则须采用同样的许可方式来发布演绎作品。

这 4 种类别可组成 6 种授权：

CC-BY(署名)；

CC-BY-NC(署名和非商业使用)；

CC-BY-NC-ND(署名、非商业使用、禁止衍生作品)；

CC-BY-NC-SA(署名、非商业使用、相同方式共享)；

CC-BY-ND(署名、禁止演绎作品)；

CC-BY-SA(署名、相同方式共享)。

许多机构采用 CC-BY-NC-ND(署名、非商业使用、禁止衍生作品)许可来保护著作权人权益，当然，许多科学家提倡使用 CC-0 将作品作为公共产品开放。

(2)在出版过程中保留作者开放存储和合理使用的权利：许多研究人员和教育科研机构要求，作者在发表论文时应保留自己在个人网站和机构知识库中存储论文的权利，保留自己为了教育、科研、宣传、再创造而利用论文的权利。但是,出版社在发表论文过程中往往要求作者签署版权转移合同,要求作者把出版权和网络传播权等(甚至利用作品内容和创作衍生作品等权利)转让给出版社,因此造成作者对自己作品的合法权益被剥夺。针对这种情况,许多机构利用多种机制来保障作者权利。

首先,应充分利用出版社已经同意的权利。多数出版社已经允许作者把论文的规定版本存储到个人网站、机构知识库网站和资助机构指定的网站上,在一定禁止开放期后开放获取。机构和个人完全可以积极行使自己的权利。

第二,许多机构(例如哈佛大学、MIT、加州大学等)为作者推荐规范的作者权益补充协议,作者在签署版权转让合同时提交给出版社,要求出版社保留作者进行开放获取和为教育科研合理使用论文的权利。该协议作为版权转让合同的补充部分,可取代版权转让合同中与作者权益补充协议不相符的有关规定。考虑到作者个人一般不熟悉著作权法规,也很难与出版社进行平等谈判,许多机构还以机构名义提出作者权益补充协议,建立专门部门为作者提供咨询服务,帮助作者与出版社沟通。

第三,机构可以与出版社签订集体性质的作者权益保护协议,规定机构成员在该出版社所属期刊发表论文时自动获得开放存储的权利,并对存储版本和发布禁止期进行规定。美国哈佛大学与美国物理学会签订的协议就属于此类,避免了由作者个人来解决这类问题。而且,机构与出版社可签订论文转载协议,同意在将这个机构成员发表的论文的指定版本在发表后规定时限内(例如一个月内)转载到这个机构指定的知识库中,双方商定禁止开放期,该期限结束时机构知识库将这些论文开放。目前许多出版社与NIH 就有这样的安排。这样既可减轻作者存缴论文的负担,同时可保证机构知识库的版本确实与出版社发表的内容一致,已经得到多家出版社的认可。

(3)保证资助方强制要求开放存储的权利:许多资助机构和教育科研机构提出的强制性开放存储要求,常被误解为与著作权法律冲突,但实际上这些要求有坚实的法律基础。强制性开放存储政策实际是资助机构为保障公共投资研究成果广泛有效公平传播而提出的资助合同条件之一。研究者可以选择不接受资助从而不受限制,但如果研究者接受资助,就意味着研究者自愿接受资助合同的条件，不存在非自愿的著作权转移。由于受资助者接受资助条件远早于受资助成果的出版，当受资助者与出版社签订出版协议时，受资助者的成果权利转移必须遵守先前的资助合同，因此也没有剥夺出版社的任何可以合法获得的权利。而且，开放存储的往往是最后录用稿，不是出版稿，不涉及出版社的版式权。公共资助机构开放存储政策还来源于著作权关系中的政府目的许可，即对于公共资助所产生的成果，政府有合同上的权利来获得对成果的著作权或使用权，包括为了公众利益而复制、传播、制作衍生作品等的权利。我国著作权法也有相近规定。公共资助项目实质上是政府受公众委托以合同形式资助，因此为更广泛传播和利用知识的目的而提出强制性开放存储规定，合情合理合法。

2. 支持开放获取的经济机制

(1)对发表开放论文和开放出版的支持机制：发表开放论文包括在开放期刊中发表论文或在订阅期刊中发表开放论文。发表开放论文可能要交纳论文处理费，对其支持包括：允许用项目经费支付开放发表论文处理费，例如德国科学基金会、欧盟研究理事会、英国研究理事会等允许受资助机构使用项目经费支持开放期刊论文处理费。美国哈佛大学和加州大学伯克利分校设立专项基金支持成员在开放期刊发表论文，并联合哥伦比亚大学、康奈尔大学、麻省理工学院等呼吁每所大学为机构成员在开放期刊发表论文提供稳定合理的支持。集中支付作者开放发表论文处理费。例如，德国科学基金会决定，德国各大学可以申请资助来支付本校人员在开放期刊上发表论文。英国惠康基金会和美国霍华德-休斯医学基金会也与多家出版社达成协议，集中支付开放出版费用。已有 39 个国家的 303 个机构成为 BMC 开放期刊的集团成员，近百个机构成为 PLoS 开放期刊的集团成员，集中支付本机构成员的部分或全部论文处理费。支持开放期刊的出版，包括直接支持开放期刊出版，例如德国科学基金会的开放期刊资助项目，加拿大社会科学与人文研究理事会资助开放出版期刊的试验运行，美国国家健康研究院等机构支持出版开放学术期刊。另外的支持包括间接的房屋、设备、人员等支持。对个人发表开放论文或者对开放期刊的支持，实际上是资助机构或教育科研机构购买知识获取权的一种新方式。在订阅期刊机制下，教育科研机构花费文献订购费，实际上购买的是有限范围的获取权甚至只是网络使用权。但支持开放出版或支持个人发表开放论文后，所发表论文自动、立即和广泛地开放获取，可以被作者机构长期保存，从而购买到更为有效和长久的知识获取权，同时实现了对科学研究与成果传播链的完整支持。尽管这种知识获取权目前还只覆盖小部分学术文献，而且暂时还与文献订购费并存，但已经有若干订阅期刊出版社开始根据开放论文比例减少订阅费用，已经有部分机构与订阅期刊出版社签订协议，将订阅费与成员发表论文实行开放获取绑定。前面提到的 SCOAP3 计划提议用研究机构资助取代订购费用，把高能物理领域核心期刊转成开放期刊，在新机制上保障全社会知识获取权。随着越来越多的机构支持作者发表开放论文和支持开放期刊，这种新的知识获取权保障机制有可能成为与订阅保障机制并行的、互补的，甚至主流的市场机制。

(2)支持开放存缴的经济机制：实施开放存缴需要建立和维护运行机构或专业知识库。许多国家将机构知识库作为科技基础设施的组成部分予以支持。许多国家通过专门项目来建设开放知识库。美国通过国家医学图书馆支持 PMC 知识库，英国研究理事会支持 PMCUK 等知识库，荷兰启动了高校机构知识库网络 DAREnet，德国科学基金会资助建立德国开放存储知识库网络 DINI，澳大利亚若干高校和国家图书馆共同建设知识库网络 ARROW，英、德、法等国家在欧盟 FP7 计划支持下建设泛欧机构知识库合作网络 DRIVER 和全球性机构知识库网络 COAR。德国马普学会、哈佛大学、斯坦福大学、加州理工学院、欧洲粒子物理中心等 1 500 多个教育科研机构都已建立自己的机构知识库来支持机构知识成果的开放存储和长期保存。欧洲粒子物理中心的 CDS 知识库存储自己成员以及合作研究人员的研究成果，已存储全文达 36 万篇。在我国，由中国科学院国家科学图书馆牵头组织了 120 余个研究所建设机构知识库，厦门大学等也建立了机构知识库。部分专业领域也建立了专业知识库，最为著名的是 arXiv. org，存储物理学、计算机科学等领域的预印本，成为物理领域最重要的知识资源之一。

3. 支持开放获取的服务机制

无论对个人还是机构，实施开放获取都涉及许多复杂问题。为了支持开放获取的顺利实施，许多机构建立专门机制，制定开放获取政策，组织开展宣传与培训活动，管理开放论文支付机制，管理开放获取知识库，为机构成员提供咨询和辅导等。例如，德国马普学会在马普数字图书馆框架内建立开放获取办公室，哈佛大学和加州大学都设有学术信息交流办公室，负责开放获取的组织、推动和咨询服务。许多机构还以机构名义与出版社签署集团协议，安排集中支付论文处理费，集中进行作者权利补充协议谈判，建立机构成员论文自动载入机构知识库机制等，提高机构成员实施开放获取的便捷性。

4 以开放创新理论为基础，提供针对研究型图书馆的解决方案

4.1 用户流失战略调整，让用户回流，并扩展自身服务范围，积极开展图书馆营销服务[117]

图书馆应该支持信息服务市场化（将那些可以更充分和更经济地有第三方提供的服务坚决外包或众包），以深化能为用户创造重要价值的专业服务能力。图书馆的变革与转型需要我们不断地去思考图书馆的战略、服务和价值。学术型研究图书馆需要摆脱主要用户对图书馆的传统认识，设计、开发和推广支持研究和教育的服务，并争取主要用户的认可。

用户需求从个体向群组转换，从而需要图书馆设计新的服务机制来满足。

需求复杂化，需求的层级向二三层转移（图 4-1）。

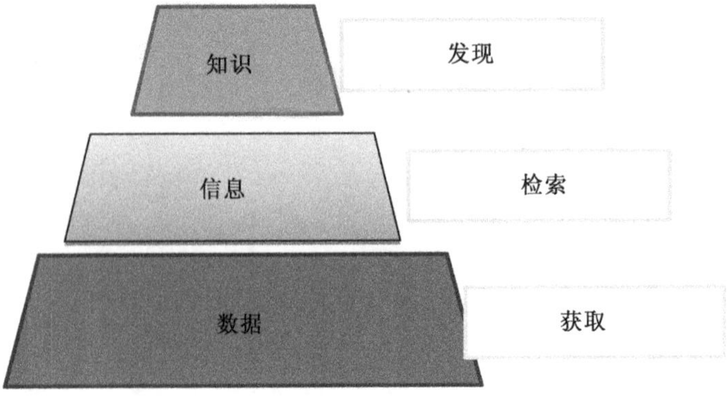

图 4-1

史蒂芬·柯维的成长模型[314]即人类成长的3个阶段,分别为依赖期、独立期、互赖期,同样适用于当前研究型图书馆。满足用户新的需求特点需要图书馆从依赖走向独立,从独立走向互赖。依赖期的人靠别人来实现愿望;独立期的人单枪匹马打天下;互赖期的人,群策群力实现最高成就。

4.1.1 从依赖到独立

学科领域服务中心(边缘化机构的可选竞争策略,专业领域知识环境)。用户需求从个体向群组转换,从而需要图书馆设计服务机制来满足。学科领域知识环境成为服务正在被边缘化的图书馆,特别是中小研究型图书馆的优先选择战略。

构建研究者与信息的桥梁[315]。图书馆员需要专供某一学科并向用户提供关于这一学科的相关知识和咨询服务,尤其是重视学科方面的知识服务。

构建以用户为中心的新型和变化的信息环境。作为研究与学习的合作伙伴来帮助信息用户组织、管理其新型和变化的信息环境。用户不仅仅通过构造自己为中心的信息(或情报)体系来实现其信息行为[316],随着信息服务和技术的发展,开始形成以用户为中心的信息环境。用户驱动的数字信息环境是数字未来的主要和主导场景。图书馆应该致力于数字化个性化的知识组织和分析服务,创造集成数字信息环境,以构建新的用户信息环境。

让用户成为图书馆开展服务的基本前提。嵌入式专业馆员是以用户为中心的信息环境的核心体现。只有熟知用户如何管理、获取信息,了解用户的工作流,图书馆才能开始设计和提供针对用户需求和提供高附加值的服务。

专业领域知识环境的愿景[317]是面向科研一线,支持融入科学研究过程的用户自主灵活地构建个性化的知识环境,支持知识资源和知识服务的动态聚合和智能发现,支持对领域知识资源的集成化、个性化组织。

中国科学院文献情报中心、中国农业科学院农业信息研究所在领域知识环境构建[317-319]、理论研究[320, 321]、专业领域组织模式[322, 323]、技术与工具[324]等方面进行了有益的尝试,在介绍国外最新进展的同时,也将研究成果应用到实践当中，其中中科院专业领域知识环境[325]、农科院的水稻知识服务系统[319]是国内较为成型的产品。

4.1.2 从独立到互赖

第一层次需求：区域或领域服务中心(传统业务的集大成者)。

在传统图书馆传统业务模式的范式下，不断地探索和创新，行业的"生产率"会不断地提升，那些"生产率"较高的图书馆会在核心领域不断地扩张，成为区域或领域服务中心。例如，国家图书馆的图书编目，农业科学院图书馆、医学科学院图书馆的采编等。

第二或更高层次的需求：知识服务范式(新服务机制的开拓者)。

现在我们不得不考虑哪些服务会从单个图书馆中剥离，分包公司或产生新的组织来替代。谁会替代图书馆提供传统印本资源服务。

区域服务中心的出现，为研究型图书馆提供了更多的空间来满足用户的多样化需求。图书馆联盟和公司构成了传统业务模式的成熟产业链。主要用户的大量流失，主要原因应该归因于我们服务层次一直停留在较低层次，尽管我们一直在探索与创新，但在传统范式下努力将我们导向了区域或领域的服务中心模式。我们不断创新的服务机制一直停留在满足已经基本饱和的用户需求层次，这对我们来讲是灾难性的。

现在图书馆工作人员愿意放弃期刊，但仍不愿放弃图书。区域性或国家层面战略的出台，将会是最佳的选择。在大的战略环境下，可以促使单个图书馆主体从容地放弃传统印本资源服务从而重新设计使用高价值的校园空间资源，将资源建设内容的侧重点从购买资源向建设学科领域或专业领域知识环境转变，从购买资源的角色向内容策划与组织的角色转变。

基于合作交互型知识服务范式[330]。知识服务的本质在于，以用户解决问题为中心，嵌入解决问题的过程，支持对问题解决方案的探索、构建等服务机制[326]，以满足在不确定环境下用户构建知识框架的"弱信息"需求[327]、支持用户梳理领域发展及结构和趋势的"战略性阅读"需求[328]，可能支持用户跟踪和阅读海量文献，辨析、组织相关内容，鉴别和分析领域的结构和趋势以建立宏知识[329]。

张晓林认为传统的孤立、单向、线性、被动的信息利用机制正在向基于网络、集群、交互、自组织的知识学习、分析和重构机制转变，融会图书馆、实验室、教室、报告厅和网络社区的集成交互服务模式已经开始显现。合作交互型的服务机制不再是多个信息资源、多样化分析工具简单的集合，也不仅仅是一个技术平台，更像是一个面向问题解决方案的、分析驱动的信息发现机制，面向知识创造、动态交互激励、动态知识构建的合作机制。

4.2 融入 MOOCs 环境的高校图书馆发展对策

MOOCs 的快速发展改变了传统高等教育的模式，从而会对高校图书馆的工作方式以及图书馆将来在学生学习过程中扮演的角色产生重大的影响。

图书馆必须利用自身在资源和服务方面的优势，积极参与甚至融入 MOOCs 课程体系中，拓展服务功能以支持课程教学，提升自己的核心价值。

传统教学模式下图书馆扮演的角色：在传统教学模式下，高校图书馆往往根据教学原则和推荐目录，通过为学习者提供借阅服务、导读服务，提供信息检索、发现、组织和管理服务，以及信息素养培训和知识服务等多层次、多方式的用户服务工作，帮助学校完成教学任务。

MOOCs 环境下对教师和学习者的挑战：在 MOOCs 环境下，对课程相关知识和学习资料的把握比传统模式下的要求要更加的丰富、深入和复杂。MOOCs 环境下要求每一个知识单元不仅要嵌入大量“情景阅读资料”，以帮助学习者通过扩展阅读学习，从而加深对知识点以及整个知识体系的理解和把握；还需要为基础较为薄弱的学习者准备补课阅读的资料，对学习材料组织提出了多线程、立体化的要求[331]。

在 2013 年，开放应用最典型的实例就是大规模网络课程（MOOC）的兴起，它也引起了图书馆界的极大关注。《2013 年高等教育版 NMC 地平线报告》中揭示了 MOOC 在教学、学习和创新研究领域投入主流应用的可能性。该报告预测短期内 MOOC 将在高等教育中得到广泛应用。联合国教科文组织指出，未来 10 年，每年的高等教育需求人数将超过 2 亿，其中大部分来自发展中国家。如果以传统方式来满足这些需求，将需要建立上千所新大学。利用互联网技术构建未来的教育，这正是 MOOC 想要实现的[332]。未来 MOOC 可能成为高等教育的固定组成部分。目前许多对 MOOC 的公开讨论集中在新型教育和评估方法、潜在商业模式、提供课程学分的可行性等方面。在全球都表现出对 MOOC 的极大热情时，大学图书馆员有必要了解这些发展对大学图书馆自身职责和角色的影响。在 MOOC 和图书馆的对接实践方面，图书馆在 MOOC 实践中能够扮演的角色包括：持续对 MOOC 学生提供诸如信息资源访问、所需场所的支持；作为 MOOC 教员的版权顾问，为 MOOC 学习者提供技术与研究协助；在 MOOC 建构过程中充当教学设计顾问。当然，图书馆也认识到了 MOOC 对于传统的冲击与挑战。MOOC 的出现代表了取消传统课堂学习过程的新兴趋势，但是方式较为极端。这未必是一种消极的趋势，然而它确实对大学图书馆造成了巨大影响。图书馆员至少能够意识到这些挑战，并做好服务准备，否则将有可能被遗忘于在线高等教育新发展之外。

当前图书馆在 MOOCs 中扮演的角色有 3 种。

角色一：版权顾问[333]。

MOOCs 会导致很复杂的版权问题[334, 335]。主要包括两个方面的问题[336]。第一，课程原创内容的版权问题。第二，课程使用资料的版权问题，这和图书馆直接相关。主要影响因素包括：传统数字资源使用的许可模式（因为许愿规模和地理上的发散性）；MOOCs 平台的商业性。（合理使用的豁免权并不适用于 MOOCs 环境）这两个因素导致了 MOOCs 课程要比传统课程在阅读资料和资源获取方面受到诸多的限制。因此，图书馆可以在此问题上扮演更加积极的角色（版权清理工作），主要内容是确保课程中的第三方内容满足下面 3 个条件之一[337]：资源来自于公共领域；资源获得了直接的授权或许可；满足合理使用的条件。而版权清理的目的就是有效保证所有课程资料都可以被学员获得。

版权保护咨询服务[338]。MOOCs 是一个面向全世界用户的开放平台，教师在使用教育资源时需要注意版权问题。美国的杜克大学图书馆（Duke University Libraries）为解决教师利用 MOOCs 平台进行教学时资源使用的版权问题，特别推出了一项版权和许可咨询服务。

角色二:信息素养培训师。

关联主义学习理论强调,MOOCs 学习中有两个较重要的技能,即寻找现有的信息和过滤次要和额外的信息。[278]假如没有信息素养方面的帮助或指导,很多的学生是没有能力完成学习任务。[339]图书馆员的作用是支持 MOOCs 学生评估自己的信息需求,判别有用的资源,提高在一个在线学习环境中查找、评估、获取、管理以及综合使用信息的技能[340]。

角色三:学习场所提供者。

MOOCs 课程长期保存服务。图书馆作为文化资源保存机构,不仅需要保存纸质资源,还需要保存数字资源。在开放的时代,应该将大量的开放性资源纳入的资源建设的范围,对相关的资源进行长期保存。对于高校图书馆来说,保存与教学科研相关的资源是其主要的职责之一,国外很多高校图书馆提供课程相关资源保存服务。

嵌入教学过程的知识服务。在 MOOCs 的大环境下,传统教学方式发生巨大变革,将图书馆的资源与服务有效的嵌入到新的教学过程中,直接参与教学过程互动来分析学生进行学习和利用信息的行为。

MOOCs 促进了高校图书馆从服务校园向服务社会的拓展,推动了图书馆从文献信息服务到数字化知识服务的转型发展,也对图书馆服务有机嵌入网络教学平台提出了更迫切的需求。高校图书馆基于这些需求变化,对自身角色进行了积极探索和有益的尝试,但仍需重新审视和规划自身的知识资源建设、系统平台建设和服务体系建设,以快速适应新的学习环境。

4.2.1 知识资源建设

1. 整合优质 OA 资源

在高校图书馆的数字资源体系中,目前商业数据库仍占据主导地位且对其使用范围进行严格限制,这种状况显然不能很好地适应新型学习形态的需求。随着开放获取运动的日益深入,网络上可利用的高质量开放学术资源越来越多,图书馆可通过引入 OA 资源改变这一现状,通过多元化的数字资源建设模式来增强自身适应变化的能力。目前适用于 MOOCs 的 OA 资源主要包括两类,一是面向特定学科领域或主题的 OA 期刊、开放机构仓储和学科知识仓储,二是来自于行业或机构门户网站、社区论坛等的热点新闻或热门资讯。

高校图书馆可通过以下步骤整合这些OA资源：

首先，调研并梳理OA资源的数量、类型和发布规律。高校图书馆可通过跟踪主要的OA仓储平台(如OpenDOAR[341]、DOAJ[342]等)、OA资源再利用项目[如BASE(Bielefeld Academic Search Engine)、CORE(Connecting Repositories)等]以及OA出版资助机构[如美国国立卫生研究院(National Institutes of Health)、欧洲研究理事会(European Research Council)等]，并对特定行业机构的网站进行持续跟踪和监测，掌握OA资源的数量、内容特征、许可协议和发布形式。

其次，定制遴选标准和采集规范。在遴选标准上，可重点遴选与本校学科专业相关、遵循CC(Creative Commons)协议且支持按照标准协议接口(如OAI-PMH协议)进行自动元数据或全文抓取的OA资源。在采集规范上，对于OA期刊、会议论文等遵循OAI-PMH协议的结构化资源，可通过自动抓取工具进行收割；对于新闻、资讯等非结构化的网络资源，则根据预设的元数据模型及资源本身的特点抽取关键词形成元数据，以便与其他数字资源进行整合。

第三，OA资源的采集。按照设定的采集规范选择合适的抓取工具，对OA资源进行元数据和全文内容的抓取与保存。

2. 构建智能化的动态数字资源知识网络

图书馆对数字资源的组织主要采用静态的元数据模型，但是这一模型仅能描述数字资源的最通用属性及不同资源之间的静态关联，无法有效支持对数字资源的多维度利用。因此，高校图书馆应优化已有的元数据模型，构建支持多重语义描述、与情境高度相关、可动态扩展与聚合的数字资源知识网络。

第一，快速调整以兼容MOOCs的资源组织模式。MOOCs平台遵循特定的行业标准，如美国国防部高级分布式学习项目(Advanced Distributed Learning，ADL)制定的学习资源组织标准共享内容对象参考模型(Sharable Content Object Reference Model，SCORM)，对学习内容进行聚合、打包和封装，以促进与其他平台的资源共享。高校图书馆应加强对国际通用在线学习技术标准的研究，对图书馆的元数据模型进行扩展，并探索两者之间的融合模式。例如，加强对数字资源技术支撑、用户使用模式、问题情境、生成性信息等语境的追踪，兼容 MOOCs 资源的聚合模型、问题情景、生成性信息和学习服务接口等元数据格式。

第二，建设基于网状结构的数字资源知识网络。其中：①任一数字资源或其属性都可成为中心知识节点，不同节点按照一定的规则相互关联，形成主题网络；②所有节点均可重复使用，通过不同规则与其他节点连接形成新的主题网络；③不同类型的主题网络可转换和整合到同一语义空间，进行跨专业、跨系统的语义互联和互操作；④所有节点的连接和拓展均基于自动化的流程，便于计算机进行自动化的识别和处理，为智能检索、集成、发现等提供基础。

第三，增强对社会网络资源的关联和支持。为促进基于 KNS 的动态学习过程，图书馆应加强对数字资源使用过程中形成的人际网络资源的积累，并实现数字化资源和相关的人之间的关联，如知识资源的创建者、二次编辑的协作者、领域专家或关注该资源的其他人。通过这种关联促进数字资源与外部学习环境之间的信息交换。当网络聚合到一定规模和深度时，知识网络将拥有社会智能，此后学习者获取资源的过程即是与知识网络发生交互的过程，将获得不断发展演化的知识。

第四，促进知识网络的动态更新和灵活扩展。为保持知识网络的活力和动力，图书馆应对新增数字资源的元数据进行持续的采集，并将其与知识网络中已有的知识进行比对、关联和聚类，根据匹配结果追加新知识或替换已有知识，进行知识节点的动态更新。此外，还应支持面向第三方数据（如 MOOCs 平台的数据）的开放登记服务，通过提供数据导入/导出接口，实现第三方资源与图书馆资源的有效关联。

3. 探索数字资源的开放服务

目前，商业数据库主要被用于服务于高校、科研院所等社会实体机构，面向网络虚拟社区的服务处于空白阶段。高校图书馆可联合出版商、数据库商进行服务于网络虚拟社区的探索。高校图书馆可通过约定授权读者的范围和服务方式，获取为特定网络虚拟团队（如某一 MOOCs 平台的读者）提供免费试点的授权，并以此为契机，通过读者访问量等引擎或抓手平衡各方利益，建立一个以图书馆为中心、连接多方利益主体的数字资源消费机制。

由于商业数据库的开放服务涉及出版商、数据库商、高校图书馆、第三方平台(及其承载的用户)多个主体,为保护各自利益,图书馆应将试点项目的读者与本校读者加以区分,分别进行管理和监测。国家开放大学图书馆即采用这种方式获得了部分出版商、数据库商将其数字化资源免费用于试点项目的授权,面向温州学习网等 4 个学习型城市的数字化学习中心提供开放服务。其中,国家开放大学图书馆负责各方主体的沟通协调,并负责具体的技术实施(如数据库集成、读者认证、数据统计等)。

4.2.2 系统平台建设

1. 建设基于开放架构的数字图书馆

数字图书馆系统是现代图书馆自动化服务的典型平台。目前高校数字图书馆通常采用的是封闭式系统架构,不利于实现与其他高校数字图书馆平台、MOOCs 平台等第三方平台的互联互通。开放平台框架(Open Platform)可实现不同信息平台之间功能的融合,是当前 Web 系统建设的潮流[343]。

高校图书馆可利用开放平台改造数字图书馆组织框架,在维持用户认证、数据库集成、资源检索与下载等基本功能的同时,通过开放平台接入第三方应用对自身功能进行扩展,或向第三方平台提供嵌入式服务。为提升平台的兼容性,可对不同结构的系统平台及其不同模块采取不同层次的关联策略。

第一,在元数据层面。采用元数据收割的方式对第三方平台的数字资源进行批量加载,在知识节点层面实现不同平台之间元数据信息的融合与管理,便利数字图书馆面向第三方平台调入或输出单项数字资源或数字资源集合。这种方式适用于与图书馆的数字资源库具有相同或类似元数据的数字资源模块。

第二,在功能应用层面。通过在数字图书馆或第三方平台部署 API 访问接口,可实现两者功能或应用的跨平台互相调用。数字图书馆可以纳入第三方平台的相关数字资源或服务,也可将自身功能模块嵌入到第三方平台之中。这种方式适合于与数字图书馆结构相似的平台或工具。

第三，在系统平台层面。在数字图书馆或第三方平台建立代理账号，通过代理账号获取进入对方平台及访问相关资源和服务的授权。该模式中，两个系统平台各自独立运作、互不影响，适合于与数字图书馆结构差异较大的信息平台或系统。

2. 完善大规模校外远程访问系统

近年来一些高校图书馆根据服务需求一直在致力于探索通过有效的远程访问方式满足读者的校外访问需求，如业内普遍采用的 VPN 技术、反向代理、RasDL 和 IRAS 等。MOOCs 学习者也可以通过校外远程的方式访问高校图书馆，且具有“大规模”、“访问环境复杂多样”、“独立于图书馆的认证系统”等新特征。

为支持 MOOCs 读者的访问，高校图书馆需要增强远程访问系统的功能。

第一，根据应用环境的发展变化快速改进或变革旧的远程访问系统。由于信息应用环境变幻莫测，任何校外远程访问系统都不会永远适用。例如，2011 年底，网络应用环境曾发生较大变化，旧的应用环境不断升级（如 Windows 操作系统和 IE 浏览器的频繁升级），新的应用环境不断涌现（如 360、火狐等浏览器的市场份额增大），以 RasDL 和 IRAS 为代表的远程访问方式由于只支持 IE 浏览器，限制了读者的资源访问路径，VPN 技术则因支持各种协议成为较为理想的解决方案。

第二，兼容 MOOCs 平台的身份认证机制。当前图书馆与第三方平台（如 MOOCs 平台）实现联合认证的方式主要包括三类：一是在远程访问系统认证管理组件部署联合认证模块，与目标平台的用户认证体系进行认证消息交换以完成联合认证；二是基于国外数据库普遍支持的 Shibboleth 协议从数据库层面进行联合认证，如 CALIS 等推出的 CALIS-CARSIShibboleth 服务，便支持读者在校外以实名认证的方式登录和访问各个高校图书馆的数据库；三是通过第三方公众账号在图书馆和第三方平台之间做中间跳转以实现联合认证，如 QQ 账号或微信账号。三种联合认证方式均可实现读者登录 MOOCs 平台后，不需要重复登录即可访问图书馆的资源和服务。

第三，定期测试校外用户的访问效果。高校图书馆可通过读者调研、多点测试、后台监测等方式定期测试系统并发用户数和访问速度，并在系统达到满负荷之前及时采取措施，保障读者的顺畅使用。

3. 开发部署分布式读者数据采集与分析系统

针对 MOOCs 学习过程数据的分析利用已成为远程教育领域一个新的研究方向——大数据与学习分析技术[344]。对图书馆而言，大规模学习者使用图书馆产生的海量数据及其中蕴含的基本规律，也将助力图书馆把握读者需求、提供更为精准的服务。

高校图书馆可通过四种途径获取读者校外访问产生的数据：一是嵌入式电子问卷。在一份电子问卷设计完成后，图书馆可将问卷进行拆分并灵活嵌入 MOOCs 平台的不同板块，如采用较为隐蔽的方式嵌入到图书馆提供的关联学习材料中。二是借助图书馆的自动化平台进行自动跟踪和记录。例如，可利用数字图书馆和校外远程访问系统平台底层的数据管理和计算功能，对远程到访读者的数据进行全面监测和记录。三是通过 MOOCs 平台调取相关访问数据。在获得调用相关数据的授权后，图书馆可从 MOOCs 平台的在线课堂、学生学习空间、课程论坛等应用中获取所需数据。四是其他补充收集数据的常规调查，如邮件调查、读者留言与反馈等。

由于不同来源的数据具有分布、离散、异构、多样化等特点，图书馆应建立跨平台的读者数据采集及分析系统，通过数据共享和数据流转机制对不同来源的数据进行结构化处理，并自动加载到读者数据分析系统中，利用数据统计、知识挖掘、人工智能等技术对累积的全量数据进行系统深入的认知、理解和推理，析取读者的资源获取需求及其与读者的个性特征、知识结构、职业背景、学习行为、交互数据等之间的交叉关联，以支持高校图书馆的科学决策和服务提供。

4.2.3 服务体系建设

嵌入式服务是高校图书馆服务于 MOOCs 的主要方式，嵌入式图书馆员是实现该服务的热门话题。通过担任版权顾问、信息素养培训师、多媒体制作指导师等角色，MOOCs 项目小组中包含图书馆员被认为是许多大学的最佳实践[345]。但是，由于人员有限，图书馆员不可能介入所有课程的项目小组中。因此，高校图书馆应在充分把握读者需求的基础上，利用图书馆日益完善的数字化资源与服务平台提供多种嵌入 MOOCs 教学过程的服务。

第一，由 MOOCs 教师或学习者自行链接或分享。教师在建设网络课程或组织讨论时，可将图书馆数字资源库中的某一知识点、某篇文献或某一图书的相关章节链接或分享到在线课堂、课程论坛等模块，供学习者在线阅览和下载；同样，学习者也可自主分享所关注的数字资源到个人空间或公共讨论空间。为提升读者体验，高校图书馆可将数字图书馆的通用功能整合成客户端工具，供读者在浏览学习资源、参与互动或编辑文档时，通过鼠标划词等方式进行快捷的查询或分享。中国科学院文献情报中心的嵌入式知识发现工具“e 划通”便具有类似功能，支持划词搜索、数据库查询和参考咨询。

第二，在 MOOCs 平台嵌入相关数字资源或应用模块。高校图书馆可对自身数字资源进行预关联组织、重组和集成，将“大而全”的资源依主题或领域聚类并输出为“小而精”的专题库或资源包，并将其嵌入到相应的 MOOCs 平台。例如，针对 MOOCs 平台中考试、留学、就业等热门专区，可建立资讯快递、资源推荐或热门图书推荐等栏目，推送多样化的资源，还可以将图书馆信息素养培训的相关内容集成到相关课程空间中去，帮助提高学习者的知识获取能力、利用能力和创新能力。

第三，扩大个性化的推送服务。依托读者数据分析系统挖掘分析读者获取与利用资源的规律并预测其潜在知识需求，通过数字资源知识网络对这一需求进行智能匹配、检索、集成和输出，基于此向 MOOCs 平台的每一门课程及每一位学习者自动推送与情景高度相关的数字资源，及时满足并引领用户需求。

MOOCs 以大规模开放共享的优质教学资源为突破口，依托结构化的课程体系、系统化的平台及社交网媒技术面向全球学习者提供无差别的在线教学服务，颠覆性地创新了传统高校的教学模式，对图书馆提出了全新的服务要求。

高校图书馆的生存及发展深受信息技术变化和教学科研环境的综合影响。面对 MOOCs 这一新型教学环境，高校图书馆应该以开放的姿态拥抱其带来的机遇和挑战，尽早立足于自身发展的实际探索新的发展策略，以优化资源配置、改善平台架构、拓展服务内容、满足用户不断变化的知识需求。

4.3 泛在信息环境下图书馆发展转型

1. 重点研究泛在信息的发现、组织和交互机制

对泛在知识环境中各个领域的各类信息及其逻辑关系进行系统描述，形成新的信息搜集、管理、分析、存储和互操作的机制，以便图书馆帮助用户准确快速地进行趋势分析、重点过滤、发展预见、重大计划跟踪分析、重大成果影响分析、生产力竞争力分析等，为泛在图书馆建立良好的运行机制打好基础。

2. 全面理解用户的需求，深入探索图书馆的服务创新

研究图书馆在泛在信息环境下所催生出的新功能，考虑图书馆如何更新服务理念，调整服务思路，改进服务方式，提供系统化、专业化、知识化以及具有准确性、可靠性和完备性的信息，为人们提供“8A”化服务。探讨图书馆如何根据用户提出的信息需求来探索相关联的知识对象与知识关系，构造出可重组、可扩展和可视化的知识地图，发现新的需求和新的内容，主动揭示需求、激发需求，在向用户提供传统文献资源服务的同时，通过数据挖掘和分析，对读者的需求发展做出预判断，制定服务策略，创新服务功能，形成新的服务能力。以高校图书馆为例，在面向泛在信息社会的转型中，图书馆的服务应区分为面向学习需求的服务和面向研究需求的服务。面向学习的服务主要支持本科生学习，包括书刊阅览外借、终端外借、电子教参、MOOCs、创意工作坊、写作工作坊、音视频点播欣赏等。面向研究的服务主要包括课题咨询、查新查收查引、专利服务、知识产权服务、竞争情报服务、科研态势分析、科研工具应用、决策支持、馆际互借文献传递服务等。

3. 需要强大的信息基础设施的支持，做好技术保障

在寻求泛在图书馆最佳解决方案的过程中，应该构建基于网络的分布式图书馆信息架构，并寻求配套资金支持。技术上要研究图书馆如何在现代信息环境中将各种智能化的信息技术有效结合，集成应用于知识组织、数

据挖掘、知识发现、数据融合、智能搜索等方面。

4. 图书馆要进行业务模式、组织方式以及人力资源建设的相应转型

泛在信息环境下，图书馆的资源组织方式、业务流程、信息基础设施、服务方式等的变化，要求图书馆必须进行机制优化和组织机构调整变革。主要策略有：建立与深化战略联盟协同开展工作的协作机制：包括馆际协作、跨机构协作、馆内协作等。有机协作的整体能够对来自全球的海量资源进行灵活存取，也便于为来自全球的用户提供个性化的知识服务，同时有利于人力、物力资源的有效管理和高效运用，在节约资源的同时达到工作效率的最大化。进行组织模式变革，重构业务组织与工作模式，策略包括：重构业务组织模式，由单一链条/条块式向多元网格化转变（平面线形结构向多维立体网格状结构转变）。在图书馆整体组织架构层面，各图书馆要立足本馆的历史与现状，在审视泛在信息环境下信息资源生命周期的基础上重新梳理图书馆业务流程，逐步推进业务组织模式的重构。具体到单个业务环节，也需要在纵深方向构建多元网格化集成组织模式。鉴于越来越多的师生将往返于不同地点进行学习、教学和研究，纽约大学图书馆推行“全球服务整合”战略，通过整合基础设施以及各交流地点所有员工的技能和专业化知识，致力于建设一个集成、协作、高效的服务组织，能够在所有交流地点有效运作，提供一系列协调的在线联网服务，即形成一个集成的全球员工体系[346]。工作模式转型，移动化的物理场所与无处不在、无时不在的虚拟空间，包括移动/远程办公、虚拟社区组织等。

建立灵活高效的图书馆组织架构，进行机构重审与调整。应打破以传统单链式业务流程中的工作环节为基础的机构设置方式，而从泛在服务的内在要求及泛在图书馆建设的需求出发搭建组织架构，并且注意兼顾本馆的功能与特色。

与此相适应，要进行人力资源建设的转型。泛在信息环境下的图书馆行政重组、运营变化以及战略计划被认为是推动职位职责变化的三个首要力量。转型策略包括：重新审视岗位设置，重新定义传统岗位、设计并创建新岗位、合理匹配岗位与人员。图书馆人员要进行角色转型，图书馆馆长是组织的战略管家，对图书馆实行企业家式的领导；原本由馆长负责的图书馆的管理与领导工作可以更完全地由高级管理团队担任[347]，高级行政管理

人员需要将图书馆运作视为整体，开展团队工作，并确保内部生产力、运营效率以及进行必要的调整以实现图书馆的战略目标和目的；图书馆员作为泛在图书馆的实际建设者，将成为对图书馆传统角色提出新功能需求的重要驱动力，也是图书馆核心竞争力所在；作为主要的招聘部门，人力资源部要在新、老馆员之间维系平衡，人力资源工作者一方面要确保吸收到优质人才，使图书馆能够健康发展，保持竞争力；另一方面又要关注平衡老一代馆员的利益。进行组织文化变革，努力创建泛在信息环境下新型的组织文化。建设学习型组织、开放型组织、高效能组织、创新型组织。

5.根据建设的需要进行图书馆空间重构或转型

泛在信息环境下，图书馆"没有围墙"、"无所不在"，在被社会重新认识的过程中，图书馆被认为是一种场所或空间。近 20 年来，图书馆的服务发生了巨大变化，体现在从以"藏"为主转向以"用"为主，从阵地服务转向网络化服务，从读者上门借还书转向足不出户即可获取资源和服务……探索图书馆空间重构或转型的趋势，创造符合泛在信息环境下读者需求的空间，以及与空间配套的完备的信息基础设施，具有重要意义。

泛在信息环境下，图书馆空间的重构已经显现出如下趋势：藏书改为密集排架或转移到远程书库，腾出更多的空间供读者使用；信息/知识/研究/媒体共享空间及其设施的建设成为潮流；数字媒体实验空间非常普遍，数据实验室或创客空间起步并将快速发展；提供与空间配套的完备的信息基础设施及其服务；空间功能更加注重以人为本，不断拓展。

在图书馆空间建设与转型的过程中，应强调如下对策：结合泛在图书馆文献资源体系的发展思路及服务方向调整或布局图书馆空间；要考虑未来空间设置的多样化，服务的个性化、精细化；空间的布局更加精致舒适和人性化；建设智能、环保、安全的图书馆空间；合理规划现有空间：转换馆藏建设的战略实践，增加电子资源的采购，减少印本书刊的购入，控制书库空间的增长速度；利用区域联盟共享印本资源，实现本校书架空间利用的最大化；利用自动化系统管理印本馆藏，最大限度地利用本校所有可用的设施；减少馆藏冗余，适时适当地剔除类型重复的图书馆资源，并探索其他策略；建立机制对改造后的空间使用情况进行持续性评估，随时调整空间的功能或布局，以利空间的最有效利用。

在泛在图书馆的建设中，如何在技术、资源、服务、管理、空间、人才等方面实现创新与转型，是图书馆未来发展的巨大挑战。

4.4　大数据环境下图书馆的应对策略

大数据能够提升图书馆的服务质量随着大数据时代的到来，图书馆的数据处理对象、范围、方式等都将发生改变，以往图书馆以资源为核心竞争力已经难以为继。时代赋予图书馆新的责任，就是以用户为中心、以更好的服务为手段来吸引用户。如根据用户借阅记录对用户的偏好和借阅习惯等进行数据分析和挖掘，从中总结出新的服务方案和服务策略。另外，随着微博、微信等社交网络的兴起，即时通信对人们的影响力越来越超越搜索引擎，这其中产生了大量非结构化数据和半结构化数据，虽然价值密度不如结构化数据高，但也应当引起我们的重视。通过大数据分析技术收集整理这些数据，从中分析归纳读者的偏好、搜索历史、地理位置、搜索时间等，可以更好地提升图书馆的服务质量。

大数据将成为图书馆的核心资产。未来的图书馆核心资产将是对图书馆大数据的综合掌握。迅速增长的复杂多样的图书馆藏数据、读者需求数据、信息服务数据等都能为图书馆未来的发展和服务提供趋势分析的依据。大数据的拥有量必将成为衡量大数据时代图书馆综合水平的一项关键指标。

大数据能为图书馆的长远发展战略的制定提供支撑。当前数字图书馆的主要任务是实现文献资源的数字化、网络化。但是随着大数据时代的到来，图书馆之间的竞争已经不再是馆藏资源、借阅服务等基础服务内容方面的竞争，更多地是图书馆对数据的挖掘和分析能力以及根据读者服务数据分析其信息行为的能力等方面的竞争。因此，利用大数据揣测读者的需求和期望，找出最佳的服务方案和策略是图书馆的新目标和新任务。图书馆发展策略的制定与实施必将以图书馆系统大数据的分析、挖掘、处理、监护为支撑。

4.4.1 大数据时代图书馆的服务模式[348]

大数据时代的到来和大量相关技术的应用，为图书馆的服务带来了机遇，也不可避免地带来一些挑战。图书馆需要长期的良性发展，必须紧跟时代潮流。大数据使得迅速增长的海量、复杂数据的及时获取和深度挖掘成为现实，为图书馆的发展带来了新的活力，也将为图书馆服务带来诸多增长点。大数据时代图书馆的服务模式主要有：

1. 引入个性化推荐的方式开展图书馆的个性化服务

随着大数据时代信息技术的飞速发展，用户获取信息的首选渠道已经不再是口耳相传或是去图书馆借阅工具书，而是借助百度、谷歌等搜索引擎，昔日作为文献检索主要阵地的图书馆已经不再为人们所依赖，图书馆逐步丧失优势。直面竞争，图书馆必须提供更准确便捷又有针对性的个性化服务[349]。因此，在大数据时代，图书馆应从海量复杂、凌乱的数据中分析、挖掘出用户的阅读行为习惯、偏好和需求，这将成为图书馆未来发展策略的重要内容；此外，图书馆也应当根据分析得到的不同时期不同类型用户的喜好和习惯，及时对自身的发展策略做出灵活调整。例如，用户在图书馆系统进行图书借还产生的流通日志数据、书目查询所产生的 OPAC 日志等，都应被有效利用，成为未来开展个性化服务的基础之一。所以，图书馆应以大数据分析结果为依托，以用户偏好为着眼点，引入个性化推荐的思想，进行图书馆资源个性化推荐，为用户提供更高效、更准确的个性化图书馆服务，体现大数据时代图书馆的价值[350]。

2. 运用信息可视化加强图书馆的知识化服务

大数据时代，阅读碎片化和功利化趋势日渐明显，人们没有更多的耐心和时间来阅读图书馆提供的大篇幅的文献、资料，用户不再满足于图书馆内相关的知识产品，大量的非结构化数据、短小精悍的热点评论、被加工过的知识产品更受用户欢迎。大数据中包含了规模庞大的重要信息，用户期待对其进行更深度地分析，以便更好地从中发掘知识。信息可视化是一个跨学科领域，旨在研究大规模非数值型信息资源的视觉呈现，帮助人们理解和分析数据。信息可视化与科学可视化相比，更侧重于抽象数据集，如非结构化文本或者高维空间当中的点，这一点对于研究非常有利。信息可视化能够为图书馆的用户提供一个方便易用的知识环境,可以将检索过程开始到检索结果及结果之间的关系进行主题的可视化,对数据库内容和时间分布进行可视化等。更进一步来说,可以利用信息可视化制作各类学科地图,归纳和解释不同知识领域的结构和特征,映射知识领域的最新研究成果和发展趋势,为用户从更高层面挖掘信息资源中潜在的价值资源,促进来自不同领域、拥有不同学科背景的用户提高信息获取效率和准确度,从而提升图书馆的服务水平[351]。

3. 从提高技术智能化入手实现图书馆的智慧化服务

复杂的海量数据本身就会对信息存储、高速传输、深度挖掘等提出更高标准的挑战,图书馆面对呈爆炸式增长的数据,必须将技术智能化提升到一个新的水准。第一,对图书馆本身来说,在保障文献资源丰富的同时,更要运用智能化技术对海量数据进行深度挖掘、创造,从而节省人力物力,并达到依靠人力无法达到的目标。第二,从图书馆的服务对象——读者来看,图书馆服务手段的智能化程度提高和智能化技术、工具、平台的实践应用、所需的图片与视频,以及社交网络、借阅记录等产生的大量非结构化、半结构化数据,都能为图书馆的智能化决策分析提供帮助。第三,从智能化服务中的知识流通来看,技术层面智能化服务的提高能够促进资源整合,从而促进知识的智慧传播,使知识的流通与传播模式从单主体被动接收向多主体主动参与转变,从而促进知识整合和服务整合[352]。

4.4.2 图书馆敏感大数据的保护与安全管理策略[295]

1. 实现大数据敏感度的精确检测与发现

图书馆传统的敏感数据检测方法是预先设定敏感数据的标示符、关键词和文档属性,通过将大数据与已设定特征参数比对的方法来发现敏感数据,此种方法具有敏感数据发现精确度低,不能准确识别数据的结构类型,不能有效挖掘隐匿敏感数据的缺点[353]。因此,必须构建基于大数据语义识别的敏感数据人工智能发现算法,才能完成敏感大数据的采集、敏感信息的解析和敏感内容的分类。诸如读者姓名、身份证号、电话号码、个人账户和密码等数据,此类数据具有结构化大数据格式,数据内敏感信息的隐匿程度较低,图书馆可通过 EDM(精确数据比对)方式,进行快速的结构化敏感数据识别、归类存储和详细标示。而对于读者阅读地理位置、移动路径、实时阅读行为和历史阅读行为等非结构化数据，虽然此类单一的数据无法表现和预测读者的行为状况，但通过对这些数据的融合和关联分析，则可精准预测出读者未来拟到达的目的地和即时行为。因此，图书馆应以敏感内容智能识别为基础，通过对数据的语义解析和关联分析，挖掘出大数据中蕴藏的敏感信息，并对数据进行敏感度评估和分类存储。此外，图书馆还应按照大数据决策业务需求和访问者行为的分类，通过网络日志审计和访问终端审计的方式，对图书馆不同业务部门人员的数据访问行为和访问者越权访问的数据库进行敏感度评估，通过用户访问行为跟踪实现海量大数据中敏感数据的定位、发现、识别、评估和归档。

2. 对敏感大数据执行实时、动态的脱敏策略

据美国的一份研究论文称[353]，仅使用邮编号、生日和性别信息即可识别87%的美国人。图书馆应通过对敏感大数据的实时脱敏，在不降低大数据决策科学性的前提下保证敏感大数据安全，图书馆应借助数据脱敏技术屏蔽敏感信息，同时保留原始敏感数据的数据价值、格式与属性，才能确保敏感大数据脱敏后具有较强的业务相关性、结构完整性和复原可逆性，以及不能被第三方通过二次数据挖掘和重建恢复原始数据，确保在图书馆服务决策中真实、可靠和可用。以读者身份敏感数据为例，可分为能够直接定位读者的全识别数据(如姓名、身份证号、电话号码和住址等)和整合后可定位读者的半识别数据(如邮编、出生年月、阅读历史记录、阅读爱好、阅读社会关系等)。图书馆在大数据决策中为避免敏感信息泄露，应移除与图书馆大数据决策相关性差并可直接定位读者的全识别数据，而采取数据转换的方式将半识别数据隐匿，在保证大数据决策科学性的前提下可有效防止敏感数据泄露。其次，图书馆在读者个性化服务定制的大数据决策中，重点关注的是与读者个性化阅读需求相关的历史阅读内容、阅读模式、阅读终端设备类型、阅读兴趣、阅读行为与社会关系数据，而不关心读者的姓名、身份证、健康状况、银行账户等信息，因此，图书馆脱敏后的大数据应保持原始数据的业务属性、相互关系、可读性和价值总量，不能因随意更改数据的类型、字段结构而影响大数据决策可用性。第三，应依据大数据决策的实时性和敏感数据使用频率，对决策实时性需求不高、读取频率低的大数据采取静态数

据脱敏的策略，通过屏蔽、变形、替换、格式保留加密和强加密算法的方法，确保大数据脱敏率高、快速、可靠和低成本。而对于实时决策需求高的敏感数据则通过动态数据脱敏的方式，采取数据库用户名、IP地址、客户端工具类型、访问时间和访问权限限止等方式实现访问控制，阻止非法用户获取敏感数据，此方法具有较高的安全性、实时性和脱敏经济性。

3. *执行覆盖敏感大数据生命周期全程的安全风险控制策略*

敏感数据的发现与分类是图书馆查询、发现敏感大数据，以及定位敏感大数据存储的数据库、网络节点、用户终端和应用程序所在位置的过程。由于图书馆具有IT服务系统规模庞大、用户节点众多、新业务激增和数据传输网络结构复杂的特点，大数据管理员难以全面描述敏感数据的产生来源、存储数据库、管理模式和安全标准等信息，必须通过定义敏感数据管理规则的方式，由数据库自动化地智能查询敏感数据的存储位置和敏感级别，并执行相应安全级别的敏感数据管理策略。

大数据库和大数据应用决策系统的评估与加固，是图书馆评估大数据库的系统漏洞、配置安全性、用户数据库访问行为安全性、安全审计可靠性、数据库加密和数据库变更追踪的重要步骤，能够保证图书馆敏感大数据库安全管理策略随着图书馆安全环境与需求变化，而自我巩固、完善和优化的过程。大数据存储与应用全程的监控管理，是图书馆对数据库运行异常实时监测、安全管理策略执行可靠性有效监控、用户访问身份及权限的细粒化控制、面临安全威胁的细粒化管理、安全信息和事件的集成，以及对上述大数据存储与应用全程的监控管理结果，以图、表的形式可视化展示给大数据管理员，来提高图书馆敏感大数据管理的工作效率、精确度和实时性。敏感大数据的安全审计和报表产生，主要负责对敏感大数据库管理事件、安全审计、合规报表和用户访问行为的统计、分析与结果报表的生成，即可作为大数据管理员敏感数据管理的决策依据，又可作为大数据安全管理历史数据，为图书馆敏感数据管理策略的制定、安全事件分析和事后追责提供参考依据。

4. *有效防范图书馆内部用户对敏感大数据库的攻击事件*

《IBM2015X-Force第二季度报告》显示[354]企业的“内部威胁”在众多攻击手段和威胁方式中高居榜首，此外，IBMSecurity2015年网络安全状况统计也表明，企业内部威胁在众多攻击类型中危害更大，55%的攻击事件都来自于拥有系统访问权的内部人员。因此，图书馆大数据库管理应将对内部人员的访问控制和安全事件作为重点，从大数据的存储和应用源头入手，构建包括敏感大数据库管理、大数据决策平台、大数据传输系统的敏感数据监控、审计、分析、存储和保护平台。首先，图书馆应通过对大数据敏感度的扫描、分析和跟踪，明确敏感大数据存储的物理位置和传输节点，以及对存储敏感大数据的数据库和访问者进行实时安全审计，依据安全审计结果，降低或者取消图书馆内部不安全特权账号的访问权限。其次，图书馆在对敏感大数据库的安全性进行分析时，应结合敏感数据的应用源头（源用户、源应用程序、数据源存储位置）、应用目的（数据决策的对象和目标）、应用时间与环境等，对访问敏感大数据的用户行为和结果的安全性进行判断，及时发现访问者的恶意行为并评估其后果的严重程度，以限止或者拒绝危险的内部用户访问。第三，应依据敏感大数据库不同的安全需求，构建数据库安全审计系统、数据库准入系统、数据库透明加密系统和数据库堡垒机的方式，实现贯穿敏感大数据库存储安全事件生命周期全程的安全审计，完成敏感数据存储安全事件预警、安全报表定制与可视化展示、事件事后分析和安全决策的反馈优化。此外，还应通过构建数据库方式对敏感大数据库等进行集中账号管理、危险操作控制、细粒度的权限管理和访问审计等，帮助图书馆提升敏感大数据库的风险控制水平。

5. 特别应加强用户对敏感数据访问身份和权限的管理

访问控制是图书馆敏感数据保护体系构建中应重点关注的问题。首先，敏感数据保护体系应在保证图书馆不同业务部门和人员大数据决策需求的前提下，在大数据决策收益和敏感数据面临的安全风险之间科学均衡，通过访问控制限制黑客和图书馆员对敏感大数据的越权访问。其次，敏感大数据保护体系还应对经 Internet 网络流向图书馆的读者阅读终端数据、传感器采集数据、视频监控数据、第三方共享数据等，进行大数据内容安全性、组织结构、敏感级别、输出行为合法性审计、恶意程序检测等进行评估，当发现数据安全问题后应及时告警，对敏感大数据采取相应的封堵、删除和脱敏操作。第三，图书馆必须加强敏感大数据在访问（主机链接规则、数据库访问操作规则、应用访问操作规则以及终端数据访问规则）、存储（非法、越权的访问和操作）、传输（异常传输流量监控、传输协议分析）、分析（敏感大数据之间的相关性）和应用过程（敏感数据与图书馆业务的关联性）中的监控。第四，图书馆传统的数据备份解决方案是针对关键数据的周期性备份，存在着数据备份窗口数据丢失、备份实时性差和影响大数据动态决策效率等问题。为避免因敏感大数据备份、还原而导致大数据存储库宕机和数据丢失现象发生，应采取持续数据保护（Continuous data Protection，CDP）技术，在不影响主要数据运行的前提下，完成持续捕捉或跟踪目标大数据所发生的任何改变，并将数据库快速地恢复到此前的任意时间点。

大数据环境下，敏感大数据的保护应与图书馆业务部门职能和读者个性化阅读需求紧密结合，依据敏感大数据生命周期发展科学规律，重点加强对敏感大数据发现、敏感级别划分、安全防御系统构建、敏感数据存储和安全管理有效性综合评估等几个关键环节的管控。此外，图书馆还应不断地提升对敏感数据的感知力、敏感度划分科学性、访问控制智能化和加密脱敏可靠性水平，实现对敏感大数据存储库的实时安全监控、细粒度的数据库审计、访问者的身份识别与权限限制、数据库的漏洞修复、敏感数据的分级与隔离，才能有效阻止非法用户访问、窃取、篡改、分析和使用敏感大数据。

4.4.3 打造特色馆藏和本地资源

在数字资源生态竞争日益激烈的情况下，图书馆为了建立自身资源的“区别性优势”，越来越重视对于自身特色馆藏和本地资源的建设。根据ARL发布的定义，特色馆藏通常是指安置在一个专门的、安全的空间内的资料，其流通是受限制的。由于其特殊性质，特色馆藏往往被单独处理。尽管如此，由于其卓越的特征，特色馆藏为研究图书馆提供了丰富的机会帮助实现其教学和研究任务。在重新平衡馆藏投资的过程中，特色馆藏可能成为图书馆的一个日益重要的组成部分，是图书馆的一个核心要素，有必要对其价值进行审视，并将特色馆藏及其专门人员配备视为图书馆不可或缺的资源。剑桥大学图书馆2013－2015年战略计划将“保护并进一步发展本馆面向世界的特色馆藏”列入战略目标之一[183]。

1. 重视馆藏的可发现性、可访问性和可获取性

当图书馆馆藏资源的数量和类型都得到极大拓展时，馆藏内容的可发现性、可访问性和可获取性成为影响用户使用体验和利用效果的关键因素。

在用户信息搜索与信息获取行为越来越多元的背景下，图书馆不再局限于通过本地系统提供本地资源的获取，而是重视资源的使用许可和链接。未来图书馆资源服务的新形态将集中在为用户提供无缝的、全面的信息资源获取上。图书馆支持最大限度地发现和访问信息资源，主要有以下几个方面的举措：建设和优化数字资源技术设施；审视和检查影响各类型信息资源共享的政策并采取相应对策；将数字资源和参考咨询等服务和工具绑定；开发关于内容的移动应用；将资源内容和教育服务项目相结合，等等。大英图书馆在丰富本地馆藏的同时强调"链接内容更为重要"以及继续大力改进整个内容生命周期（从采购到保存直至提供获取）的数字基础设施[174]。

2. 加强对馆藏资源的评估和规划

馆藏是图书馆开展服务的基础，对于馆藏资源的质量控制也关系到服务的效果。图书馆可以通过对馆藏策略的评估适时调整自身的资源建设战略。评估的结果也能向外界更好地呈现图书馆资源及服务的价值。

4.5 新的学术出版模式构建

4.5.1 对图书馆的启示

1. 抵制发行商，减轻经费压力

由于学术出版领域的商业化运作份额的不断扩大，学术期刊的出版价格及其数据库的价格节节攀升，根据美国研究图书馆协会的统计结果，从1986年到2000年的14年间，图书馆用在期刊等连续出版物上的花费增长了226%，成为经费紧张的图书馆难以承受之重。图书馆界曾经尝试馆际互借、合作购买等方式来减少涨价带来的压力，但是结果都不甚理想，向数据库发行商的抗议也如泥牛入海。而开放获取仓储的发展可以使图书馆尝试减少学术期刊和数据库的购买量，向发行者施加压力，迫使其降低价格上涨幅度，为图书馆经费问题的解决提供了新的出路。

2. 拓宽信息资源，促进学术交流利用

开放获取仓储的根本宗旨就在于开放获取，实现免费、自由的学术成果交流,其运作方式跨越了传统期刊的出版时滞,大大节约了出版浪费的时间,实现了为学术领域及时提供最新的科技信息和研究成果;并且还提供了同行间快速的交流修正机会极大地促进了学术信息的交流和共享。同时还由于网络传递方式的多样性、便捷性和其包容的交流反馈机制,对于图书馆而言,这无疑是一种更好的服务研究性用户,促进学术自由交流的宝贵信息资源。

3. 成为开放获取仓储提供者

图书馆应尝试为机构提供数字存档库,由于开放获取仓储的运行必须以长期稳定的服务器为根本依托,同时还需要花费相当的财力、物力和人力进行数字资源的维护和组织,因此,这将是一笔不菲的费用支出,成为有需求的机构上马存储库建设的一大障碍。在这种情况下,图书馆可以利用自身的设备、信息资源和人员优势,为申请机构提供数字存档库,提供相应的维护、管理以及与其他仓储的互操作,并向机构收取相应的服务费用。同时,还应鼓励馆员自我创作,加入相关项目,充分利用这一开放、免费的交流体制,以促进图情事业的发展。

4.5.2 对图书馆的影响

开放获取仓储能实现图书开放获取.而开放获取所提供的是一种读者可以在网上直接阅读、复制和下载学术信息资源的简捷的服务方式。原本依赖图书馆查找相关文献信息资料的读者,可以在互联网上通过开放获取而十分轻松地获得自己所需的信息资源。伴随着开放获取的建立与普及,将对图书馆逐步产生以下影响。

1. 图书馆在信息传播中的地位减弱

开放获取仓储的建立使读者可以获得图书馆馆藏之外的采用开放获取形式的文献信息资源,这大大减小了读者对图书馆资源的依赖程度。这是开放获取对图书馆信息资源中心角色的最直接的挑战。在这种情况下,传统图书馆的作用被明显的削弱。如果图书馆对其职能和角色的认识继续停留在传统学术信息的收藏之上,坚持传统观念,则在开放获取环境下,很难满足读者的信息需求。

2.图书馆不可替代的地位受到动摇

网络环境下，开放获取使得学术传播的各个环节，在功能、体系、角色等方面都发生变化，打破了传统学术交流过程中“作者—出版社—图书馆—读者”的流通链，使得读者能够以最少的中间环节、最短的流通时间、最快的速度免费地获得最新的学术成果。而现在有很多学术机构、出版机构也开始提供类似于图书馆的服务，导致有可能形成与图书馆更为激烈的竞争关系。

3.对图书馆技术服务的挑战

开放获取资源的长期运行。需要一定数量的经费投入，如硬件建设和人员投资等。如果某项目停止运行，数字化的文献将在很大程度上面临被完全丢失的危险；具有保存作用的图书馆必须要担当起开放获取资源的长期保存任务。这就要求图书馆在采用现代技术处理信息过程中，需要有过硬的设备和技术人员。因此，图书馆技术服务能不能跟上开放获取资源的发展，是对图书馆的一个挑战。

4.对图书馆员观念的影响

受传统习惯的约束。图书馆员的思想往往停留在被动服务上。在传统服务中图书馆员更多的是扮演文献“保管员”的角色，主要关注传统文献信息资源和常见的网络信息资源，忽视了开放获取等新型网络信息资源。开放获取出现以来，即受到广泛关注并得以迅速发展，已有越来越多人受益于开放获取。然而目前仍有很大一部分人包括大学生、科研人员并不知道或不了解开放获取。这对图书馆员提出了宣传开放获取，提供开放获取服务的要求。

4.5.3 对构建机构的意义

开放仓储不仅有利于互联网用户快速、便捷地获取免费的学术信息，对于构建机构也有重要的意义：

(1)可以长期保存、有效管理本机构的学术成果，加速学术传播与交流。开放获取仓储蕴含了丰富的信息资源，不仅包括学术论文，还包括一些学术研究进展资料、课件、音频、视频等珍贵信息资源。构建开放仓储有利于图书馆扩充馆藏，节省开支，有利于全世界范围内的信息交流与共享。对加快社会发展与进步具有重要的作用。

(2)成为衡量一个学术机构科研水平高低的指示器。开放仓储向世人展示其科学研究、学术活动，增加科研成果的引用率，提高学术机构的可见度、地位与公共价值等。开放获取仓储可以消除“期刊危机”、改进传统的学术传播方式。同时也具有长期保存本国数字化学术信息的重要作用。我国每年产生的原生科学成果逐渐增多，这些以数字文档记载的科学成果反映了我国学术水平和发展动态，是人类文化遗产的重要组成部分。构建开放仓储为长期保存与共享数字信息提供一种有效的崭新手段。

(3)改进现有的学术传播机制，开辟了一种崭新的学术信息的获取途径与传播方式，促进学术良性竞争，并能节省科研经费，提升社会对机构的支持。通过开放获取仓储，科学家们可以利用自我归档技术提交、存放自己的论文，甚至是发表的文章，从而使其文献可以迅速、便捷地在其学科领域内被传播、检索和谈论，从而实现推动无障碍学术交流的目的。开放获取仓储中的文献可以是预印本(Pre-print)，也可以是后印本(或勘误本，Post-print)。预印本指的是未公开发表、出于进行同行交流而在互联网上发布的学术文献，包括未投稿的文献、未采用的文献和已经被采用但尚未发表的学术文献。后印本则是相对预印本的另一种电子文献形式，指已经在期刊或其他公开出版物上发表的文献。同样，这些文献既可以是期刊文献，也可以是会议论文、专著篇章或其他研究成果。其共同之处在于，开放获取仓储中的任何一篇文献都具有可获取的高度便捷性。需要特别指出的是，在线论文的提交、访问无论是对于作者，还是读者都是完全免费的，充分体现了开放获取——开放获取的基本理念，也是推动其发展的根本动力所在。

4.6 服务模式的重塑与再设计

服务是桥接图书馆资源和用户的关键。在图书馆的资源内容发生了结构性变化、图书馆用户的需求行为也发生变迁的情况下，图书馆服务模式也必须随之改变。纵观 2013 年的图书馆发展战略，图书馆一方面重视对于固有的、传统的服务阵地的改造升级(如改造和优化图书馆物理实体空间)，另一方面从用户角度，重视对用户环境的营造和对用户素质的培养。在图书馆服务模式的重塑与再设计过程中，图书馆内部、各个图书馆之间和图书馆与其他类型机构间的协作联系更加紧密。

4.6.1 重视用户参与及用户协作

在以用户为中心的时代，图书馆服务更加重视用户的参与和众筹效应，并重视对用户社群和虚拟空间的营造和维护。这方面的工作主要包括：加深对用户群体的理解，为用户提供实体/虚拟的协作交流空间，鼓励用户互动、参与、创新以及创造知识，通过图书馆在线社区将人们联系起来，并培养人们对于图书馆的认同和联系。对于英美大学图书馆而言，用户对象不再局限于校内，而也扩展到校外的普通公众群体。重视公众用户参与已经成为大学图书馆融入社会、强化社会关系的重要举措。来自用户的群体智慧和集体劳动反过来也会促进图书馆资源水平的提升。大英图书馆内容战略鼓励用户通过参与提高资源价值，具体的实施办法包括利用众包来完成对于资源的标引等。该战略指出内容资源管理与用户社群的结合将成为丰富馆藏的重要催化因素[155]。利用社交网络和社交媒体也是图书馆加强和社区联系的重要手段。社交媒体的应用能够帮助图书馆抓住数字环境中的机遇，融入公民社区之中，帮助图书馆最大化地发挥馆藏和服务的效用，以支持全体公民进行终身学习。

图书馆一直是推进用户信息素养和数字素养教育的重要力量。2013年ALA发布了《数字素养：图书馆和公共政策》报告指出[355]21世纪的数字素养在教育、素质培养以及公民生活方面都是不可或缺的。报告分析了数字素养的内涵以及各个类型图书馆如何通过推进政策和实践活动来提高用户信息素养，并在结论中指出图书馆不仅可利用数字素养教育获得收益，同时还能为用户提供更为广泛的终身教育机会，帮助各个年龄段的人们掌握当今必备技术技能，培养既能适应当前发展也能应对未来挑战的公民。随着网络世界变得越来越复杂，为确保数字信息被公平获取，数字素养将持续成为图书馆员及其他利益相关者所关注的重大问题。

扩大图书馆交流与合作图书馆的交流、合作和联系包括多个层面。全球范围内数字资源的共建共享要求图书馆扩大协作。哈佛大学图书馆委员会在其2013年的图书馆馆藏与资源建设战略计划中提出[356]要推动并构建稳定的外部合作关系,提供最广泛的可访问资源。不同类型和属性的图书馆为了更好地服务于用户,也在加强彼此的联系。面对教育领域用户的需求,公共图书馆员与学校图书馆员的协作比以往任何时候都更为重要。尽管公共图书馆与学校图书馆性质不同,但是它们拥有的一些交叉用户群使得两种图书馆能够建立比以往更为坚固的协作关系。图书馆的交流和联系也不局限于图书馆之间,而是广泛地和信息传播交流体系中的各类利益相关者进行互动。为了打造可持续发展的服务模式,研究型图书馆重视与OCLC这样的国际组织以及与ExLibris这样的外部供应商建立长期合作。

4.6.2 图书馆员转型再造

无论是现在还是未来,具有经验和技能的馆员团队都是图书馆的重要战略资产。新环境对于图书馆员的素质和资质提出了更高的要求,而图书馆的所有战略举措都需要靠图书馆员来实现。《2020年的图书馆》报告的作者J. Janes列出[357]了未来影响图书馆员工作属性的几大重要因素:信息的泛在化、移动技术的广泛应用、社区知识的持续增加、人们寿命的延长(老龄化)和由此带来的社会生活方式的转变等。重塑和再造图书馆,首先要实现图书馆员转型再造。未来发展战略主要从以下3个方面强调图书馆员的角色:首先是强化图书馆已有岗位的专业技能;其次是设计图书馆员的新岗位、新角色;最后是培养未来的图书馆领导者。

1. 强化图书馆员的专业技能

变化的环境对图书馆员的知识与专业技能提出了新的挑战。员工素质的提升对于实现图书馆组织的战略至关重要。图书馆发展战略普遍指出:只有加紧强化图书馆员的技能,才能使图书馆满足今天的需要和实现明天的承诺。图书馆当前已经意识到,强化员工技能,不仅仅是为了更好地实现图书馆的职能,也是为了促进员工的成长和职业生涯发展,为员工带来福利。

2. 塑造新型的图书馆员

图书馆馆员的转型再造不仅包括馆内岗位调整、原有岗位的职责要求变化等,也包括新型岗位和新型角色的增加。《2020年的图书馆》在谈到图书馆员职责的变化时指出[357]未来10年的图书馆员将花费更少的时间来处理实体内容(例如标签、排架或主题检索),而更多的是作为公众顾问提供服务。作为信息专家的图书馆员还将成为心理学家、社会学家。他们不再是有限信息源的看门人,而要能够通过梳理大量数据来寻求正确的信息、理解顾客需求,并将顾客需求与相关内容链接起来——这将成为图书馆事业的核心。而以上所有这些工作将会拓展到图书馆建筑以外以及网络空间。在研究型图书馆和大学图书馆领域,ACRL 发布的白皮书《学术交流与信息素养的交汇点建立战略协作以应对不断变化的学术环境》指出[358]在未来学术环境下,每位图书馆员都是教师,致力于重新构建学术基础设施以及深度介入教学方法创新。

3. 培养未来的图书馆领导者

在变革中,以馆长为代表的图书馆领导者对于引领图书馆应对变化至关重要。ARL 的调查报告《高级管理人员的角色转型》考察了图书馆管理岗位在过去 10 年发生的变化,重点关注管理人员是否承担新兴组织的责任以及他们如何获取新技能来履行职责。该报告发现[359]在 2007－2012 年,被调查的 95％的图书馆都改变了管理人员的岗位设置。报告在结论中指出,图书馆为履行 21 世纪的新使命不断地变革与调试,在这一过程中,完善的高级管理团队对于确定战略优先项、塑造图书馆文化引导变革十分重要。在对于图书馆馆长未来领导力要素的讨论中,图书馆界知名的已故馆长 J. Branin 指出,馆长所要具备的技能包括:建立图书馆共享愿景;管理和规划;在政治环境中正常运行;发挥校园的知名度;在实现战略方向上达成共识。《未来杰出图书馆领导所需要的技能》则介绍了以下 5 项要素,包括合作的心态、整合团队的能力、精通技术、全球视野以及未来眼光。ARL 的《高级管理人员的角色转型》列出[347]的 21 世纪的研究型图书馆领导必须具备的技能包括理解学术交流、数字出版、数据管理和保存,并能够领导这些工作。为了更好地培养图书馆未来领袖的技能,英美图书馆提供了很多职业发展和领导力培训项目。这些项目通常由专业协会提供,采取网络在线课程的形式,提供诸如领导决策等方面的培训。

参 考 文 献

[1] Tushman M L, Moore W L. Readings in the management of innovation[J]. Electronics & Power, 1988, 21(13):590-607.

[2] Chesbrough H W. Open innovation: The new imperative for creating and profiting from technology[M]. Harvard Business Press, 2006.

[3] 切萨布鲁夫. 开放创新的新范式[M]. 科学出版社, 2010.

[4] Gann D M. Open Innovation: The New Imperative For Creating And Profiting From Technology, Harvard Business School Press, 2003 (272 pp., $35.00, ISBN: 1-57851-837-7). [J]. Research Policy, 2005, 34(1):122-123.

[5] Chesbrough H, Crowther A K. Beyond high tech: early adopters of open innovation in other industries[J]. R & D Management, 2006, 36(3):229-236.

[6] Dahlander L, Gann D M. How open is innovation[J]. Research Policy, 2010, 39(6):699-709.

[7] Pénin J. Open knowledge disclosure: an overview of the evidence and economic motivations[J]. Journal of Economic Surveys, 2007, 21(2):326-347.

[8] Chesbrough H. Open Innovation: A New Paradigm for Understanding Industrial Innovation[J]2006.

[9] West J, Gallagher S. Challenges of open innovation: the paradox of firm investment in open-source software[J]. R & D Management, 2006, 36(3):319-331.

[10] Lichtenthaler U. Relative capacity: Retaining knowledge outside a firm's boundaries[J]. Journal of Engineering & Technology Management, 2008, 25(3):200-212.

[11] Vrande V V D, Man A P D. A response to "Is open innovation a field of study or a communication barrier to theory development" [J]. Technovation, 2011, 31(4):185-186.

[12] Huizingh E K R E. Open innovation:State of the art and future perspectives[J]. Technovation, 2011, 31(1):2-9.

[13] Lichtenthaler U, Lichtenthaler E. A Capability-Based Framework for Open Innovation:Complementing Absorptive Capacity[J]. Journal of Management Studies, 2009, 46(8):1315-1338.

[14] Chen J, Chen Y, Vanhaverbeke W. The influence of scope, depth, and orientation of external technology sources on the innovative performance of Chinese firms[J]. Technovation, 2011, 31(8):362-373.

[15] Berchicci L. Towards an open R&D system:Internal R&D investment, external knowledge acquisition and innovative performance [J]. Research Policy, 2013, 42(1):117-127.

[16] Fosfuri A. The licensing dilemma:understanding the determinants of the rate of technology licensing[J]. Strategic Management Journal, 2006, 27(12):1141-1158.

[17] Lichtenthaler U. Technology exploitation in the context of open innovation:Finding the right 'job' for your technology[J]. Technovation, 2010, 30(7-8):429-435.

[18] Anokhin S, Wincent J, Frishammar J. A conceptual framework for misfit technology commercialization[J]. Technological Forecasting & Social Change, 2011, 78(6):1060-1071.

[19] Freitas I M B, Geuna A, Rossi F. Finding the right partners:Institutional and personal modes of governance of university - industry interactions[J]. Research Policy, 2013, 42(1):50-62.

[20] Ankrah S N, Burgess T F, Grimshaw P, et al. Asking both university and industry actors about their engagement in knowledge transfer:What single-group studies of motives omit[J]. Technovation, 2013, 33(2 - 3):50-65.

[21] Pyklinen T. Model for profiting from software innovations in the new era in computing[J]. Technovation, 2007, 27(4):179-193.

[22] Osterloh M, Rota S. Open source software development—Just another case of collective invention[J]. Research Policy, 2007, 36(2):157-171.

[23] Lee S, Park G, Yoon B, et al. Open innovation in SMEs—An intermediated network model[J]. Research Policy, 2010, 39(2):290-300.

[24] Spithoven A, Clarysse B, Knockaert M. Building absorptive capacity to organise inbound open innovation in traditional industries ☆[J]. Technovation, 2010, 31(1):10-21.

[25] Granstrand O. economics and management of technology trade: towards a pro-licensing era[J]. International Journal of Technology Management, 2004, 27(2-3):209-240.

[26] Hippel E V. Comment on 'Is open innovation a field of study or a communication barrier to theory development'[J]. Technovation, 2010, 30(11-12):555.

[27] Christensen J F, Olesen M H, Kjær J S. The industrial dynamics of Open Innovation—Evidence from the transformation of consumer electronics[J]. Research Policy, 2005, 34(10):1533-1549.

[28] Almirall E, Casadesus-Masanell R. Open versus Closed Innovation: A Model of Discovery and Divergence[J]. Academy of Management Review, 2010, 35(1):27-47.

[29] Lichtenthaler U. Integrated Roadmaps for Open Innovation[J]. Research Technology Management, 2008, 51(3):45-49.

[30] Lichtenthaler U. Leveraging technology assets in the presence of markets for knowledge[J]. European Management Journal, 2008, 26(2):122-134.

[31] Alexander A T, Martin D P. Intermediaries for open innovation: A competence-based comparison of knowledge transfer offices practices

[J]. Technological Forecasting & Social Change, 2013, 80(1):38-49.

[32] Narula R. Choosing Between Internal and Non-internal R&D Activities:Some Technological and Economic Factors[J]. Technology Analysis & Strategic Management, 2010, 13(3):365-387.

[33] Huston L, Sakkab N. Implementing Open Innovation[J]. Research-Technology Management, 2007, volume 50(2):21-25.

[34] Janeiro P, Proença I, Gonçalves V D C. Open innovation:Factors explaining universities as service firm innovation sources ☆[J]. Journal of Business Research, 2013, 66(10):2017-2023.

[35] Sisodiya S R, Johnson J L, Grégoire Y. Inbound open innovation for enhanced performance: Enablers and opportunities[J]. Industrial Marketing Management, 2013, 42(5):836-849.

[36] Laursen K, Salter A. Open for innovation:the role of openness in explaining innovation performance among U. K. manufacturing firms[J]. Strategic Management Journal, 2006, 27(2):131-150.

[37] Helfat C E, Chesbrough H. Open innovation:The new imperative for creating and profiting from technology[Z]JSTOR, 2006.

[38] Keupp M M, Gassmann O. Determinants and archetype users of open innovation[J]. R & D Management, 2009, 39(4):331-341.

[39] Leiponen A, Helfat C E. Innovation objectives, knowledge sources, and the benefits of breadth[J]. Strategic Management Journal, 2010, 31(2):224-236.

[40] Mention A. Co-operation and co-opetition as open innovation practices in the service sector: Which influence on innovation novelty?[J]. Technovation, 2011, 31(1):44-53.

[41] Papadopoulos T, Stamati T, Nikolaidou M, et al. From Open Source to Open Innovation practices:A case in the Greek context in light of the debt crisis[J]. Technological Forecasting & Social Change, 2013, 80(6):1232-1246.

[42] Huang F, Rice J. The role of absorptive capacity in facilitating "open innovation" outcomes: a study of australian smes in the manufacturing sector[J]. Realising Redd, 2009, 23(23): 37-50.

[43] Belderbos R, Carree M, Lokshin B. Complementarity in R&D Cooperation Strategies[J]. Review of Industrial Organization, 2006, 28(4): 401-426.

[44] Knudsen M P. The Relative Importance of Interfirm Relationships and Knowledge Transfer for New Product Development Success * [J]. Journal of Product Innovation Management, 2007, 24(2): 117-138.

[45] Ethiraj S K, Zhu D H. Performance effects of imitative entry[J]. Social Science Electronic Publishing, 2007, 29(8): 797-817.

[46] Knudsen M P, Mortensen T B. Some immediate — but negative — effects of openness on product development performance ☆ [J]. Technovation, 2011, 31(1): 54-64.

[47] Tomlinson P R. Co-operative ties and innovation: Some new evidence for UK manufacturing[J]. Research Policy, 2010, 39(6): 762-775.

[48] Lichtenthaler U. External commercialization of knowledge: Review and research agenda[J]. International Journal of Management Reviews, 2005, 7(4): 231-255.

[49] Dodgson M, Gann D, Salter A. The role of technology in the shift towards open innovation: the case of Procter & Gamble[J]. R & D Management, 2006, 36(3): 333-346.

[50] Lichtenthaler U. Open Innovation in Practice: An Analysis of Strategic Approaches to Technology Transactions[J]. IEEE Transactions on Engineering Management, 2008, 55(1): 148-157.

[51] Gassmann O O G U. Opening up the innovation process: towards an agenda. [Z], 2006, 36(3): 223-229.

[52] Atchley K. Open Innovation: The key to increasing and sustaining the rate of innovation in a fast-moving global economy[J]. Interna-

tional News on Fats,Oil and Related materials, 2007(18):489-490.

[53] Chesbrough H W. The Era of Open Innovation[J]. Mit Sloan Management Review, 2003, 44(3):35-41.

[54] Lichtenthaler U, Ernst H. Developing reputation to overcome the imperfections in the markets for knowledge[J]. Research Policy, 2007, 36(1):37-55.

[55] Pohle G, Chapman M. IBM's global CEO report 2006: business model innovation matters[J]. Strategy & Leadership, 2006, 34(5): 34-40.

[56] Han V D M. Open Innovation – The Dutch Treat:Challenges in Thinking in Business Models[J]. Creativity & Innovation Management, 2007, 16(2):192-202.

[57] Gotel O, Scharff C. Opening up the innovation process: towards an agenda[J]. R & D Management, 2006, 36(3):223-228.

[58] Sakkab N Y. Connect & Develop Complements Research & Develop at P&G[J]. Research Technology Management, 2002, 45(2):38-45.

[59] Kupfer D, Avellar A P. Innovation andCooperation:Evidences from the Brazilian Innovation Survey[C]2011.

[60] Dhanasai C, Parkhe A. Orchestrating Innovation Networks[J]. Academy of Management Review, 2006, 31(3):659-669.

[61] Soh P H, Roberts E B. Technology alliances and networks: an external link to research capability[J]. IEEE Transactions on Engineering Management, 2005, 52(4):419-428.

[62] Chesbrough H. The governance and performance of Xerox's technology spin-off companies[J]. Research Policy, 2003, 32(02):403-421.

[63] Chesbrough H W, Garman A R. How open innovation can help you cope in lean times. [J]. Harvard Business Review, 2009, 87(12): 68-76, 128.

[64] Miotti L, Sachwald F. Co-operative R&D: why and with whom? : An integrated framework of analysis[J]. Research Policy, 2003, 32 (8):1481-1499.

[65] Almeida P, Phene A, Grant R. Innovation and knowledge management:Scanning, sourcing, and integration[J]. Handbook of organizational learning and knowledge management, 2003, 356371.

[66] Rohrbeck R, Pirelli L. The European Institute of Innovation and Technology:How to Steer a Multi-Stakeholder Innovation Ecosystem[J]. Social Science Electronic Publishing, 2010.

[67] Watanabe C, Lei S, Ouchi N. Fusing indigenous technology development and market learning for greater functionality development—An empirical analysis of the growth trajectory of Canon printers[J]. Technovation, 2009, 29(4):265-283.

[68] Allen R C. Collective invention[J]. Journal of Economic Behavior & Organization, 1983, 4(1):1-24.

[69] Calabrese T. Canadian biotechnology start-ups, 1991-1997: the role of incumbents' patents and strategic alliances in controlling competition. [J]. Social Science Research, 2001, 29(4):503-534.

[70] Mcqueeney D F. IBM's Evolving Research Strategy[J]. Research-Technology Management, 2016, volume 46:20-27.

[71] Henkel J. Selective revealing in open innovation processes:The case of embedded Linux[J]. Research Policy, 2006, 35(7):953-969.

[72] 徐瑞前,龚丽敏. 开放式创新理论的视角、过程及未来研究方向[J]. 科技进步与对策, 2011, 28(21):155-160.

[73] Hagedoorn J. Understanding the rationale of strategic technology partnering: Nterorganizational modes of cooperation and sectoral differences[J]. Strategic Management Journal, 1993, 14(5): 371-385.

[74] Schmidt T. Motives for Innovation Co-Operation - Evidence from the Canadian Survey of Innovation[J]. Ssrn Electronic Journal, 2007,

91(11):2774-2777.

[75] Huizingh K R E. Open innovation to increase innovation performance:Evidence from a large survey[J]. Brain Research, 2010, 198(1):249-252.

[76] Lichtenthaler U. The Drivers of Technology Licensing:An Industry Comparison[J]. California Management Review, 2007, 49(4):67-89.

[77] Nagaoka S, Kwon H U. The incidence of cross-licensing:A theory and new evidence on the firm and contract level determinants[J]. Research Policy, 2006, 35(9):1347-1361.

[78] Rohrbeck R, Hölzle K, Gemünden H G. Opening up for competitive advantage - How Deutsche Telekom creates an open innovation ecosystem[J]. R & D Management, 2009, 39(4):420-430.

[79] Raisch S, Birkinshaw J, Probst G, et al. Organizational Ambidexterity:Balancing Exploitation and Exploration for Sustained Performance[J]. Organization Science, 2009, 20(4):685-695.

[80] Kodama M. How two Japanese high—tech companies achieved rapid innovation via strategic community networks[J]. Strategy & Leadership, 2005, 33(6):39-47.

[81] Kline D. Sharing the Corporate Crown Jewels[J]. Mit Sloan Management Review, 2003, 44(3):89-93.

[82] Poot T, Faems D, Vanhaverbeke W. Toward a dynamic perspective on open innovation:a longitudinal assessment of the adoption of internal and external innovation strategies in the netherlands[J]. International Journal of Innovation Management, 2013, 13(2):297-322.

[83] Vrande V V D, Jong J P J D, Vanhaverbeke W, et al. Open innovation in SMEs: Trends, motives and management challenges[J]. Technovation, 2009, 29(6-7):423-437.

[84] Hansen M T, Birkinshaw J. The innovation value chain. [J]. Har-

vard Business Review, 2007, 85(6):961-977.

[85] Kale P, Dyer J H, Singh H. Alliance capability, stock market response, and long - term alliance success: the role of the alliance function[J]. Strategic Management Journal, 2002, 23(8):747-767.

[86] Gassmann O, Reepmeyer G. Organizing Pharmaceutical Innovation: From Science-based Knowledge Creators to Drug-oriented Knowledge Brokers[J]. Creativity & Innovation Management, 2005, 14 (3):233-245.

[87] Bianchi M, Cavaliere A, Chiaroni D, et al. Organisational modes for Open Innovation in the bio-pharmaceutical industry: An exploratory analysis[J]. Technovation, 2011, 31(1):22-33.

[88] Vanhaverbeke W, Cloodt M. Open Innovation in Value Networks [J]. Open Innovation Researching A New Paradigm, 2006.

[89] Chiaroni D, Chiesa V, Frattini F. The Open Innovation Journey: How firms dynamically implement the emerging innovation management paradigm[J]. Technovation, 2011, 31(1):34-43.

[90] Sarkar S, Costa A I A. Dynamics of open innovation in the food industry[J]. Trends in Food Science & Technology, 2008, 19(11): 574-580.

[91] Veugelers R, Cassiman B. R&D cooperation between firms and universities. Some empirical evidence from Belgian manufacturing[J]. International Journal of Industrial Organization, 2005, 23(5-6):355-379.

[92] Dias C, Escoval A. The open nature of innovation in the hospital sector: The role of external collaboration networks[J]2012, 1(1): 181-186.

[93] Abulrub A G, Lee J. Open innovation management: challenges and prospects[J]. Procedia - Social and Behavioral Sciences, 2012, 41 (41):130-138.

[94] Hamdani J, Wirawan C. Open Innovation Implementation to Sustain

Indonesian SMEs ☆[J]. Procedia Economics & Finance, 2012, 4(29):223-233.

[95] Ford S, Garnsey E, Probert D. Evolving corporate entrepreneurship strategy: technology incubation at Philips[J]. R & D Management, 2010, 40(1):81-90.

[96] Arnold H, Erner M, M? ckel P, et al. Applied Technology and Innovation Management[M]. Springer Berlin Heidelberg, 2010.

[97] Rohrbeck R, Steinhoff F, Perder F. Sourcing innovation from your customer: how multinational enterprises use Web platforms for virtual customer integration[J]. Technology Analysis & Strategic Management, 2010, 22(2):117-131.

[98] Wallin M W, Krogh G V. Organizing for Open Innovation::Focus on the Integration of Knowledge [J]. Organizational Dynamics, 2010, 39(2):145-154.

[99] Acha V. Open by design: the role of design in open innovation. [C] Academy of Management, 2008. 1-6.

[100] Lichtenthaler U, Lichtenthaler E. A capability - based framework for open innovation: Complementing absorptive capacity[J]. Journal of Management Studies, 2009, 46(8):1315-1338.

[101] Su H, Lee P. Framing the structure of global open innovation research[J]. Journal of Informetrics, 2012, 6(2):202-216.

[102] Murovec N, Prodan I. Absorptive capacity, its determinants, and influence on innovation output: Cross-cultural validation of the structural model[J]. Technovation, 2009, 29(12):859-872.

[103] Enkel E, Gassmann O, Chesbrough H. Open R&D and open innovation: exploring the phenomenon[J]. R & D Management, 2009, 39(4):311-316.

[104] Hossain M, Hossain M. Performance and Potential of Open Innovation Intermediaries[J]. Procedia - Social and Behavioral Sciences, 2012, 58(7):754-764.

[105] Wang Y, Vanhaverbeke W, Roijakkers N. Exploring the impact of open innovation on national systems of innovation — A theoretical analysis[J]. Technological Forecasting & Social Change, 2012, 79 (3):419-428.

[106] Vardaxoglou G, Baralou E. Developing a Platform for Serious Gaming:Open Innovation through Closed Innovation ☆[J]. Procedia Computer Science, 2012, 15(2012):111-121.

[107] Martínez-Torres M R. Application of evolutionary computation techniques for the identification of innovators in open innovation communities[J]. Expert Systems with Applications, 2013, 40(7): 2503-2510.

[108] Euchner J A. Two Flavors of Open Innovation[J]. Research Technology Management, 2010, 53(4):7-8.

[109] O Reilly C A, Tushman M L. Ambidexterity as a dynamic capability:Resolving the innovator's dilemma[J]. Research in organizational behavior, 2008, 28:185-206.

[110] Pablos-Heredero C D, Botella J L M, Lossantos I S. The effectiveness of open innovation practices:an application to efficient replenishment[J]. Procedia Technology, 2012, 5:133-140.

[111] Hossain M. Open Innovation Mill:Utilization of Nokia's Non-Core Ideas[J]. Procedia - Social and Behavioral Sciences, 2012, 58:765-773.

[112] Westergren U H, Holmström J. Exploring preconditions for open innovation:Value networks in industrial firms[J]. Information & Organization, 2012, 22(4):209-226.

[113] Collins L. Opening up the innovation process[J]. Engineering Management, 2006, 16(1):14-17.

[114] Monjon S, Waelbroeck P. Assessing spillovers from universities to firms:evidence from French firm-level data[J]. International Journal of Industrial Organization, 2003, 21(9):1255-1270.

[115] Kafouros M I, Forsans N. The role of open innovation in emerging economies: Do companies profit from the scientific knowledge of others? [J]. Strategic Direction, 2012, 47(10):362-370.

[116] Michalko J, Malpas C, Arcolio A. Research Libraries, Risk and Systemic Change[J],2010.

[117] 高士雷,吴新年. 非用户视角下的研究型图书馆变革路径探析[J]. 图书情报工作, 2015(06):5-10.

[118] Howe, Jeff. The Rise of Crowdsourcing[J]. 06 Jenkins H Convergence Culture Where Old & New Media Collide, 2006, 14(14):1-5.

[119] Janes J, Ptacek B. The Library as Catalyst for Civic. [J]. Library Journal, 2013.

[120] Colaço J, Moraa H. Digital Libraries: Stimulating Open Innovation Through Crowdsourcing And Transparency[J],2012.

[121] 盛芳,耿艾莉. 网络环境下高校图书馆的四项工作的众包策略[J]. 图书馆论坛, 2012, 32(1):15-19.

[122] 万红. 基于众包的图书馆管理新模式设计[J]. 图书馆学研究, 2012 (15):27-30.

[123] 霍建梅,李书宁. 高校图书馆数字参考咨询引进众包模式研究——基于德尔菲法的调查分析[J]. 图书情报工作, 2013, 57(6):73-78.

[124] 杨艳红. 基于众包模式的特色数据库建设思考[J]. 图书馆学研究, 2013(19):35-38.

[125] 张峥嵘. 创新 2.0:升级我们的图书馆服务[J]. 图书与情报, 2011 (2):69-71.

[126] 高士雷,毛玉琪,李广利,等. 高校图书馆的非用户研究——以国际关系学院图书馆为例[J]. 农业图书情报学刊, 2014(02).

[127] 高士雷,吴新年. 非用户视角下的研究型图书馆变革路径探析[J]. 图书情报工作, 2015(6):5-10.

[128] 陆浩东. 基于创新 2.0 模式的图书馆信息服务理论与实践[J]. 农业图书情报学刊, 2012, 24(2):188-192.

[129] Nielsen M. Reinventing Discovery:The New Era of Networked Science[J]. European Legacy, 2014, 19(3):53.

[130] 张晓林. 开放获取、开放知识、开放创新推动开放知识服务--3O会聚与研究图书馆范式再转变[J]. 现代图书情报技术, 2013, 230:2-10.

[131] 陈幼其. 战略管理教程[M]. 立信会计出版社, 2009.

[132] 巴纳德. 经理人员的职能[M]. 中国社会科学出版社, 1997.

[133] Chandler A D. Strategy and structure:chapters in the history of the industrial enterprise. [M]. M. I. T. Press, 1962:373-375.

[134] Ansoff H I. Corporate Strategy:An Analytic Approach to Business Policy For Growth and Expansion[M]. Penguin Books, 1965.

[135] Hugo A R R. The Concept of Corporate Strategy[M]. Dow Jones-Irwin, 1971:S171-S172.

[136] Porter M E. Competitive Strategy:Techniques for Analyzing Industries and Competitors[J]. Social Science Electronic Publishing, 1980(2):86-87.

[137] Porter M E. From Competitive Advantage to Corporate Strategy [J]. Harvard Business Review, 1989, 5(5):43-59.

[138] 波特 Porter Michael E. ,陈丽芳. 竞争优势[M]. 北京:中信出版社, 2014.

[139] Prahalad C K, Hamel G. The Core Competence of the Corporation [J]. Harvard Business Review, 2006, 68(3):275-292.

[140] Matthews J R. Strategic Planning and Management for Library Managers[M]. Libraries Unlimited, 2005.

[141] Vancil R F. Strategy formulation in complex organizations[J]. Sloan Management Review, 1976, 17(2):1.

[142] Bryson J M. Strategic planning for public and nonprofit organizations: A guide to strengthening and sustaining organizational achievement. [M]. Jossey-Bass Publishers, 1995:515-521.

[143] 唐纳德·e·里格斯,杨柳. 图书馆战略规划的评价方法[J]. 图书馆, 1986(6):52-54.

[144] Harwell J C. Library Strategic Planning for the Transition away from Print Journals. [J]. Against the Grain, 2007(No. 4):66.

[145] Henczel S. Measuring and evaluating the library's contribution to organisational success: Developing a strategic measurement model [J]. Performance Measurement and Metrics, 2006(No. 1):7-16.

[146] Yi Z. Knowledge management for library strategic planning: Perceptions of applications and benefits [J]. Library management, 2008, 29(3):229-240.

[147] Walter V A, Hayes R L. Strategic Management for Public Libraries[Z]Greenwood, Westport, CT, 1996.

[148] 贾东琴. 基于战略的大学图书馆组织结构变革模式分析[J]. 国家图书馆学刊, 2013(01):10-17.

[149] Mlis J L H. Strategic Planning for Academic Libraries[J]. Technical Services Quarterly, 1996, 13(13):85-104.

[150] Mcgrath W E. Development of a Long-Range Strategic Plan for a University Library; The Cornell Experience: Chronicle and Evaluation of the First Year's Effort. [J]. Administration, 1973:191.

[151] Mcgrath W E. Development of a Long-Range Strategic Plan for a University Library; The Cornell Experience: Chronicle and Evaluation of the First Year's Effort. [J]. Administration, 1973:191.

[152] Lampert C, Vaughan J. Success Factors and Strategic Planning: Rebuilding an Academic Library Digitization Program[J]. Information Technology & Libraries, 2009, 28(3):116-136.

[153] 李彦昭,许德山,於维樱,等. 美国国会图书馆 2011—2016 战略规划[J]. 图书情报工作动态, 2011(4):1-9.

[154] 陈静,宋丹辉,张丽华,等. 大英图书馆 2020 年愿景[J]. 图书情报工作动态, 2010(11):1-6.

[155] 曲蕴,马春. 不断生长的知识:大英图书馆 2015—2023 战略[J]. 图书馆杂志, 2016(01):1-5.

[156] 曲蕴,马春. 不断生长的知识:大英图书馆 2015—2023 战略[J]. 公

共图书馆，2015(1).
[157] 王燕红,盛兴军.《鲜活的知识:大英图书馆 2015-2023》战略规划报告的启示与思考[J]. 图书与情报，2016(02):33-39.
[158] 曲蕴,金晓明,宾锋,等. 上海图书馆“十三五”发展战略规划解读[J]. 图书馆杂志，2016(01):26-30.
[159] 陈超. 整合与转型:从战略规划到战略管理——图情一体化进程中上海图书馆的战略管理实践[J]. 图书馆杂志，2016(01):8-19.
[160] 于良芝. 战略规划作为公共图书馆管理的工具:应用、价值及其与我国公共图书馆的相关性[J]. 图书馆建设，2008(04):54-58.
[161] Birdsall D, Hensley O D. A New Strategic Planning Model for Academic Libraries[J]. College & Research Libraries, 1994, 55(2): 149-159.
[162] Germano M A, Stretch Stephenson S M. Strategic value planning for libraries[J]. The Bottom Line, 2012, 25(2):71-88.
[163] 封薇. 国外图书馆战略规划的特点与重点[J]. 情报资料工作，2011(06):106-109.
[164] 陈昊琳,陆晓红,魏闻潇. 国外图书馆战略规划制定对我国的启示——以美国为例[J]. 图书馆工作与研究，2010(12):14-20.
[165] 张玲. 国外高校图书馆服务战略规划的分析与启示[J]. 图书馆建设，2009(10):89-96.
[166] 别立谦,刘晋伟. 美国高校图书馆战略规划的方向、实施及启示[J]. 大学图书馆学报，2014(05):19-24.
[167] 张义龙,田也壮,曹望虹,等. 图书馆发展战略研究——以加拿大约克大学图书馆为例[J]. 情报科学，2010(12):1880-1883.
[168] 张焕敏,叶杭庆,高凡,等. 英美 7 所大学图书馆战略规划关键领域的演变及新策略[J]. 图书情报工作，2016(09):6-12.
[169] 初景利,吴冬曼. 图书馆发展趋势调研报告(一):环境分析与主要战略[J]. 国家图书馆学刊，2010(01):3-11.
[170] 初景利. 图书馆发展趋势调研报告(二)[J]. 国家图书馆学刊，2010(1).

[171] 孙坦. 国外图书馆战略规划研究[J]. 图书馆建设，2009(10):82.

[172] 王铮,胡芳,孙杰. 转变 · 重塑 · 再造——2013 年英美等国图书馆发展战略评述[J]. 图书情报工作，2014，58(11):104-114.

[173] 王铮,王燕鹏,邹美辰,等. 在变化的知识环境中寻求新平衡——2014 年英美等国图书馆发展策略评述[J]. 图书情报工作，2015(9):5-15.

[174] 魏蕊,初景利,王铮,等. 大英图书馆三十年(1985—2015)战略规划解读[J]. 国家图书馆学刊，2015(05):16-24.

[175] 邹美辰,王铮.哈佛大学图书馆 2015 年战略规划[J]. 图书情报工作动态，2014(10):4-5.

[176] Flecker D. Harvard's Library Digital Initiative[J],2000，6(11).

[177] 魏剑,靳萌萌. 哥伦比亚大学图书馆 2010—2013 年战略计划[J]. 图书情报工作动态，2010(4):1-13.

[178] Libraries M. MIT Libraries Strategic Plan，2014 - 2016[Z]，2016(2016-08-09).

[179] 李力. 剑桥大学图书馆战略框架[J]. 图书情报工作动态，2012(8):1-5.

[180] 石笑,贡金涛. 英国大学图书馆最新战略规划的分析与启示[J]. 图书与情报，2016(02):18-25.

[181] 高波,王少薇. 英国大学及研究图书馆联盟战略规划特点及启示[J]. 图书情报工作，2013(17):26-33.

[182] 许德山. 迈向 2015:康奈尔大学图书馆 2011—2015 战略规划[J]. 图书情报工作动态，2011(3):10-15.

[183] Library C U. Cambridge University Library Strategic Framework 2010-2013[Z],2016(2016-09-21).

[184] Library Ucl. 伦敦大学学院图书馆 2011—2014 年战略计划[Z]，2016(2016-08-09).

[185] Library Yale University. 耶鲁大学图书馆战略规划 [Z]，2016(2016-09-05).

[186] Libraries N Y U. New York University Libraries Strategic Plan

[Z]，2016(2016-08-07).
[187] 季拥政. 泛在信息社会及其基本特征[J]. 图书馆学研究，2011(19):6-9.
[188] 单美贤. 泛在信息社会的概念溯源及基本特征[J]. 贵州社会科学，2013(02):33-38.
[189] 季拥政. 泛在信息社会及其基本特征[J]. 图书馆学研究，2011(19):6-9.
[190] O'Brien T. You thought library were Dull[Z]，1999.
[191] Kaske N K. The Ubiquitous Library is Here[J]. portal:Libraries and the Academy，2004，4(2):291-297.
[192] Lowry C B. Let's Call It the "Ubiquitous Library" Instead...[J]. portal:Libraries and the Academy，2005，5(3):293-296.
[193] Obst D O. The Medical Library of the Future:Be prepared for the invisible[J]2002.
[194]孙韶菊. IOA-8A 泛在图书馆的泛在服务及特点研究[J]. 图书馆学刊，2013，35(10):3-5.
[195] Obadare S O. The Changing Role of Librarians in the Digital Age[J],2014.
[196]秦殿启. 泛在信息社会图书馆功能定位及建构策略[J]. 图书馆学研究，2013(15):2-6.
[197] 柯平. 重新定义图书馆[J]. 图书馆，2012(5):1-5.
[198] Radom R，Feltner-Reichert M，Stringer-Stanback K. Organization of scholarly communication services[J]. Spec Kit，2012.
[199] Hellman E. Start-ups take library jobs:understanding new competitors will help libraries remain relevant[Z]，2013，138(14):50-52.
[200] College A O，Research Libraries. Intersections of scholarly communication and information literacy[J],2013.
[201] Hey A J G，Tansley S，Tolle K M. The fourth paradigm:data-intensive scientific discovery[M]. Microsoft Research，2009.
[202] 孙坦. 数字化科研:e-Science 研究[Z]. 北京:电子工业出版社，

2009.

[203] Garvey W D. Communication, the essence of science[J],1979.

[204] Garvey W D, Griffith B C. Communication and information processing within scientific disciplines:Empirical findings for psychology[J]. Information storage and retrieval, 1972, 8(3):123-136.

[205] Hurd J M. The transformation of scientific communication:A model for 2020[J]. Journal of the American Society for Information Science, 2000, 51(14):1279-1283.

[206] Warner S. The transformation of scholarly communication[J]. Learned publishing, 2005, 18(3):177-187.

[207] Arms W Y, Larsen R L. The future of scholarly communication: Building the infrastructure for cyberscholarship[C],2007.

[208] 师曾志. 基于知识增长的电子期刊质量控制研究.[D]. 北京:北京大学, 2001.

[209] Crane D. Invisible Colleges; Diffusion of Knowledge in Scientific Communities[M]. University of Chicago Press, 1972.

[210] 李武,杨屹东. 开放存取期刊出版的发展现状及其影响分析[J]. 图书情报工作, 2006(02).

[211] 阿姆斯. 数字图书馆概论[M]. 施伯乐等译. 北京:电子工业出版社, 2001.

[212] Suber P. Open access overview:Focussing on open access to peer-reviewed research articles and their preprints[J]. Retrieved on April, 2007, 27:2009.

[213] Suber P. Open Access[M]. MIT Press, 2012.

[214] Goodman D. The criteria for open access[J]. Serials review, 2004, 30(4):258-270.

[215] 杨毅,周迪,刘玉兰. 集团采购——购买电子资源的有效方式[J]. 大学图书馆学报, 2004(03).

[216] 肖珑,姚晓霞. 我国图书馆电子资源集团采购模式研究[J]. 中国图书馆学报, 2004(05).

[217] 杨毅,周迪,刘玉兰. 电子资源集团采购模式的探讨[J]. 图书情报工作, 2005(09).

[218] 徐文贤,霍建梅. 我国图书馆数字资源集团采购研究进展[J]. 高校图书馆工作, 2013(03).

[219] Hane P J. Cornell and other university libraries to cancel Elsevier titles[Z], 2003.

[220] 致国际出版商的公开信[Z], 2010.

[221] 致中国科技文献读者的公开信[Z],2010.

[222] Bergstrom T C, Bergstrom C T. Can'author pays' journals compete with'reader pays'[J]. Nature, 2004:15.

[223] 曾燕,郑建程,赵艳,等. SCOAP3:开放出版新模式及其影响[J]. 图书情报工作, 2013, 57:37-42.

[224] 张晓林,李麟,刘细文,等. 开放获取学术信息资源:逼近"主流化"转折点[J]. 图书情报工作, 2012, 56:42-47.

[225] Sponsoring Consortium for Open Access Publishing in Particle Physics[Z], 2014.

[226] Bianco S, Gargiulo P, Wilbers M, et al. Towards Open Access Publishing in High Energy Physics[R]. , 2007.

[227] SCOAP3 tendering process is complete[Z], 2014.

[228] Provision of peer-review, open access and other publication services for the benefit of SCOAP3[Z], 2012.

[229] 张晓林,李麟,顾立平,等. 从 SCOAP3 模式看图书馆资源建设的范式转变[J]. 图书情报工作, 2012, 56:42-47.

[230] Cbe D J F. Accessibility, sustainability, excellence:how to expand access to research publications[R]. , 2012.

[231] Commission E. Towards better access to scientific information: Boosting the benefits of public investments in research [Z], 2012.

[232] Research Councils UK Policy on Access to Research Outputs[Z], 2014.

[233] Buckholtz A. Declaring Independence:Returning Scientific Publish-

ing to Scientists[J]. Journal of Electronic Publishing，2001，7(1).

[234] Borgman C L. From Gutenberg to the global information infrastructure:access to information in the networked world[M]. Mit Press，2000.

[235] Budapest open access initiative[Z]，2002.

[236] Baser O，Pema E. The return of publications for economics faculty [J]. Economics Bulletin，2003，1(1):1-13.

[237] Rowlands I，Nicholas D，Huntington P. Scholarly communication in the digital environment: what do authors want? [J]. Learned Publishing，2004，17(4):261-273.

[238] 任胜利. 开放存取（Open Access):现状与展望[J]. 中国科技期刊研究，2005，16(2):151-154.

[239] Romeo S. Publisher copyright policies & self-archiving[Z],2014.

[240] Morrison H. Dramatic Growth of Open Access [Z]，2014.

[241] Lewis D W. The inevitability of open access[J]. College & Research Libraries，2012，73(5):493-506.

[242] Issa-Maloney statement on the Research Works Act[Z]，2012.

[243] Willetts D. Public access to publicly-funded research[J]. Department for Business Innovation & Skills，2012.

[244] 张晓林,曾燕,李麟,等. 开放学术信息资源环境的挑战及其应对策略[J]. 图书情报工作，2012，56:76-84.

[245] Long M P，Schonfeld R C. Ithaka S+ R library survey 2010:Insights from US academic library directors[M]. Ithaka S+ R，2010.

[246] Boulton R，Campbell P，Collins B，et al. Science as an open enterprise[J]. Royal Society，London，2012，104.

[247] 孙坦. 开放信息环境:学术图书馆信息资源建设的重定义与再造[J]. 中国图书馆学报，2013，39(3).

[248] 孔令娥. 电子时代的馆际互借[J]. 大学图书馆学报，2000(04).

[249] Van de Sompel H，Payette S，Erickson J，et al. Rethinking

scholarly communication[J]. D-Lib Magazine, 2004, 10(9):1082-9873.

[250] Committee A S C. Principles and Strategies for the Reform of Scholarly Communication[Z], 2003.

[251] Case M M. Principles for emerging systems of scholarly publishing [J]. ARL Bimonthly Report, 2000.

[252] 张晓林. 颠覆数字图书馆的大趋势[J]. 中国图书馆学报, 2011 (05).

[253] Oclc. Riding the waves or caught in the tide? [R]. , 2013.

[254] 张晓林. 开放获取:研究型图书馆的下坡路,还是登高梯? ——代序[J]. 图书情报工作, 2013(01):14.

[255] Bower J L, Christensen C M. Disruptive technologies:catching the wave[M]. Harvard Business Review Video, 1995.

[256] Michalko J, Malpas C, Arcolio A. Research libraries, risk and systemic change[M]. OCLC Research, 2010.

[257] 张晓林. 颠覆数字图书馆的大趋势[J]. 中国图书馆学报, 2011 (05).

[258] 李麟,张晓林. 传统出版社的开放出版政策[J]. 图书情报工作, 2013:26-31.

[259] Lewis D W. A strategy for academic libraries in the first quarter of the 21st century[J]. College & Research Libraries, 2007, 68(5): 418-434.

[260] Binfield P, Rolnik Z, Brown C, et al. Academic Journal Publishing [J]. The Serials Librarian, 2008, 54(1-2):141-153.

[261] Carnaby P. Connecting the knowledge networks:reimagining academic libraries to 2020[C],2011.

[262] Law D. "As for the future, your task is not to foresee it, but to enable it"(Antoine de Saint Exupéry)[J]. IFLA journal, 2011, 37 (4):269-275.

[263] California U O. Library Planning Task Force[R]. , 2011.

[264] Havens A, Storey T. ROI 2020:How valuable can libraries become [J]. Nextspace, 2010, 17:4-10.

[265] Anderson R. Guest Editorial The Crisis in Research Librarianship. [Z], 2011, 37(4):289-290.

[266] Levien R E. Confronting the Future:Strategic Visions for the 21st Century Public Library[R]. , 2011.

[267] Mcauley A, Stewart B, Siemens G, et al. The MOOC model for digital practice[J],2010.

[268] 张春玲,朱江. 国外开放教育资源(OER)建设情况分析及启示[J]. 图书馆论坛, 2013(04):120-125.

[269] 钱小龙,王灿明. 协商文化与开放教育资源发展的相关性探究:基于美国研究型大学的启示[J]. 现代远距离教育, 2015(06):43-50.

[270] 李艳,张慕华. 开放教育资源和慕课如何影响世界高等教育——访美国印地安纳大学教学系统技术系柯蒂斯·邦克教授[J]. 开放教育研究, 2015(05):4-13.

[271] 韩锡斌,翟文峰,程建钢. cMOOC 与 xMOOC 的辨证分析及高等教育生态链整合[J]. 现代远程教育研究, 2013(06):3-10.

[272] 宣葵葵. 美国大规模在线开放课程(MOOCs):特征、影响及争论[J]. 高教探索, 2014(06):71-74.

[273] 韩锡斌,朱永海,程建钢. MOOCs 在全球高等教育引发海啸的根源分析[J]. 北京大学教育评论, 2014(03):160-172.

[274] 肖占君,辛宝忠. 大学生存危机来临还是高等教育普及开始——大学慕课研究与实践的转向与未来走向[J]. 中国电化教育, 2015(03):35-38.

[275] 刘荣. 慕课的变革性特征及其对高等教育的影响[J]. 现代传播(中国传媒大学学报), 2015(04):154-155.

[276] 武学超. 西方学界对高等教育 MOOCs 热点问题的探讨[J]. 中国高教研究, 2014(07):20-24.

[277] 彭立伟. MOOCs 时代的高校图书馆:机遇与挑战[J]. 图书与情报, 2014(3):79-86.

[278] Kop R，Hill A. Connectivism:Learning theory of the future or vestige of the past? [J]. International Review of Research in Open & Distance Learning，2008，9(3):1-13.

[279] Siemens G. Connectivism:A learning theory for the digital age[J] 2014.

[280] Siemens G. Connectivism:Learning as network-creation[J]. ASTD Learning News，2005，10(1).

[281] Siemens G. Connectivism:Learning theory or pastime of the self-amused [J]. Manitoba，Canada：Learning Technologies Centre，2006.

[282] 余胜泉，杨现民，程罡. 泛在学习环境中的学习资源设计与共享——"学习元"的理念与结构[J]. 开放教育研究，2009，15(1):47-53.

[283] 秦鸿. MOOCs的兴起及图书馆的角色[J]. 中国图书馆学报，2014(02):19-26.

[284] Nmc地平线项目，龚志武，吴迪，等译. 2013地平线报告高等教育版(上)[J]. 广州广播电视大学学报，2013(2):1-6.

[285] 红亮马，吴永和. MOOC对高等教育的影响\破坏性创新理论视角[J][J]. 现代远程教育研究，2014，128(2):3-9.

[286] Christensen C M，Horn M B，Johnson C W. Disrupting class:How disruptive innovation will change the way the world learns[M]. McGraw-Hill New York，NY，2008.

[287] 柴玥，武文颖，杨连生. 慕课构建新型知识传播模式研究[J]. 当代传播，2015(02):77-79.

[288] Daniel S J. Making Sense of MOOCs:Musings in a Maze of Myth，Paradox and Possibility [J][J]. Open Education Research，2013，3:6.

[289] Meyer R. What it's like to teach a MOOC (and what the heck'sa MOOC)[J]. The Atlantic，2012.

[290] 约翰·丹尼尔爵士，丁兴富. 大规模开放在线课程的发展前景——对由相关神话、悖论和可能性所引发困惑的深层思考[J]. 开放教育

研究，2013(03):42-55.

[291] Daniel J. Making Sense of MOOCs: Musings in a Maze of Myth, Paradox and Possibility[J]. Journal of Interactive Media in Education, 2012.

[292] 王一兵,洪芳. 开放，灵活，终身，全纳:当代高等教育演变和改革的大趋势——王一兵教授专访[J]. 苏州大学学报:教育科学版，2014，2(2):66-71.

[293] 郝克明. 建设中国特色开放大学构建国家终身学习体系 [N][Z]，2013:2-20.

[294] 叶艳鸣. 慕课,撬动图书馆新变革的支点[J]. 国家图书馆学刊，2014(02):3-9.

[295] 马晓亭. 大数据环境下图书馆敏感数据的识别与保护[J]. 图书馆论坛，2017:1-8.

[296] 马晓亭,Maxiaoting. 开放环境下图书馆敏感大数据保护研究[J]. 高校图书馆工作，2015(5):33-36.

[297] 王进平,陈上也. 一种基于 Android 轻型网关敏感数据泄露检测模型[J]. 计算机应用研究，2016，33(8):2391-2395.

[298] 牛超,杨英杰,毛秀青,等. 基于虚拟存储技术的持续数据保护机制[J]. 计算机工程与设计，2013，34(4):1207-1211.

[299] 中国科学院. 中国科学院关于公共资助科研项目发表的论文实行开放获取的政策声明[Z]，2014:15.

[300] 中国国家自然科学基金委员会. 中国国家自然科学基金委员会关于受资助项目科研论文实行开放获取的政策声明[Z]，2014.

[301] 张晓林,李麟. 资助学术论文开放出版的挑战与政策建议[J]. 中国科技期刊研究，2014(09).

[302] Jones A. RCUK announces block grants for universities to aid drives to open access to research outputs[J],2012.

[303] Gfg. Information on the Open-Access Publishing Programme[Z], 2014.

[304] Tananbaum G. Campus-based open-access publishing funds: a practical

guide to design and implementation[J],2010.

[305] Grundversorgung - Zentrale Open Access Gold-Verträge [Z], 2014.

[306] RSC launches £1 million Gold for Gold initiative as Open Access transition begins[Z], 2012.

[307] IOP Publishing launches open access deal[Z],2014.

[308] American Chemical Society extends new open access program designed to assist authors[Z], 2013.

[309] BioMed Central. List of Members[Z], 2014.

[310] Peer j Institution Plans. [Z], 2014.

[311] PLoS Institutional membership program[Z], 2014.

[312] Grc. Action Plan towards Open Access to Publications[Z], 2013.

[313] 中国科学院关于公共资助科研项目发表的论文实行开放获取的政策声明[Z], 2014.

[314] 柯维·史蒂芬. 高效能人士的七个习惯[M]. 北京:中国青年出版社, 2010.

[315] Nagarkar S. Web based Reference Services to Bioinformaticians: challenges for librarians[R]. , 2011.

[316] Frants V I, Brush C B. The need for information and some aspects of information retrieval systems construction[J]. Journal of the American Society for Information Science, 1988, 39(2):86-91.

[317] 宋文,刘毅,黄金霞,等. 院所协同机制下的专业领域知识环境建设[J]. 图书情报工作, 2010(14).

[318] 黄金霞,宋文,刘毅,等. 中国科学院专业领域知识环境的建设与应用[J]. 图书情报工作, 2010.

[319] 寇远涛,赵瑞雪,鲜国建,等. 水稻领域知识服务系统的设计与实现[J]. 数字图书馆论坛, 2012(12):44-48.

[320] 张士男宋文. 专业领域知识环境建设的理念与实践[J]. 图书馆理论与实践, 2012(1):30-33.

[321] 寇远涛. 面向学科领域的科研信息环境建设研究.[D]. 中国农业科

学院，2012.

[322] 刘峥，翟爽，鲁宁，等. 专业领域知识组织模式研究（青年基金研究报告）[J]，2010.

[323] 刘峥. 国外专业领域知识组织模式研究[C]，2010.

[324] 汤怡洁，杨锐，刘毅，等. 专业领域知识环境中数据摄取工具设计与实现[J]. 图书情报工作，2012(23).

[325] 中科院文献情报中心. 中科院专业领域知识环境[Z]，2013(20160605).

[326] 张晓林. 走向知识服务：寻找新世纪图书情报工作的生长点[J]. 中国图书馆学报，2000(05).

[327] Palmer C L. Research Practice and Research Libraries Working toward High-Impact Information Services[Z]，2008(2016-11-09).

[328] Renear A H，Palmer C L. Strategic reading，ontologies，and the future of scientific publishing[J]. Science，2009，325(5942):828-832.

[329] Evans J A，Foster J G. metaknowledge[J]. Science，2011，331(6018):721-725.

[330] 张晓林. 研究图书馆 2020：嵌入式协作化知识实验室？[J]. 中国图书馆学报，2012(01).

[331] 邓宏钟，李孟军，迟妍，等. “慕课”时代的课程知识体系构建[J]. 课程教育研究，2013(21):5-7.

[332] Watters A. MOOC Mania: Debunking the hype around massive open online courses[J].

[333] Bohle S. Librarians and the Era of the MOOC[J]. Web log comment). SciLogs (Retrieved from http://www. scilogs. com/scientific_and_medical_libraries/librarians-and-the-era-of-the-mooc，2013.

[334] 叶兰，易晓娥. 图书馆视角下的 MOOCs 版权问题研究[J]. 大学图书馆学报，2014(05):25-33.

[335] 陈良. 国外部分大学图书馆为 MOOCs 提供版权服务的动态与评价

[J]. 图书馆学研究，2015(04):91-94.

[336] Cheverie J. Copyright challenges in a MOOC environment[Z], 2013.

[337] Libraries S U. Copyright Reminder[Z], 2016.

[338] Fowler L, Smith K. Drawing the Blueprint As We Build: Setting Up a Library-based Copyright and Permissions Service for MOOCs [J]. D-Lib Magazine, 2013, 19(7/8).

[339] Creeddikeogu G, Clark C. Are You MOOC-ing Yet? A Review for Academic Libraries[J]. Kansas Library Association College & University Libraries, 2013, 3(1):9-13.

[340] Katy M. Using Information Expertise to Enhance Massive Open Online Courses[J]. Public Services Quarterly, 2012, 8(4):359-368.

[341] OpenDOAR - Home Page - Directory of Open Access Repositories [Z], 2016.

[342] Directory of Open Access Journals[Z], 2016.

[343] 谭晨辉，刘青炎. OpenAPI 出现、起源与现状[J]. 程序员，2008(7).

[344] Johnson L, Adams Becker S, Cummins M, et al. The NMC Horizon Report:2013 Higher Education Edition. [J]. New Media Consortium, 2013:1-40.

[345] Cameron B. MOOCs: The Challenges for Academic Librarians[J]. Australian Academic & Research Libraries, 2013, 44(3):163-175.

[346] 宋菲，李力. 纽约大学图书馆 2013—2017 年战略计划[J]. 图书情报工作动态，2012(9):1-5.

[347] 张丽华. 图书馆高级管理人员的角色转型(执行摘要)[J]. 图书情报工作动态，2013(3):1-5.

[348] 孙骁骁，韩海涛. 大数据时代图书馆服务创新研究[J]. 图书情报工作，2015(S2):28-30.

[349] 吴鸣谦，韩跃杰. 大数据时代的图书馆用户服务创新[J]. 技术与创新管理，2014, 35(5):426-429.

[350] 姜山,王刚. 大数据对图书馆的启示[J]. 图书馆工作与研究，2013(04):52-54.

[351] 朱静薇,李红艳,Zhujingwei,等. 大数据时代下图书馆的挑战及其应对策略[J]. 现代情报，2013，33(5):9-13.

[352] 张国杰. 大数据视角下图书馆服务发展走向及策略研究[J]. 图书馆工作与研究，2014(06):8-12.

[353] 王蒙蒙,邬玉良,张铁峰. SQLServer 数据库的应用级持续数据保护系统[J]. 计算机系统应用，2015(2):93-98.

[354] 王超,李战怀,刘海龙,等. RM-LCDF:一种块级连续数据保护高效数据恢复方法[J]. 计算机科学，2013，40(6):172-177.

[355] Visser，Marijke. Digital Literacy and Public Policy through the Library Lens[J]. Maine Policy Review，2013.

[356] 张丽华,宋菲. 哈佛大学图书馆委员会通过最新图书馆馆藏与资源建设战略计划[J]. 图书情报工作动态，2013(9):3-4.

[357] Joseph,Janes,王铮编译. 2020 年的图书馆员——重塑图书馆[J]. 图书情报工作动态，2013(11):5-7.

[358] 宋菲. 学术信息交流与信息素养的交汇点——建立战略协作,应对不断变化的学术环境[J]. 图书情报工作动态，2013(6):9-12.

[359] 张丽华. 图书馆高级管理人员的角色转型(执行摘要)[J]. 图书情报工作动态，2013(3):1-5.